Theo R. Payk
Das Böse in uns

Inhaltsverzeichnis

Jeder Mensch ist ein Abgrund; es schwindelt einem, wenn man hinabsieht.

(Georg Büchner, Woyzeck)

Vorwort

Sich eine Vorstellung vom Bösen zu machen, es wahrzunehmen und zu beschreiben, erscheint leichter, als seinen Stammbaum und dessen Verzweigungen zu erkunden, erst recht, seine Herkunft aufzuklären. Sinn und Funktion des Bösen zu erhellen, übersteigt vollends das Erkenntnisvermögen all derer, die sich mit dem Verweis auf Gottes unerforschlichen Ratschluss nicht abfinden mögen. Begründungen zu den Ursachen der bösen Absichten und Taten reichen ansonsten von theologischen Interpretationen bis zu den nüchternen Schlussfolgerungen aus der Verhaltensforschung und Hirnbiologie.

Wie Erdbeben, Flutwellen oder Vulkanausbrüche sind auch Lasterhaftigkeit, Delinquenz und Gewalttätigkeit, Krieg und Zerstörung gewiss nicht »bösen Mächten«, teuflischen Einflüssen oder göttlichen Strafaktionen zuzuschreiben. Dessen ungeachtet wurde die Vorstellung vom numinosen, unberechenbaren, unheimlichen »Bösen« in allen Religionsgemeinschaften als stets drohendes Unheil zur Reglementierung der Untergebenen und Gläubigen genutzt. Personifikationen des »Bösen« als angsteinflößende Götter, Dämonen und Teufel, dargestellt in abschreckenden (Sinn-)Bildern und düsteren Legenden, waren und sind wirksame Mittel zur Warnung und Maßregelung bei unbotmäßigem Verhalten.

Während das böse Geschehen, das Menschen als Übel und Unglück widerfährt, aus natürlichen Gesetzmäßigkeiten abzuleiten ist, wurzelt das böse Tun im Sinnen und Trachten des Menschen selbst; es wurde im Laufe der evolutionären Entwicklung des Menschen konstituierendes Merkmal der *conditio humana*. Im Kontrast zu den meisten philosophisch-theologisch und/oder soziologisch-kriminologisch konzipierten Abhandlungen zum Problem des »Bösen« steht daher im vorliegenden Buch das unrechte, verwerfliche menschliche Denken und Handeln im Mittelpunkt. Orientiert an einem integrativen, bio-psycho-sozialen Menschenbild skizziert es eine Synopsis zur Entstehung des Bösen im Menschen, die sowohl die empirischen Ergebnisse evolutionsbiologischer, neurophysiologischer und lerntheoretischer Forschungen berücksichtigt als auch der Metaphysik des Bösen nachzugehen sucht.

Die Psychologie bzw. Psychopathologie krimineller Soziopathen lassen erhebliche Defizite bezüglich sozialem Lernen, Mitgefühl und Verantwortungsbewusstsein erkennen, deren Ursprünge sowohl in naturgegebenen Anlagen einschließlich der Ausstattung des Nervensystems zu suchen sind als auch in der Qualität erzieherischer Einwirkung. Es gibt sowohl den gemütsarmen »geborenen Verbrecher«, den erbarmungslosen Profikiller und aggressiven Schlägertyp als auch den leicht verführbaren Dieb, narzisstischen Hochstapler und haltarmen Betrüger, denen jegliche Gewaltanwendung zuwider ist.

Von besonderem Interesse sind die neueren Ergebnisse der Hirnforschung hinsichtlich der Frage nach der Determiniertheit menschlichen Verhaltens und der Schuldfähigkeit. Demnach hat das kaltblütige, mitleidslose und brutale Planen und Handeln einerseits seinen wesentlichen Ursprung in den Hirnfunktionen, die für eine Regulation von Empathie, emotionaler Kompetenz und sozialem Handeln zuständig sind. Anderen Regionen im neuronalen Netzwerk wird eine verminderte Kontrollkapazität bei auffälliger Reizbarkeit und Aggressivität zugeschrieben. Infolge Nachahmung und Prägung kann andererseits in einem zerrütteten Milieu von Kindheit an eine Entwicklung zu Lügenhaftigkeit, Kriminalität und sozialer Verwahrlosung gefördert werden.

Nicht nur einzelne Kriminelle, sondern auch politische Gruppierungen und sogar ganze Regierungen setzen sich aus Raffsucht, Machtgier und Feindseligkeit skrupellos über jegliche moralische Grundsätze hinweg, die Gesellschaften und Kulturen gewöhnlich als für alle Mitglieder verbindlichen sozialen Kodex etabliert haben. Zur Erklärung solchen Verhaltens greifen die Urheber meist auf scheinbar einleuchtende Begründungen zurück. Indes lassen sich die zu tyrannischer Gewalt, Terrorismus und Völkermord führenden moralischen Deformationen bei näherem Hinsehen meist einer Mixtur von ideologischer Verblendung, Fanatismus und Hass der Anführer sowie opportunistischer Ergebenheit ihrer skrupellosen Mittäter zuordnen.

Die alltäglichen Gemeinheiten, Demütigungen und Verletzungen werden entweder heimgezahlt, mit reifer Gelassenheit hingenommen oder – vielleicht krankmachend – still erduldet. In ausgeprägterer Form scheinen solche Boshaftigkeiten Menschen eigen zu sein, auf die das »Böse« offenbar eine besondere Faszination ausübt. Dieserart Bösewichter befriedigen ihre destruktiven, sadistischen Phantasien und ihren Drang nach Macht über andere in einer virtuellen oder gar realen Welt von Gewalt und Grausamkeit. Derzeit wird bekanntlich über den aggressionsfördernden Einfluss von blutrünstigen Computerspielen und Videos diskutiert.

Böses Denken und Handeln führt zu Beeinträchtigungen und Leiden anderer, zu Angst, Wut, Niedergeschlagenheit, Hass oder Vergeltung. Es wird von der Gemeinschaft als bösartig, unmoralisch, kriminell oder verbrecherisch gekennzeichnet und – wenn Gerechtigkeit waltet – angemessen bestraft. Das namenlose Übel hingegen, das durch Naturkatastrophen oder Krankheiten entsteht, wird als widriges Schicksal oder unheilvolles Verhängnis betrachtet, für das niemand verantwortlich ist. Es verbreitet zwar Panik, Schrecken, Betroffenheit und Verwirrung, jedoch keine Verbitterung oder Rachegefühle.

Das Tier lebt gemäß seinem angeborenen, lebenserhaltenden Instinkt- und Reflexprogramm jenseits von Gut und Böse. Mit der Menschwerdung vor einigen Millionen Jahren entwickelten sich aus dem ursprünglich lediglich auf die Selbsterhaltung und Fortpflanzung ausgerichteten Aggressionstrieb Verhaltensweisen, die darauf abzielen, andere zu schädigen, zu unterjochen oder sogar zu beseitigen. Das Repertoire der Intelligenz wurde nicht mehr nur zum bloßen Überleben eingesetzt, sondern darüber hinaus auch zu Betrug, Täuschung, Überfall, Raub und Eroberung – im Laufe der Menschheitsgeschichte immer raffinierter und wirksamer. Diese neuen Fähigkeiten und Eigenschaften begleiten den Menschen auf dem schmalen Grat zwischen dem Selektionsdruck der Evolution und dem Sog individueller Entfaltungsmöglichkeiten, seit er in grauer Vorzeit das Grenzland zwischen den Primaten und den Anthropoiden irgendwo in den Savannen Ostafrikas durchschritten hat und sich die Welt untertan machte.

Da niemand weiß, wie und wohin die abenteuerliche Reise der Spezies Mensch weitergehen wird, gleicht der Fortschritt einer Kiste voll sinnvoller und überflüssiger, leider auch gefährlicher und zerstörerischer Werkzeuge, die mit sozialer Vernunft verwendet oder in böser Absicht missbraucht werden können. Eine von Optimismus geleitete Vorstellung beinhaltet die zuversichtliche Hoffnung auf weitere Schritte der Evolution in Richtung einer »Höherentwicklung«, einer Vervollkommnung zu einem wahrhaft guten, engelgleichen »Übermenschen« mit einem Wachstum an

Einsicht, Klugheit und Humanität. Pessimisten halten hingegen eine Selbstzerstörung der Menschheit für unausweichlich, bestenfalls deren allmählichen Untergang – vergleichbar dem Aussterben anderer Arten unseres Planeten, einem Staubkorn am Rand der Milchstraße mit Milliarden Sternen innerhalb Milliarden weiterer Galaxien. Wie auch immer – die Anhänger der Offenbarungsreligionen erwarten am Ende der Zeiten im Jüngsten Gericht die Bilanz des Projektes »Mensch«, eine endgültige Abrechnung anhand seines Sündenregisters mit gerechter Belohnung der Guten im Himmel und Bestrafung der Bösen durch ewige Verdammnis in der Hölle.

1 Ursprünge des Bösen

Mythos des Bösen

Das »Böse« ist – als metaphysischer Gegenstand von Philosophie, Theologie und Kulturgeschichte – ein Konstrukt, unter dem abstrakt und allgemein das Gegenteil des »Guten« verstanden wird. Die fundamentale Idee einer allem lebendigen Sein innewohnenden Gut-Böse-Polarität verknüpft sich mit der Vorstellung eines immerwährenden Kampfes zwischen diesen beiden, einander feindlichen Mächten. Sie geht zurück auf den wegen seiner Lehre in Babylon gesteinigten persischen Priesterphilosophen Mani (216–273), der sich selbst als »Gesandter des wahren Gottes« bezeichnete. Er vertrat ein elementares, naturgegebenes, doppelläufiges Licht-Finsternis- bzw. Gut-Böse-Prinzip, das später unter der Bezeichnung Manichäismus als Kennzeichen der dualistischen Denkrichtungen zum umstrittenen Gegenstand theologischer und philosophischer Kontroversen wurde. Selbst der in Mailand unter dem Einfluss des Bischofs Ambrosius zum Neuplatoniker gewandelte Kirchenvater und Lehrer der Christenheit Aurelius Augustinus (354–430) aus Numidien, dem heutigen Algerien, vermochte sich zeitlebens nicht von den manichäistischen Prägungen, die er als knapp 30-jähriger in Rom erfahren hatte, zu befreien. Die Auseinandersetzung der schützenden Kraft des Guten mit den zerstörerischen Mächten der Finsternis, letztlich auch zwischen Geist und Materie, spielte nicht nur in der christlichen Religion eine herausragende Rolle, sondern findet sich in nahezu allen Kulturen und Gesellschaften wieder.

Das Böse scheint überall präsent, stets auf der Lauer, die Welt mit Unheil und Verderben heimzusuchen. Es wird gefürchtet und abgewehrt; im Vaterunser wird ausdrücklich darum gebetet, von ihm verschont zu bleiben. Dieses immerwährende und allgegenwärtige, ominöse Anti-Gute erscheint als selbstständiges, aber substanzloses Übel, als absolutes, allumfassendes Negativum, das erst am Ende der Zeiten dem siegreichen Guten weichen wird.

Als bedrohliches, nicht näher fassbares, universelles Destruktionsprinzip, als Metapher für Unglück und Verderben, Unheil und Elend, Leiden und Tod hat das Böse seit jeher den Menschen beschäftigt. Naturkatastrophen, Kälte, Entbehrungen, Epidemien und Hungersnöten ausgeliefert zu sein, Krankheit und Tod zu erleiden, wurde als nicht verstehbares Geschehen angstvoll und ohnmächtig hingenommen, später als Strafe Gottes, zumindest als unberechenbare Einwirkung böser Mächte, erlitten und erduldet. Felsspalten und schützende Höhlen, Erdlöcher oder dichte Baumkronen, später einfache Verschläge boten bisweilen Mensch und Tier eine rettende Zuflucht vor den Naturgewalten, die Angst und Schrecken verbreiteten. Ein gleichermaßen faszinierendes wie gefürchtetes Mysterium blieb das Feuer, das ebenso zerstören konnte, wie es seit 500 000 Jahren Licht und Wärme spendet.

Mit der Entwicklung von Ichbewusstsein, Selbsterkenntnis und Abstraktionsfähigkeit lernte der frühe Mensch, zwischen der unabwendbaren Heimsuchung und den Nachteilen, Behinderungen und Schäden zu unterscheiden, die ihm durch böse Artgenossen widerfuhren. Er reagierte auf letztere vermutlich mit Abscheu, Wut, Rachegefühl oder Hass, während die unbegreiflichen Schicksalsschläge eher Gefühle von Hilflosigkeit, Resignation und Furcht hervorriefen. Sicher entdeckte unser Urahn bei sich selbst irgendwann aber wohl auch seine eigenen boshaften Begierden und Wünsche, die ihn einerseits zu bösem Tun verleiteten, andererseits vielleicht Scham- und Schuldgefühl erweckten – erste Regungen des Gewissens.

Der übermächtigen Bürde des anonymen, unberechenbaren Übels, das jederzeit unvorhersehbar hereinbrechen kann, gaben die Menschen den Namen »Verhängnis« oder »Schicksal«, und sie bemühten sich, Näheres über dessen rätselhaften, dunklen Ursprung herauszufinden, dessen Fäden in den heidnischen Mythologien drei strenge, unerbittliche Frauen in der Hand hielten: die Moiren bei den alten Griechen, die Parzen bei den Römern, die Nornen bei den Germanenvölkern.

Quälende Fragen nach dem Wann und Wie von Naturerscheinungen und Lebensereignissen verlangen nach Antworten, um sich vorbereiten und schützen zu können. Schon die babylonischen Astrologen suchten nach Vorzeichen für Geschick und Fügung in den Konstellationen der Gestirne, die Seher und Orakelpriester in den Eingeweiden von Opfertieren oder im Vogelflug, die Schamanen in den Mustern dahingeworfener Steine oder Stäbe. Seit den pharaonischen Tempelpriestern beantworten Traumdeuter Zukunftsfragen aus den nächtlichen Halluzinationen im Schlaf.

Wahrsager lesen die Bestimmung des Menschen aus dessen Handlinien oder deuten sie aus einem Satz Tarot-Karten. Von der Kristallkugel bis zum pseudowissenschaftlich aufpolierten Horoskop gibt es eine lange mantische Tradition. Heutzutage werden per Internet oder Fernsehen für jeden und alle passende, nichtssagende Antworten auf Fragen nach angeblich zu erwartenden Geschehnissen angeboten – je vager, desto fantasievoller die prophetischen Leerformeln.

Aus christlicher Sicht ist es die Vorsehung, die göttliche Fügung, die das Schicksal ausmacht, dessen Sinn dem Menschen allerdings verborgen bleibt. Der gläubige Christ findet seinen Halt in der Vorstellung, dass Gott selbst es für ihn so und nicht anders bestimmt und der Mensch eine leidvolle Prüfung oder die Gabe des Glücks in Demut oder Dankbarkeit anzunehmen habe – trotz Hiobs schlimmer Erfahrungen. Er vertraut hoffnungsvoll auf Gottes unerforschlichen, aber letzten Endes gerechten Ratschluss, während die Ungläubigen verzweifelt in Fatalismus, Hilflosigkeit oder Zorn verharren.

Islamischer Tradition zufolge werden – in der heiligen Nacht »al-Qadr« – im letzten Drittel des Fastenmonats Ramadan die Geschicke aller Dinge für die kommende Zeit festgelegt. Während dieser Zeitspanne ist der Gläubige angehalten, besonders in sich hineinzuhorchen, um den Willen Allahs zu vernehmen und sich darauf einzustellen.

So wird seit Jahrtausenden versucht, über künftiges Glück oder Unglück Näheres in Erfahrung zu bringen, weil deren unberechenbare Zufälligkeit das Wächteramt des menschlichen Verstandes trotz aller Kombinationsgabe und Einschätzungsfähigkeit permanent überfordert. Mit Handlesen, Horoskopen und Hufeisenamuletten soll das Böse abgewehrt werden, wobei der moderne Mensch nicht weniger naiv-hilflos dasteht als seine Vorfahren in der Steinzeit.

Naturkatastrophen wie Vulkanausbrüche, Erdbeben und Überschwemmungen, die nichts anderes sind als Begleiterscheinungen gesetzmäßiger physikalischer Abläufe, beflügeln jeweils die Debatten um den Sinn dieser »höheren Gewalten«, die – je nach Weltanschauung – als blinder Zufall oder als »Strafe Gottes« aufgefasst werden. Sicherlich hat sich bereits der frühe Homo sapiens Gedanken über die Ursachen des »Bösen« gemacht und entweder versucht, sie rational zu bekämpfen, oder sie resigniert unheilvollen Naturmächten zugeschrieben; noch heute lebt die Vorstellung von einem übermächtigen, rätselhaften Walten des »Bösen« in den Naturreligionen fort. Es leuchtet ein, dass die Zuweisung an unbekannte, ja übernatürliche Mächte auch entlastende Funktion hat, indem sie den Menschen von seiner eigenen Verantwortung für von ihm selbst herbeigeführte Desaster wie Kriege, Seuchen oder Verelendung freispricht.

Das unergründliche, drohende »Böse« trägt die Kennzeichen eines nicht näher greifbaren Mysteriums, dem zum einen alle möglichen negativen Eigenschaften zugeschrieben werden. In der althochdeutschen Sprache bedeutete der Begriff »Bosi« so viel wie aufgeblasen, was wohl das machtvoll anschwellende Potenzial böser Kräfte charakterisieren soll. Zum anderen ist das »Böse« selbst Produkt dieser geheimnisvollen, finsteren Energie, die nur Schlechtes wie Mangel und Verderben, Elend und Not, Krankheit und Leid hervorbringt.

Außer religiös ausgerichteten Darstellungen gibt es seit der Antike seitens der Philosophie unterschiedliche Ansätze, die Herkunft des Bösen in der Welt zu erklären, zumindest es näher zu beschreiben. Unter Verzicht auf eine Wiedergabe der Auffassungen von Sokrates und Platon über Paulus und Augustinus bis Descartes und Spinoza wird hier lediglich auf einige neuzeitliche Ansätze zurückgegriffen.

Wie Immanuel Kant unterstrich der Philosoph Friedrich Wilhelm Schelling (1775–1854) das Vermögen des Menschen, sich aufgrund seiner Willensfreiheit für oder gegen das Böse zu entscheiden. Er ging aber insofern über Kant hinaus, als er – in Anlehnung an den Gnostizismus des 1. Jahrhunderts – den Ursprung des Bösen in Gott selbst, im »dunklen Grund Gottes«, verortete. Das Böse müsse fortwährend und weiterhin aus diesem absoluten Urgrund aufrechterhalten werden, um dem Menschen die Möglichkeit zu geben, das Gute als dessen Gegenstück überhaupt zu erkennen und zu würdigen. Schellings Dualismus wird in seiner Abhandlung *Philosophische Untersuchungen über das Wesen der menschlichen Freiheit* von 1809 besonders deutlich:

»Und zwar ist zu erklären nicht etwa, wie das Böse nur in einzelnen Menschen wirklich werde, sondern seine universelle Wirksamkeit, oder wie es als ein unverkennbar allgemeines, mit dem Guten überall im Kampf liegendes Prinzip aus der Schöpfung habe hervorbrechen können. Da es unleugbar, wenigstens als allgemeiner Gegensatz, wirklich ist, so kann zwar zum Voraus kein Zweifel sein, daß es zur Offenbarung Gottes notwendig gewesen ... Denn wenn Gott als Geist die unzertrennliche Einheit beider Prinzipien von Licht und Dunkel ist, und dieselbe Einheit nur im Geist des Menschen wirklich ist, so würde, wenn sie in diesem ebenso unauflöslich wäre als in Gott, der Mensch von Gott gar nicht unterschieden sein; er ginge in Gott auf ... Denn jedes Wesen kann nur in seinem Gegenteil offenbar werden, Liebe nur in Haß, Einheit in Streit. Wäre keine Zerrüttung der Prinzipien, so könnte die Einheit ihre Allmacht nicht erweisen;

wäre nicht Zwietracht, so könnte die Liebe nicht wirklich werden. Der Mensch ist auf jenen Gipfel gestellt, wo er die Selbstbewegungsquelle zum Guten und Bösen gleicherweise in sich hat: das Band der Prinzipien in ihm ist kein notwendiges, sondern ein freies.«

Schelling bezog sich dabei auf den pantheistischen Mystiker Jakob Böhme (1575–1624), der den Ursprung des Bösen im »Feuer- und Finstergrund« sah, aus dem sich Gott samt seiner Schöpfung selbst fortwährend erzeuge. Gut und Böse seien dort als Einheit verborgen, der Mensch habe sich jedoch stets aufs Neue zwischen beiden zu entscheiden.

Einen Schritt weiter als Kant und Schelling ging der Philosoph Georg Wilhelm Friedrich Hegel (1770–1831), indem er nicht nur die Freiheit als Ursache des Bösen – der Sünde – sah, sondern darüber hinaus beide für identisch erklärte. Das Auftreten von Freiheit als Selbstreflexion und Bewusstwerdung Gott gegenüber sei gleichbedeutend mit dem moralisch Bösen, das für ihn in physischer Hinsicht das Übel, in philosophischer die Unwahrheit war.

Friedrich Nietzsche (1844–1900), der im vierten Lebensjahrzehnt aufgrund einer syphilitischen Hirnerkrankung nach einem qualvollen Vorstadium allmählich in geistiger Umnachtung versank, wurde vorgehalten, mit seiner Philosophie einer »Umwertung aller Werte« von 1882 den mitleidslos-bösen Menschentypus als Idol der Nazi-Barberei vorgedacht zu haben. Nietzsche, der von darwinistischen Ideen stark beeinflusst war, postulierte die rücksichtslose Umsetzung der dem Menschen vermeintlich angeborenen Herrenmoral – auf Kosten der Schwachen und Kranken. Durch einen neuen Menschen, den heranzuzüchten Aufgabe der Zukunft sei, solle alles Krankhafte, Verlogene und Lebensfeindliche der verlogenen bürgerlichen Moral ausgelöscht werden. Nietzsche hatte quasi als Modell den skrupellosen Herrschertyp der Renaissance mit allen Konsequenzen vor Augen, nämlich »den zukünftigen Menschen zu gestalten« und nicht zugrunde zu gehen an dem Leiden, das man schaffe und dessen gleichen noch nie da gewesen sei.

Nietzsche proklamierte den Tod Gottes und setzte an dessen Stelle den Übermenschen, der den unbedingten Willen zur Macht verkörpere und das Leben in allen seinen Schattierungen ohne moralische Bedenken bejahe. Die Unterscheidung zwischen Gut und Böse entspringe der Perspektive der Schwachen und Zukurzgekommenen, die auf Rücksicht,

Mitleid und Schutz angewiesen seien und sich daher larmoyant auf Sitte, Moral und Recht berufen müssten. Die unnatürliche, skrupulöse christliche Sklavenmoral bezeichne Schwäche als Stärke, hemme aber nur die Entfaltung und Lebenskraft, indem sie den Starken ein schlechtes Gewissen mache.

Nach dem mörderischen Versuch einer Realisierung solcher Fiktionen von einem neuen Menschen durch die nationalsozialistische Rassenideologie wurde Nietzsche als einer ihrer geistigen Anstifter kritisiert.

In der Tat spricht vieles dafür, dass Adolf Hitlers fixe Idee von der Schaffung einer nordischen Herrenrasse auch von Nietzsches Philosophie beeinflusst war. Indes wäre es wohl nicht in dessen Sinne gewesen, dass jemand seine Visionen, die zudem mit Voranschreiten seiner krankheitsbedingten Paranoia immer bizarrer wurden, zur planmäßigen Ausrottung eines ganzen Volkes missbrauchte. Hitlers zur Staatsdoktrin erhobene und planmäßig in die Tat umgesetzte Ausmerzung Behinderter und psychisch Kranker, sodann der jüdischen »Rasse« in Europa, sprengte alle Vorstellungen, die bis dahin über das Böse im Menschen existierten. Zum Genozid bedurfte es zwar einer besonderen Verbindung von fanatischem Rassenhass, manischer Selbstüberschätzung und psychopathischer Skrupellosigkeit mit einer schier unbegrenzten Machtfülle einschließlich einer breiten Gefolgschaft, die das Vernichtungsprogramm mit Fleiß und Eifer realisierte, jedoch offenbarten sich hier grauenerregende Untiefen der menschlichen Natur überhaupt. Nietzsche selbst waren am Ende wohl seine eigenen Fantasieexzesse nicht geheuer, die auch als persönliche Reaktion auf seine Erfahrungen mit der scheinheiligen Bürgermoral seiner Zeit zu verstehen sind.

Auch der vom – privat unzuverlässigen und beruflich unsteten – Philosophen und Schriftsteller Jean-Jacques Rousseau (1712–1778) vertretenen Pädagogik und Staatstheorie wurden nachhaltige negative Einflüsse auf spätere, menschenverachtende Staatsformen zugeschrieben. Bereits das jakobinische Schreckensregime der Französischen Revolution unter Robespierre berief sich auf Rousseaus verführerische Auffassung von den Rechten und Pflichten des Staates als Ausdruck des Volkswillens. Rousseaus Thesen zufolge wurde der Mensch böse, weil er gezwungenermaßen aus dem urtümlichen, kindlich-selbstvergessenen Naturzustand heraustreten und zum Gemeinschaftswesen werden musste. Dem dadurch entstandenen Egoismus, Neid und Konkurrenzstreben könne – so Rousseau – nur durch staatliche Kontrolle begegnet werden, der sich jeder Bürger vernünftigerweise freiwillig unterwerfe. Robespierre überdehnte dieses praxisferne Herrschafts- und Regierungskonzept schließlich zu einer Anleitung für einen zügellosen Staatsterror.

Zurück zur Metaphysik des »Bösen«, zur Frage nach dem Ursprung und der Bedeutung des Übels in der Welt: Existiert es von Anfang an im Universum, als gleichzeitiger und gleich starker Gegenspieler des Guten, wie die Nacht als Gegenpol zum Tag, das Dunkle als Kontrapunkt zum Licht, das Glück zum Leid?

Aus der Perspektive alles Lebendigen reichen die Wurzeln der zerstörerischen, lebensbedrohlichen Kräfte weit zurück in die zeitlichen Tiefen des Universums, nämlich bis in den Ursprung der Entstehung des Lebens, das sich seitdem unaufhörlich immer wieder gegenüber einer lebensfeindlichen, ja todbringenden Umwelt behaupten musste. Seit vor vier bis fünf Milliarden Jahren während der Erdurzeit die ersten Zellen als einfachste, aber eigenständige Existenzformen in der Lage waren, sich zu organisieren und zu reproduzieren, zieht sich das zähe Streben nach Erhalt und Weitergabe des Lebens wie ein roter Faden bis auf den heutigen Tag durch die Zeitalter unseres Planeten. Allen verderblichen Einwirkungen zum Trotz blieb der Kampf ums Überleben erfolgreich, wobei sich entsprechend den Gesetzmäßigkeiten der Evolution die Formen und Arten bewährten und durchsetzten, welche sich infolge Mutationen am besten den jeweiligen Lebensbedingungen anpassen konten.

Selbst Weltuntergangsszenarien wurden überstanden. Vor 65 Millionen Jahren wurde Mittelamerika durch den Einschlag eines zehn Kilometer durchmessenden Meteoriten in den Golf von Mexiko verwüstet. Infolge der sich anschließenden Feuersbrünste und Flutwellen, dann der weltweiten Verdunkelung und Kälteperiode durch die gewaltigen Staubaufwirbelungen kam es zu tiefgreifenden Vegetationsveränderungen, in deren Gefolge etwa 90 Prozent der damaligen Arten von der Erde verschwanden. Den restlichen zehn Prozent gelang es, mit einer Adaptation an die veränderten Verhältnisse zu überleben und neue Arten zu schaffen. Die weitere Entwicklung, angetrieben von einer unbändigen Lebenskraft, die in den Lebewesen als Trieb zur Selbsterhaltung und Fortpflanzung genetisch verankert ist, brachte schließlich auch die Primaten als Ur-Ur-Ahnen des Menschen samt ihrer weitverzweigten Verwandtschaft hervor.

Die evolutionsbiologisch bedingte, immer differenziertere Ausstattung mit Sinnes- und Fortbewegungsorganen, Reflexen, Instinkten und Antrieben ermöglichte es den Lebewesen, vor bedrohlichen Naturereignissen oder natürlichen Feinden, vor Unwetter, Hitze, Kälte und Hunger instinktiv Schutz zu suchen, giftige Pflanzen zu meiden oder sich gegen wilde Tiere zu verteidigen, mit anderen Worten, Gefährliches, Unheilbringendes, Böses wahrzunehmen und sinnvoll darauf zu reagieren.

Nachdem die frühen Menschen gelernt hatten, eindrucksvolle, aber harmlosere Naturerscheinungen wie ein Gewitter oder das Polarlicht, eine Sternschnuppe oder einen Hagelschauer von den potenziell lebensbedrohlichen Naturgewalten zu unterscheiden, wurden diese wichtigen Erfahrungsfilter von Stamm zu Stamm und von Generation zu Generation weitergegeben. Tief ins kollektive Gedächtnis der Menschheit eingebrannt haben sich offensichtlich gigantische Naturkatastrophen, die bis heute in den Mythen und Überlieferungen der Völker lebendig geblieben sind.

Böses in der Natur

Soweit der überschaubare Zeitraum der letzten drei- bis viertausend Jahre eine Beurteilung zulässt, haben bislang Erdbeben, Vulkanausbrüche, Orkane, Flutwellen und Überschwemmungen Millionen Menschen das Leben gekostet, angefangen vom Ausbruch des Vulkans Thera (Santorini) im Jahr 1628 v. Chr., dessen Folgen – Seebeben mit mehreren, bis zu 20 Meter hohen Tsunamis – die hochentwickelte minoische Kultur auf Kreta ins Mark trafen und ihren Untergang einleiteten. Auch an der Nordsee gab es der Überlieferung zufolge riesige Sturmfluten, die beträchtliche Teile der Küste verschoben. Die große Sturmflut im Jahr 1634 zerstörte die Insel Nordstrand, die Neujahrsflut von 1855 Alt-Wangerooge.

Gewaltige Beben in Asien löschten Hunderttausende von Leben aus; allein drei Vulkanausbrüche zwischen 1815 und 1902 kosteten 150 000 Menschenleben. Im Jahr 1556 forderte ein Erdbeben in China rund 830 000 Opfer. Das Erdbeben am 2. Weihnachtstag 2004 im Indischen Ozean verursachte gewaltige Überflutungen, die über 230 000 Menschen töteten.

Desaster, die ob ihres Ausmaßes fast wie Naturkatastrophen empfunden wurden wie der Untergang des Luxusdampfers »Titanic« im Jahr 1912 mit etwa 1500 Toten, der Atombombenabwurf auf Hiroshima und Nagasaki

1945 mit insgesamt 210 000 Soforttoten, der Reaktorzwischenfall in Tschernobyl 1986 mit Tausenden Krebstoten infolge Verstrahlung, oder die Flugzeugattentate am 11. September 2001 in New York mit 3000 Toten, sind im Bewusstsein der Menschen wie unabwendbare Schicksalsschläge haften geblieben. Bemerkenswert daran erscheint, dass bei der Beurteilung von Heimsuchungen dieses Ausmaßes die Grenzen zwischen vom Menschen selbst verursachten, d. h. vermeidbaren Debakeln als Ausdruck bösen, zumindest fehlerhaften Handelns und naturbedingtem Unheil zu verwischen drohen. Ein Beispiel hierfür ist die aktuelle Debatte über die Klimaveränderungen. Soweit sie auf eine durch Abgase verursachte, globale Erderwärmung zurückzuführen sind, handelt es sich bei der augenscheinlichen Zunahme von Wirbelstürmen, Hitzewellen und Hochwassern verständlicherweise keineswegs um schicksalhaft-unbeeinflussbare Naturereignisse, sondern um Menschenwerk, das zu korrigieren sich aufgrund von Interessenkollisionen als äußerst mühsam erweist. Selbst die Bewertung der säkularen Tragödien des 20. Jahrhunderts – Genozide und Vernichtungskriege unvorstellbaren Ausmaßes – läuft aufgrund von zeitlichem Abstand und emotionaler Abstumpfung Gefahr, auf das Gleis der historisch-sachlichen Beschreibung einer Art Unglück zu geraten, das zwangsläufig und unausweichlich über die Menschheit hereingebrochen sei. Es fällt vermutlich schwer, die Existenz eines derart abgründig Bösen in der Welt, erst recht im Herzen des Menschen, nachzuvollziehen.

Am Morgen des Allerheiligentags 1755 erschütterte ein Erdbeben die Stadt Lissabon. Das nur wenige Minuten dauernde Beben sowie die sich daran anschließende Feuersbrunst und Flutwelle töteten vermutlich 90 000 Einwohner, etwa ein Drittel der damaligen Stadtbevölkerung; weitere 10 000 Menschen starben an der benachbarten Atlantikküste. Untergangsvisionen wurden laut, von kirchlicher Seite sah man das Inferno als Strafgericht Gottes für die habgierig und gottlos gewordene Metropole, damals eine der reichsten und prächtigsten Europas.

Goethe erinnerte sich später in seinem Werk *Aus meinem Leben. Dichtung und Wahrheit* von 1811, dass er sich als Sechsjähriger die Frage gestellt habe, warum Gott, der Schöpfer des Himmels und der Erde, Gerechte wie Ungerechte dem gleichen Verderben preisgegeben und sich hiermit keineswegs als väterlich bewiesen habe. Die zahlreichen damaligen Berichte über das Unglück fasste er wie folgt zusammen:

»Die Erde bebt und schwankt, das Meer braust auf, die Schiffe schlagen zusammen, die Häuser stürzen ein, Kirchen und Türme darüber her, der königliche Palast zum Teil wird vom Meere verschlungen, die geborstene Erde scheint Flammen zu speien: denn überall meldet sich Rauch und Brand in den Ruinen. 60 000 Menschen, einen Augenblick zuvor noch ruhig und behaglich, gehen miteinander zu Grunde, und der Glücklichste darunter ist der zu nennen, dem keine Empfindung, keine Besinnung über das Unglück mehr gestattet ist. Die Flammen wüten fort, und mit ihnen wütet eine Schar sonst verborgner, oder durch dieses Ereignis in Freiheit gesetzter Verbrecher. Die unglücklichen Übriggebliebenen sind dem Raube, dem Morde, allen Mißhandlungen bloßgestellt; und so behauptet von allen Seiten die Natur ihre schrankenlose Willkür.«

Die jähe Zerstörung Lissabons führte unter den zeitgenössischen Philosophen und Theologen zu heftigen Diskussionen über die Frage nach dem Ursprung des Bösen, insbesondere nach der Rolle des allmächtigen Gottes, der eine solche Katastrophe zugelassen habe. Rationalisten wie der damals 31-jährige Immanuel Kant stießen auf Widerspruch bei ihrem Bemühen, das Beben aus rein physikalischen Ursachen zu erklären. Kant stellte in seinen drei Schriften, die er 1756 über das Erdbeben veröffentlichte, eine durchaus plausible, wenn auch nicht zutreffende geophysikalische Hypothese vor. Im Übrigen deklarierte er das Böse als Produkt der Willensfreiheit und somit als elementaren Bestandteil der menschlichen Natur. Mit Nachdruck wandte er sich gegen alles Gerede von einem Strafgericht Gottes, das in Lissabon von der Inquisition aus durchsichtigen Gründen mit Eifer geschürt wurde. Noch 350 Jahre später wurden statt naturwissenschaftlicher Erkenntnisse religiöse Thesen zur Erklärung dieserart Naturkatastrophen herangezogen: Als im Jahr 1999 in der türkischen Stadt Izmit sowie anderthalb Jahre später im indischen Gujarat mehrere Erdbeben fast 40 000 Tote forderten, behaupteten fundamentalistisch-islamische Gruppen, dass Allah damit die Verweltlichung des religiösen Lebens und die Verwässerung des wahren Glaubens bestraft habe.

Nach dem verheerenden Beben an der portugiesischen Küste, das in ganz Europa Schockwellen auslöste, geriet auch die Philosophie von Gottfried Wilhelm Leibniz (1646–1716) in die Kritik, vor allem durch die französischen Philosophen Pierre Bayle (1647–1706) und Voltaire (1694–1778). Beide verwiesen auf die unübersehbaren Mängel und Übel der Welt, die schwerlich mit der Vorstellung eines gleichermaßen allmächtigen wie allgütigen Gottes in Einklang zu bringen seien. Leibniz hatte in seinen Ausführungen über die Theodizee im Jahr 1710, dem philosophischen Versuch, den offenkundigen Widerspruch zwischen Gottes Allmacht und Güte aufzulösen, die existierende Welt als beste aller möglichen erklärt. Das Böse sei von Gott nicht verursacht, sondern werde allenfalls zugelassen. Im Übrigen unterschied Leibniz drei Arten des Bösen: das metaphysische, das moralische und das physische. Letzteres, darunter Schmerz oder Leid, sei notwendig, um den Kontrast zwischen Gut und Böse wahrzunehmen und sich umso überzeugter für Gott entscheiden zu können. Gott habe deshalb dem Menschen die Freiheit gegeben, vom Baum der Erkenntnis zu essen und somit gleichermaßen das Böse wie das Gute zu erfahren.

Bereits der vorchristliche griechische Philosoph Epikur (341–270 v. Chr.) hatte das unauflösbare Theodizee-Dilemma formuliert: Entweder wolle Gott das Böse beseitigen, könne es aber nicht, weil er zu schwach und nicht allmächtig sei, oder er wolle es nicht, dann sei er kein gütiger Gott, oder er wolle und könne das Übel in der Welt nicht verhindern, dann sei er ein ebenso missgünstiger wie schwacher Gott. Im Widerspruch zur Realität stehe schließlich offenkundig die Annahme, dass Gott das Böse weder wolle oder gar schaffe, noch beseitigen könne.

Wann und wie wurde das »Böse« personifiziert? Wann wurden Lebewesen zu Verursachern des Bösen, wann der angeblich friedliche, harmlose, verträgliche Vormensch, wie Rousseau ihn sich im Naturzustand vorstellte, zum boshaften Betrüger, perfiden Verbrecher – zum »bösen Menschen«?

Böses im Menschen

Mit der Ausdifferenzierung des genetisch encodierten Bauplans entfalteten sich bei den höher entwickelten Tieren infolge einer Verfeinerung der Sinnessysteme und Instinktprogramme komplexere Verhaltensrepertoires. Ihre weitergegebenen Erfahrungen beinhalteten, dass es auch andere wachsame, ebenso hungrige Lebewesen gab, von denen man sich in Acht nehmen musste, wenn man das schwächere war, oder zur Selbsterhaltung angreifen und vernichten musste, wenn man überleben wollte. Mit dem Unterscheiden zwischen »vertraut« und »fremd«, zwischen eigener und fremder Existenz und Macht, gewann ein Bild vom Anderen Konturen, das mit Eigenschaften eines vielleicht gefährlichen, jedenfalls bedrohlichbösen Verhaltens konnotiert war. Wahrscheinlich entwickelte sich auf diese Weise schließlich in einem Millionen Jahre dauernden Lern- und Selektionsprozess die spezielle Wahrnehmung eines gestalteten, konkreten Bösen, eines Bösen in personifizierter Form: als unheilbringender Feind, als unberechenbarer Nebenbuhler oder lästiger Konkurrent.

Solange nicht Katastrophen kosmischen Ausmaßes Erdteile verändert und komplette Pflanzen- und Tiergattungen zum Verschwinden gebracht hatten, bestand ein Gleichgewicht des »Leben-und-Lebenlassens« zwischen einander nicht eng verwandten Arten, bei dem das »böse Treiben« des Nachbarn unter Kontrolle blieb. Der Schritt zum Überschreiten dieser Grenze, nämlich den anderen auch ohne naturgegebene Notwendigkeiten zu schädigen oder ihm sogar nach dem Leben zu trachten, markiert das Auftreten des Menschen vor vielleicht einer bis zwei Millionen Jahren, spätestens mit der Entstehung von Ich-Bewusstsein und Wir-Gefühl. Die instinktgebundene, fest verankerte Blockierung des gegen den Artgenossen gerichteten Aggressionstriebs – in der Verhaltensforschung als Tötungstabu bezeichnet – wurde aufgeweicht und ausgehebelt. Ging der Hominide zunächst auf die Jagd, um sich die notwendige Nahrung zu beschaffen, verfolgte und tötete er bald aus Macht und Besitzstreben, aus Habgier und Hass, aus Wut oder Rache, schließlich im Namen der Ehre, der Gottheit oder des Glaubens – oder gar, weil er einfach daran Spaß hatte.

Spätestens in den Hochkulturen während der ersten drei Jahrtausende vor der Zeitenwende entwickelten sich Tendenzen, das nicht erfassbare, unbestimmte Übel, das offensichtlich nicht dem Mitmenschen zuzuschreiben war, auf den Einfluss übermächtiger Götter und Geister zurückzuführen. Es zeigten sich die ersten Anfänge von Religionen, in denen charismatische Männer und Frauen eine Vermittlerrolle zwischen den bedrohlichen Mächten und den ratlosen Menschen übernahmen. Aus dem Dämonenglauben der Naturvölker erwuchs die Vorstellung einer Götterwelt mit gütigen und gnädigen wie ungerechten, bösartigen Existenzen.

Das Böse wurde personifiziert und benannt: In der altägyptischen Mythologie verkörperte beispielsweise Seth, der Gott des Unfriedens, das Chaos und die Zerstörung. Als undefinierbares Tier mit eckigen Ohren, langer Nase und spitzem Schwanz war er – zugleich Herr des Totenreiches – eine Gottheit der Gewalt und des Verderbens, der Finsternis und der Wüste. Um den Thron zu erobern, ermordete er seinen Bruder Osiris. Dessen Sohn rächte den Vater und entmachtete Seth schließlich. Am Ende der 21. Dynastie wurde der finstere Seth aus Oberägypten verstoßen. Er galt seitdem als Gott der Feinde Ägyptens und wurde nach und nach zum Symbol des Bösen schlechthin.

Vom ägyptischen Volk, selbst vom Pharao, war die böse Schlange Apophis gefürchtet, weil sie jeden Morgen und jeden Abend die Sonnenbarke des obersten Gottes Re-Amun bedrohte und damit die ganze Welt gefährdete.

Zum Pantheon der babylonischen Gottheiten gehörte Ereschkigal, die düstere, steinäugige und löwenköpfige Herrscherin der Unterwelt und des Todes. Die Wasserschlange Tiamat war die gefürchtete Rachegöttin. Aus den Dämonen und bösen Geistern der frühen Kulturen im Zweistromland wurden später Teufel und Satan, die vielfältig variierten Inkarnationen des Bösen in den Weltreligionen.

Schon zu Beginn aller Kulturen entstand eine machtvolle, hermetische und hierarchisierte Priesterkaste, die darüber befand, was gut oder böse sei, indem sie die Botschaften der dämonischen Mächte interpretierte und instrumentalisierte. Als Vermittler und Vollstrecker des göttlichen Willens genossen Schamanen, Magier und Priester stets hohen Respekt, weil sie vor Schaden und Not bewahren konnten, indem sie für die Gemeinschaft in magischen Ritualen das spirituelle Gelingen des Guten und die Bannung der bösen Mächte organisierten. Sigmund Freud (1856–1939), Begründer der Psychoanalyse und Kulturanthropologe, vermutete beispielsweise in Mose einen Aton-Priester des 13. Jahrhunderts v. Chr., der sich der jüdischen Zwangsarbeiter in Ägypten annahm, sich zu ihrem Anführer aufschwang, ihnen seine religiösen Vorstellungen aufnötigte und sie zum Gehorsam zwang, was ihm umso erfolgreicher gelang, als er den Exodus, die Rückkehr ins Gelobte Land, in die Wege leitete.

In den meisten Religionen wird das böse Tun als Verstoß gegen göttliche Gebote aufgefasst, verursacht durch falschgeleitete Frömmigkeit oder fehlende religiöse Gesetzestreue. Als Mangel an Gutem – so die Kirchenlehrer Augustinus (345–430) und Thomas von Aquin (1225–1274) – erklärte die Philosophie vom 2. bis zum 17. Jahrhundert das Böse. Wenn der Mensch das Verlangen seiner Seele nach Transzendenz überhöre, begehe er Verrat an Gott. Ursprung des Bösen sei menschliche Verstocktheit, eine Art boshafte Verweigerung transzendenter Bedürfnisse. Wie die Finsternis habe auch das Böse kein eigenes Sein, sondern sei im Gegenteil Ausdruck eines

Mangels an Sein. Zwar sei Gott letzten Endes auch die Ursache des bösen Willens, der Mensch könne sich jedoch frei für das Böse entscheiden, könne sich dem Guten versagen. Wenn sich der Mensch bewusst auf sich selbst zurückziehe, wende er sich gegen die Ordnung der Natur und entscheide sich somit für die Sünde, also für das Böse. Diese Selbstabschließung, die ausschließliche Bezogenheit auf sich selbst, sei das eigentliche und fundamentale Merkmal des Bösen. In der Kirche, dem »Zelt Gottes«, sah Augustinus, der zeitlebens von der allgegenwärtigen Macht des Bösen seit der Erbsünde überzeugt war und die Menschheit als eine Masse Verdammter betrachtete, den Hort der Geborgenheit, in dem die Gläubigen durch die religiöse Ordnung Platz und Sicherheit fänden.

Kant lehnte zwar die Erbsündelehre ab, stimmte jedoch der Verknüpfung von bösem Handeln und freier Entscheidung zu: Der böse Mensch lege dem Sittengesetz aus Egoismus seine eigenen Maßstäbe, seine Selbstliebe zugrunde, während es umgekehrt sein solle. Seinem »intelligiblen« Charakter gemäß sei der Mensch jedoch frei, und als Vernunftwesen könne er sich zum Guten, zu moralischer Verantwortung und Gemeinnutz bekennen und sich damit gegen das Böse, gegen Unmoral, Sittenlosigkeit, Krankheit und Sünde, entscheiden. Hiermit überwinde er seine naturgegebenen Neigungen zum Bösen. Die Möglichkeit eines bösen Handelns aus purer Lust sah Kant beim Menschen nicht. Im Übrigen folgte er hier auch nicht dem ansonsten von ihm hochgeschätzten schottischen Philosophen David Hume (1711–1776), der gleichermaßen Vernunftprinzipien wie ein angeborenes Empfinden für Sittlichkeit – eine Art Moralsinn – als Ursachen für moralisches Verhalten ansah.

Nach jüdisch-christlicher Auffassung entspringt das Böse dem Ungehorsam gegen Gott, wie er sich – so Paulus im 5. Brief an die Römer – im Sündenfall Adams manifestiert hat. Adam beging einen Tabubruch, indem er – verführt von der Schlange und ermuntert durch Eva – sich die Freiheit nahm, vom Baum der Erkenntnis zu essen, den Gott in die Mitte des Paradieses gepflanzt hatte. Anstifter und Verführer Adams war Satan, der »Vater der Lüge«, der sich gegen Gott aufgelehnt hatte und in die Hölle verstoßen worden war (1. Mose, 3). Die Strafe für Adams Ungehorsam war die Erfahrung einer entbehrungsreichen Lebenswelt voller Mängel, in der fortan drohend das Damoklesschwert der Vergänglichkeit über dem Menschen hing, der sich vor dem Tod ängstigte und sich schmerzhaft mit der Frage nach dem Sinn und Ziel des Lebens konfrontiert sah.

Nachdem der Mensch Eden, das Paradies unbeschwerter Sorglosigkeit, verlassen musste, wurde er nicht nur melancholisch und unglücklich, sondern auch hartherzig, boshaft, habgierig, hinterhältig, rachsüchtig – kurzum: böse. Der Stock wurde zur Keule, das Seil zur Schlinge, der Pflug zum Schwert. Seit dem Sündenfall wurden das böse Denken und Handeln zu unauslöschlichen menschlichen Merkmalen. In der Bibel wird dies im Zusammenhang mit Kain, Adams erstem Sohn, vor Augen geführt, der aus Eifersucht und Neid seinen Bruder Abel erschlug: »Alles Trachten ihres Herzens war die ganze Zeit nur böse … Die Erde war voller Gewalttaten«, heißt es im Ersten Buch Mose. Kain wurde von Gott verstoßen und stigmatisiert: Das Kainsmal sollte ihn gleichermaßen als Verurteilten kennzeichnen wie vor Blutrache schützen. Er musste in ein anderes Land auswandern, wo er mit seinen zahlreichen Nachkommen das Menschengeschlecht begründete. Wahrscheinlich kennzeichnet Kains Tat symbolisch den Übergang in ein neues Zeitalter der Menschheitsgeschichte: den Wechsel vom Jäger und Sammler – Abels Tätigkeit – zum sesshaften Ackerbauern und schließlich Städtebewohner der kainschen Nachfahren. Die paradiesische Zeit des beschaulichen Einsammelns und Pflückens, des abenteuerlichen Jagens war unwiderruflich dahin; zur Existenzsicherung der groß gewordenen Sippen musste nun das Feld regelmäßig und systematisch bestellt werden: »So ist verflucht der Ackerboden deinetwegen. Unter Mühsal wirst du von ihm essen alle Tage deines Lebens … Im Schweiße deines Angesichts sollst du dein Brot essen«, heißt es im dritten Kapitel der Schöpfungsgeschichte.

So entschied Gott: »Das Ende allen Fleisches ist bei mir beschlossen«, und er strafte die Menschen für ihre maßlosen Frevel – allerdings erfolglos – mit der Sintflut. Die schmale Brücke zum Erhalt der Spezies Mensch führte über die Sippe Noah, den einzigen Stamm, den Gott verschonte. Aber auch die große Flut konnte das Böse nicht mehr tilgen.

Sünden und Laster

Nach christlicher Auffassung sind seit Adams und Evas Missetat die Menschen für alle Zeiten von Geburt an mit der Erbsünde behaftet. Die grundsätzliche Sündhaftigkeit jedes Menschen wurde als offizielle christliche Glaubenslehre auf dem Konzil von Karthago im Jahr 418 festgeschrieben.

Der Ausweg liegt in der Verheißung eines ewigen Weiterlebens im Angesicht Gottes, wenn der Mensch sich zum bedingungslosen Glauben an ihn bekennt und dem Bösen ausdrücklich widersagt. Der Ungläubige hingegen hat wie der verstockte Sünder mit ewiger Verdammnis zu rechnen.

Das Böse manifestiert sich bereits im unerlaubten Sinnen und Trachten. Sündhaftes Handeln zeigt sich in einer Verletzung religiös-kultischer Pflichten oder in Verstößen gegen die gottgewollte Ordnung. Der böse Mensch ist stets ein Frevler gegen Gott.

Laut abrahamitischen Glaubenslehren begeht schwere Sünden, wer die Gebote Gottes übertritt. Dessen Anweisungen, auf Steintafeln niedergeschrieben, wurden Leitlinien für ein vorbildliches Leben. Sie sind im mosaischen Dekalog überliefert und gleichermaßen in der Tora bzw. im Talmud wie in Bibel und Koran näher beschrieben und kommentiert. Neben dem Unglauben sind Gewaltanwendung, Homosexualität, Ehebruch, Eigentumsdelikte und Totschlag die schlimmsten Vergehen – »Du sollst nicht morden!« heißt es im 5. Gebot. Im Judentum ist die schwerste Sünde überhaupt die bewusste Auflehnung gegen Gott (Pesha).

Im Neuen Testament sind als Sünden genannt: Heuchelei, Habsucht, Entweihung des Tempels, Gotteslästerung und Ehebruch. In der katholischen Kirche findet bis heute der Beichtspiegel Anwendung, eine Art Fragenkatalog zur Erforschung des eigenen Gewissens in Bezug auf begangene Verfehlungen – eine detaillierte Operationalisierung böser Gedanken, Worte und Werke unterschiedlichen Schweregrades.

Bemerkenswert ist die hohe soziale Bedeutung der religiösen Gebote, die – außer das Verhältnis zu Gott – das Miteinander der Menschen regeln, indem sie sowohl die Integrität der Privatsphäre als auch die Notwendigkeit gemeinnützigen Verhaltens betonen. Aus dem Rahmen fallen in gewisser Weise die Sanktionen bestimmter, unerwünschter Formen der Sexualität. Im Hinblick auf die polygamen Stammväter aus biblischer Zeit erscheint der hochrangige Schutz der Einehe umso bemerkenswerter.

Unter Einfluss des asketischen Geistesmenschen Paulus geriet bereits im frühen Christentum die Sexualität ins Zwielicht, zumindest wurde sie mit Misstrauen betrachtet bzw. als notwendiges Übel mehr oder weniger hingenommen. Schon unkeusche Gedanken und Vorstellungen wurden in das kirchliche Sündenregister aufgenommen; Unzucht und Wollust erhielten gar den Rang einer schweren Sünde. Paradoxerweise wurde vermutlich kein anderes Gebot häufiger übertreten als das der Enthaltsamkeit und

Keuschheit, wobei auch die Würdenträger höchster kirchlicher Ämter keine Ausnahme machen. Bis heute ist in der katholischen Kirche die Ehescheidung nicht erlaubt. Eine Annullierung der Ehe als unauflösliches Sakrament kann nur ausnahmsweise und erst nach einem langwierigen kirchenrechtlichen Verfahren erreicht werden. Noch zur Zeit des Absolutismus war dies durch Verhandlungen mit dem Papst leichter möglich, insbesondere wenn eine neue Heirat aus machtpolitischen Gründen nützlich erschien. Mätressen der Herrscher waren gang und gäbe.

Im Islam bedeutet Sünde die absichtliche Übertretung der göttlichen Norm in Gedanken, Worten und Taten. Die erste Sünde sei Folge einer Verführung durch Satan im Paradies. Durch Gottes Barmherzigkeit und dessen Vergebung werde der Mensch jedoch ohne Sünde geboren, bis er sich möglicherweise aus eigenem Willen gegen ihn auflehne.

Die Konstruktion einer Erbsünde wie in der christlichen Lehre gibt es somit in der islamischen Religion nicht, unterschieden wird jedoch zwischen leichten Verfehlungen, schweren Sünden und Todsünden. Letztere sind Folge des Unglaubens, des Abfalls vom Glauben oder der Auflehnung gegen Gott selbst. Zu den schweren Sünden gehören beispielsweise die Tötung eines Menschen oder Ungehorsam gegenüber den Eltern.

Außerhalb der monotheistischen, jüdisch-christlich-islamischen Tradition blieb das Böse in allen Weltkulturen und Gesellschaften ein substanzloses, abstraktes Phänomen, Gegenpol und Verneinung des »Guten«, Inbegriff alles Schlechten, Negativen und Destruktiven. In den Naturreligionen galt der Bruch eines Tabus als böse, in der Antike der schlechte Charakter. Im vorchristlichen griechischen Stoizismus war das Böse eine selbstzerstörerische Krankheit der Seele, die aus dem Ungehorsam gegen das göttliche Gesetz, d. h. aus dem bewussten Verstoß gegen die sittlich gebotene Vernunft und Pflicht abgeleitet wurde. Im Buddhismus verhindert böses Tun die Läuterungen auf dem Weg in das erlösende Nirwana.

Das Böse im Menschen offenbart sich in dessen sündhaftem Handeln, das in den sozial schädlichen Veranlagungen und lasterhaften Neigungen wurzelt. Die Fehlerhaftigkeit des Menschen, naturgegebener Bestandteil der *conditio humana*, reicht von der belächelten Charakterschwäche bis hin zur gefürchteten Gemeingefährlichkeit. Dem sozialisierten Menschen war früh klar, dass der Kommunität nur ein bestimmtes, kontrollierbares Maß an Fehlverhalten zugemutet werden konnte. Mit Mord und Totschlag, aber auch schon Raub und Diebstahl war die Toleranzgrenze überschritten, und die Frevler wurden streng, oft mit dem Tod, bestraft oder aus der Gemeinschaft verstoßen. Das Tötungsverbot gegenüber Artgenossen, das in den von Jahwe diktierten Mosaischen Dekalog aufgenommen wurde, obgleich Gott selbst Menschenopfer befahl, blieb in den Zivilgesellschaften bis heute höchstrangig strafbewehrt. Ausnahmen wurden und werden zweckpolitisch aus Staatsräson oder ideologisch als Disziplinierungsmittel begründet.

Die menschlichen Laster wurden schon in der vorchristlichen Zeit als sozial schädlich und/oder dem göttlichen Willen widersprechend gekennzeichnet. Das Christentum fasste sie in einem Sündenkatalog zusammen, wobei die vom Kirchenlehrer und Papst Gregor dem Großen (540–604) vorgenommene Auflistung – Vorläufer des Beichtspiegels – bis in das 15. Jahrhundert zur Abschreckung vor unerlaubtem Tun zur Richtschnur wurde. Gregor bezeichnete als die sieben hauptsächlichen Laster bzw. Hauptsünden: Hochmut, Habgier, Völlerei, Zorn, Wollust, Neid und Trägheit des Herzens bzw. Faulheit. Ihre Existenz wurde mit folgenden Dämonen in Verbindung gebracht: der Hochmut mit Luzifer, die Habgier mit Mammon, die Völlerei mit Beelzebub, die Wollust mit Asmodeus, der Neid mit Leviathan, die Trägheit mit Belphegor. Man unterschied zwischen geistlichen Sünden wie Hochmut, Zorn, Geiz und Faulheit, und fleischlichen wie Völlerei und Wollust. Darüber hinaus wurden später als verwerfliche Verhaltensweisen und Charaktermängel Unglaube, Verzweiflung, Torheit, Ungerechtigkeit, Unbeständigkeit, Trotz, Neugier, Zwietracht und Feigheit genannt.

In der scholastischen Theologie wurde zudem eine Unterscheidung zwischen lässlichen und schweren bzw. Todsünden vorgenommen. Letztere seien demnach Unkeuschheit, Diebstahl und Mord, wenn sie freiwillig und in Kenntnis der Schwere der Tatfolgen begangen würden. Der Kirchenlehrer Petrus Lombardus (1095–1160), Bischof von Paris, hob die Trägheit des Herzens als Grund- und Hauptsünde besonders hervor. In der katholischen Kirche gelten Mord, Unkeuschheit oder Übertretung eines göttlichen Gebotes als schwerste Verfehlungen.

Die Laster machen dem Menschen unterschiedlich stark zu schaffen. Manche Unsitten und schlechten Angewohnheiten sind durchaus hoffähig: Eitelkeit, Frivolität, Schamlosigkeit, Schadenfreude, Sensationslust, Heuchelei, Profitgier und Verschwendung werden nicht selten unter öffentlichem Beifall kultiviert. Durchstechereien, Korruption, Vetternwirtschaft,

Bereicherung, Bestechlichkeit, Betrügereien, Hochstapelei, Lug und Trug gelten als Kavaliersdelikte. Angesagt sind Rendite und Gewinn; Besitz und Reichtum werden als Ausdruck von Talent und Tüchtigkeit deklariert, während dem beschämten Prekariat Bildungsmangel, Arbeitsscheu und Sozialneid vorgehalten werden. Kant sprach indes einigen der Laster durchaus gute Seiten zu: Die Faulheit sei nur scheinbar das verächtlichste Laster. In Wirklichkeit bremse sie das Ausufern der Boshaftigkeit. Die Feigheit im Kriege rette vielleicht manchem Menschen das Leben. Die Falschheit, nämlich der Verrat, untergrabe die Bösartigkeit von Komplotten gegen die sittliche Ordnung.

Im Grunde beschädigt lasterhaftes Denken und Handeln jedoch den Kitt jedes sozialen Gefüges: Zuverlässigkeit, Gerechtigkeit, Fairness, Nachsicht, Großzügigkeit, Mitgefühl, Treue und Altruismus, der durch Egoismus, Unwahrheit, Zwietracht, Verrat, Hass und Rücksichtslosigkeit zersetzt wird. Nicht ohne Grund gilt allerdings »Acedia« – die Trägheit des Herzens – als eines der Hauptlaster. In ihrer Bedeutung als Gedankenlosigkeit, Gleichgültigkeit, Abgestumpftheit, Mitleidslosigkeit und Herzenskälte, ja Erbarmungslosigkeit, Rohheit und Unerbittlichkeit zerstört es die Fundamente mitmenschlich-solidarischen Zusammenlebens. Zudem ermöglicht die acedische Mischung aus Selbstbezogenheit, Desinteresse, Feigheit, Distanziertheit und Wegschauen es einigen wenigen skrupellosen Machthabern, ein ganzes Volk zu manipulieren, weil dessen Mehrheit sie ohne Protest gewähren lässt, bis es selbst nichts mehr zu sagen hat.

Tugend und Moral

Die Tugendbegriffe, von denen es nur halb so viele wie Definitionen des Lasters gibt, sind wie diese ebenfalls abhängig vom gesellschaftlichen, soziokulturellen und religiösen Hintergrund. Das abendländisch-humanistische Wertesystem wurzelt in der griechisch-römischen Antike und jüdisch-christlichen Einflüssen.

Die alten Philosophen setzten sich nicht nur mit bedeutungsschweren Konstrukten wie Geist, Seele, Vernunft, Gemüt, Willen oder Freiheit auseinander, die dem attischen Bauern oder römischen Handwerker wahrscheinlich ohnehin nicht viel sagten, sondern auch mit der Rolle des Menschen in der Welt und mit seinem konkreten Handeln, wobei zwangsläufig die menschliche Fehlbarkeit, die Mängel, Schwächen und Sünden reflektiert wurden. Als guten Menschenkennern war den frühen Denkern indes klar, dass sie den Verlockungen des Bösen die Attraktivität des Guten entgegenzusetzen hatten, das Streben des Menschen nach Verwirklichung moralischer, sittlicher Ideale. Dem bösen stellten sie das gute Handeln gegenüber und verwiesen auf die edle Gesinnung und das vorbildliche, moralische Verhalten als sichere Leitlinien zu einem glücklichen Leben und gelassenen Sterben.

Wie soll sich der Mensch, der tugendhaft sein will, verhalten? Der weise Athener Sokrates (470–399 v. Chr.), zu dessen Schülern Platon (427–347 v. Chr.) gehörte, gilt als Begründer einer anthropologischen Ethik. Seine Philosophie beruhte auf der Grundüberzeugung, dass das Sittliche erkennbar sei und aus dem Wissen um Sittlichkeit zwangsläufig auch sittliches Handeln folge. Sittliches Handeln diene dem wahren Nutzen des Menschen und dem Gemeinwohl. Sokrates wandte sich damit gegen den ethischen Relativismus der Sophisten. Als wichtigste Tugenden betrachtete der Philosoph, der wegen angeblicher Gottlosigkeit und verderblichen Einflusses auf die Jugend vom Athener Gerichtshof zum Tod durch den Giftbecher verurteilt wurde, Askese und Genügsamkeit: Nur wer sich zu beherrschen lerne, könne auch andere beherrschen.

Im Übrigen lässt Platon Sokrates im Gespräch mit Menon die Existenz eines absoluten Bösen verneinen. Niemand mit Vernunft könne das Böse um seiner selbst willen wünschen: Zum einen werde das Böse irrtümlich in der Annahme begehrt, Gutes zu wollen, zum anderen erlitten diejenigen, die bewusst Böses begehrten, selbst dadurch Schaden.

Platon zufolge gibt es vier Kardinaltugenden: Weisheit, Gerechtigkeit, Tapferkeit und Besonnenheit. Sie galten ihm als Wegweiser zu einem erfüllten Erdenleben; auf ihnen gründeten sich laut Platon alle anderen Vorzüge der Seele. Sein Schüler Aristoteles (384–322 v. Chr.) sah in der Mäßigung und Zügelung den Königsweg zur höchsten Tugendhaftigkeit. Das sittlich vorbildhafte Streben sei Ausdruck einer vernunftgeleiteten Kontrolle des triebhaft-irrationalen Seelenanteils mit dem Ziel eines vermittelnden Ausgleichs zwischen jeweils verwerflichen Extremen: Besonnenheit zwischen Zügellosigkeit und Abstumpfung, Tapferkeit zwischen Tollkühnheit und Feigheit, Gerechtigkeit zwischen unrechtem Handeln und Erleiden von Unrecht, Freigebigkeit zwischen Geiz und Vergeudung, Sanftmut zwischen Jähzorn und stumpfer Duldsamkeit.

Den Stoikern des 3. Jahrhunderts v. Chr. war ein naturgemäßes, asketisches Leben, einhergehend mit einer Förderung des Allgemeinwohls, das erstrebenswerteste Lebensziel. Die wahrhaftige Glückseligkeit sei ein Dasein im Einklang mit der Welt; der Weg dorthin sei die Überwindung von Affekten, Gelüsten und Begierden. Als Grundtugenden galten Gerechtigkeit, Tapferkeit, Beherrschung und Menschlichkeit. Der griechische Philosoph Epikur (341–271 v. Chr.) lehrte die Tugenden der maßvollen Selbstbeherrschung und Leidenschaftslosigkeit als einzig wahre Begleiter zu geistiger Lust und beglückender Gemütsruhe.

Im 4. Jahrhundert schilderte der römische Dichter Prudentius (348–408) in dem Epos *Psychomachia* den dramatischen, grausamen Krieg der – als Frauen auftretenden – Tugenden gegen die Laster, in dem zuallererst die Rechtgläubigkeit den Unglauben enthauptet. Sodann besiegen Keuschheit die Wollust, Geduld den Jähzorn, Demut die Hochmut, Vernunft die Habgier und Enthaltsamkeit die Ausschweifung. Der allegorische Kampf wird schließlich mit der Zerstückelung der Zwietracht glorreich beendet. Mit der Niederlage des Bösen verschwinden auch die anderen Übel: Frechheit und Lästerung, Völlerei und Verderbnis, List und Lüge, Sorge und Furcht, Neid und Feindseligkeit.

Die christlichen Tugenden ergeben sich aus den göttlichen Geboten. Jesus pries laut Neuem Testament in der Bergpredigt Gerechtigkeit, Barmherzigkeit, Geduld, Lauterkeit und Friedfertigkeit als vorbildhafte Charaktereigenschaften. Für Thomas von Aquin waren Glaube, Hoffnung und Liebe die Dreh- und Angelpunkte christlicher Tugenden, allerdings im Einklang mit der natürlichen Ordnung im individuellen wie im Gemeinschaftsleben. Hieran gemessen befinde sich der nicht tugendhafte Mensch auf dem gefährlichen Irrweg der Sündhaftigkeit. Ihm könne jedoch vergeben werden, wenn er das Unrechte seines Tuns einsehe, Reue zeige, bußfertig sei und sich wirklich um Besserung bemühe.

Kant definierte die Tugend als moralische Stärke in Befolgung menschlicher Pflicht, die stets neu und ursprünglich aus der Denkungsart hervorgehen solle. Für Goethe ist die Tugend das »wahrhaft Passende in jedem Zustande«.

Im Bürgertum der Neuzeit waren standesbezogene Wertvorstellungen wie Pflichtbewusstsein, Ordnungsliebe, Leistungsstreben, Sparsamkeit und Bescheidenheit Ausdruck tugendhaften Verhaltens. Die abqualifizierende Bezeichnung als »Sekundärtugenden« entspringt der begründeten Einschätzung, dass es sich dabei um eine moralische Fassade handeln kann, die den Mangel an wirklich wichtigen Tugenden kaschiert. Diese Abwertung auf den ersten Blick erstrebenswerter Charakterzüge ist nachvollziehbar, wenn beispielsweise die vorsätzliche Deformierung von Moral und Sittlichkeit in kriminellen Netzwerken oder staatsterroristischen Herrschaftssystemen oder schon im Hinblick auf eine kleinbürgerliche, bigottscheinheilige Doppelmoral betrachtet wird, wo gerade jene nachrangigen »Spießertugenden« als bevorzugte, ja unentbehrliche Persönlichkeitsmerkmale besonders herausgestellt werden. Zweifellos sind »preußische« Eigenschaften wie Gewissenhaftigkeit, Pünktlichkeit, Nachhaltigkeit, Fleiß oder Zuverlässigkeit zur Organisation und Steuerung sozialer Systeme unentbehrlich, können aber ebenso missbraucht werden, wenn Loyalität und Disziplin zu blindem Gehorsam verkommen.

Tugendhafte Eigenschaften werden durch Einsicht und Gewissen erworben und geprägt; tugendhaftes Verhalten entspringt guten Absichten und moralischen Zielen vor dem Hintergrund des allgemeinen Sittengesetzes, d. h. der Vorschrift, das anerkannt Gute zu tun und das Böse zu unterlassen. Die Gesamtheit der sittlichen Normen, die das zwischenmenschliche Verhalten leiten, wird als Deklaration eines zugrunde liegenden moralischen Systems allgemeinverbindlich festgelegt.

Dieses allerdings ist kein starres, unveränderliches Gebilde. Sowohl im Wandel der Zeiten wie auch unter soziokulturellem Druck können sich scheinbar stabile moralische Stützpfeiler verformen und verschieben. Menschenopfer und ritueller Kannibalismus, Verstümmelung und Promiskuität, Sklaverei und Gewaltverherrlichung gehörten beispielsweise zu allgemein akzeptierten, sogar als notwendig erachteten Sitten und Gebräuchen, die keineswegs als amoralisch betrachtet wurden. Selbst im Namen des christlichen Gottes wurden Folter und Feuertod als gute Werke gepriesen, und der islamistische Aufruf, die Ungläubigen zu töten, wird auch heutzutage unüberhörbar als Allahs Wille verkündet.

Akzentuierung und Ausformung moralischen Verhaltens hängen ab vom jeweiligen Menschenbild der Gesellschaft und ändern sich daher hinsichtlich ihrer Aktualität und Bedeutsamkeit. In dem düsteren gesellschaftskritischen, kriminal-psychologischen Roman *Die Dämonen* des russischen Schriftstellers Fjodor Michailowitsch Dostojewskij (1821–1881) äußert der anarchistische Student Schatow gegenüber seinem kaltblütigen, gewissenlosen Gegenspieler Stawrogin, dass jedes Volk seine besonderen Begriffe von Gut und Böse, sein besonderes Gutes und Böses habe. Wenn die Idee des Guten und des Bösen in Frage gestellt würde, verwische sich der Unterschied und verschwinde schließlich ganz. Niemals sei die Vernunft allein imstande gewesen, das Böse und das Gute zu definieren oder auch nur das Gute vom Bösen zu scheiden, nicht einmal annähernd; vielmehr habe sie beides immer in schmachvoller, kläglicher Weise miteinander vermischt, und die Wissenschaft habe ganz plumpe Antworten auf diese Frage gegeben.

Es erscheint naheliegend, der Frage nachzugehen, wo, warum und wie jeweils die Wegweiser und Kilometersteine des Tugendpfades aufgestellt werden, d. h. wer die sittliche Norm woran justiert. Hier überschneiden sich – nur bedingt deckungsgleiche – religiöse, politische, soziale, kulturelle und ökonomische gesellschaftliche Interessen, deren Protagonisten je nach Intention mit Geduld oder Härte, Versprechungen oder Appellen ihren Einfluss geltend machen. Als Grundsätze, die das Zusammenleben der Menschen nicht nur möglichst reibungslos regeln sollen, sondern darüber hinaus auch synergistische soziale Wirkungen entfalten, sind bestimmte gesellschaftliche Regeln einschließlich ihrer juristisch kodifizierten Normen unerlässlich. Von Bedeutung ist ein Kernbereich von sozialen Tugenden wie Verständnis, Altruismus, Verantwortungsgefühl, Mitempfinden, Gemeinsinn, Gerechtigkeit, Solidarität, Hilfsbereitschaft, Selbstbeherrschung, Toleranz und Respekt vor den Rechten anderer.

Derzeit spiegelt der Zeitgeist in den westlichen Kulturen Verschiebungen auf der Werteskala wider, die zwar keine spektakulären Umwälzungen bedeuten, jedoch mit einer schleichenden Entsolidarisierung der Gemeinschaft einhergehen. Mit Hilfe perfektionierter, penetrant invasiv-inflationärer Kommunikationstechniken werden von Meinungsmachern und Trendsettern hedonistische Arbeits- und Lebensformen beworben und vermarktet, die ob ihrer narzisstischen Selbstbezogenheit den Zusammenhalt der Kommunität unterminieren. Von der in den 1970- und 1980er Jahren propagierten, ja versuchsweise erzwungenen gesellschaftlichen Neuorientierung blieb als kümmerliche Bilanz, dass die Protagonisten von damals zwar den besseren Menschen forderten, jedoch selbst nach dem »Marsch durch die Institutionen« gern die Privilegien und Ämter der angeprangerten Elterngeneration übernahmen.

Die »Spaßgesellschaft« – orientiert an hochgejubelten, nichtsdestoweniger bisweilen dubiosen Idolen – verlangt es nach Hypes, nach Erlebnissen mit Fun-Charakter, nach stimulierenden Gefühlsräuschen. Die alltäglichen, nützlichen Mauscheleien und Protektionen im Grenzgebiet zur Täuschung und Heuchelei, Bestechung und Betrügerei werden zu Insignien besonderer Geschicklichkeit stilisiert, angebliche Gesetzmäßigkeiten des Marktes und ökonomische Zwänge der Globalisierung als allzeit präsente Rechtfertigung für Lobbyismus, Bauernfängerei, Ausbeutung und Korruption vorgetragen.

Mit Brot und Spielen allein lassen sich jedoch Demokratie und Mitbestimmung nicht dauerhaft durchfüttern. Die moderne, im Parlamentarismus verkörperte Volksherrschaft benötigt Neugier, Zivilcourage, Autonomie, Unabhängigkeit, Unbestechlichkeit, Einmischung, Verantwortungs- und Zusammengehörigkeitsgefühl jedes einzelnen Bürgers, der sich auf eine gerechte und vernünftige Verwaltung seiner Rechte und Pflichten im Gemeinwesen durch die Politik verlassen können muss.

Hierzu gehört auch ein korrekter Umgang mit Informationen. Desinformationen durch Weglassen, Hervorheben oder Überinterpretieren einzelner, womöglich aus dem Zusammenhang gerissener Statements mögen zwar der Zeitungsauflage und Einschaltquote nutzen, suggerieren jedoch Scheinwahrheiten und beschädigen das Verhältnis zur Wirklichkeit. Von hier aus ist es nicht mehr weit zur Manipulation durch Verfälschung und Irreführung, durch Falsifikat und Fake als verwerfliche Mittel zu zweifelhaften Zwecken.

Bürgerrechte und demokratische Spielregeln verlieren an Relevanz, wenn sich immer mehr Reichtum, damit zwangsläufig Bildung, Einfluss und Macht, bei immer weniger Personen ansammelt, erst recht, wenn die materielle Sicherheit für viele nicht mehr gewährleistet ist. Mit »Wohlstand für alle« ist dann wohl eher ein Höchstmaß an Einkommen und Besitz für einige Schlaue gemeint, die sich gern als »Leistungsträger« titulieren lassen. Die resignative Metapher vom Ehrlichen, der immer der Dumme sei, kennzeichnet treffend dieserart sozialdarwinistische Negativauslese.

Freiheit der Wahl

Ethische Grundbausteine stehen indes nicht für Events, sondern für den Wert des Lebens und der Freiheit, des Eigentums und der Selbstbestimmung, der Arbeit und Freizeit. Der Rahmen für moralisches Bewusstsein und Handeln wird bestimmt durch eine angewandte Ethik, d. h. eine

Werteethik, die sich auf erfahrbare Güter als Ziele moralischen Handelns richtet. Den Moralphilosophen Max Scheler (1874–1928) und Nicolai Hartmann (1882–1950) zufolge sind diese außer den genannten Kardinaltugenden, deren wichtigste die Gerechtigkeit ist, Nächstenliebe, Rücksichtnahme, Vertrauen, Treue, Verantwortung, Mitleid, Geduld und Wahrhaftigkeit. Ihr Gegenteil sind nicht einfach nur »Untugenden«, sondern als Kennzeichen unmoralischen Handelns Merkmale böser Pläne und Absichten, Facetten des Bösen.

Im Übrigen verneinten beide Philosophen in platonisch-scholastischer Tradition die Existenz eines absolut Bösen, sondern sahen dieses als Mangel an Gutem und das böse Tun als menschliches Versagen gegenüber dem allgemeinen Sittengesetz. Hartmann berief sich auf Sokrates, demzufolge niemand das Böse um des Bösen willen tue, denn er wolle nicht in erster Linie nicht den Schaden des anderen, sondern vielmehr seinen eigenen Nutzen.

Wer Böses tut, stellt sich außerhalb des Regelwerks, das die Maßstäbe des moralisch-sittlich richtigen Handelns festlegt und reflektiert. Der gute Mensch versucht im Einklang mit seinen Wünschen, Rechten und Pflichten zu leben. Er müsste dabei einen Ausgleich finden zwischen den eigenen Interessen und denen seiner Mitmenschen. Wenn ihm dies gelänge, fände das Böse in seinem Denken und Handeln keinen Platz mehr – eine Utopie, die an der menschlichen Natur scheitert. Die Diskrepanz zwischen ethischen Grundsätzen und der alltäglichen Realität ist unübersehbar.

Während das Unterlassen einer guten Tat meist unbemerkt bleibt, zumindest eher verzeihlich erscheint, wird das in voller Absicht und bei klarem Bewusstsein – aus welchen Gründen auch immer – ersonnene und getane Böse zu einem gesellschaftlichen Makel. Indessen ist dem bösen Menschen nicht das Kainsmal auf die Stirn geschrieben; er gibt sich nicht als scheußliche, abstoßende Teufelsgestalt zu erkennen. Hinter einem sympathischen Gesicht und gefälligen Auftreten können sich abgründig böse Gedanken und Pläne verbergen. Der freundlichen Schlange im Paradies sahen Adam und Eva ihre Hinterlist nicht an und auch Mephistopheles kam eher adrett als dämonisch daher – Lüge und Betrug, Verleumdung und Verstellung, Heimtücke und Täuschung gehören ebenso zum Inventar des Bösen wie die unverhüllten Werkzeuge offenkundiger Gewalt und Zerstörung. Spießbürgerliche Biedermeiermentalität und gewissenlose

Unmenschlichkeit können augenscheinlich problemlos in ein und derselben Person koexistieren.

Von der Nikomachischen Ethik des Aristoteles als Handlungsanweisung zur Glückseligkeit gab es lange, mehr oder weniger kontinuierliche, moralphilosophisch-theologische Überlieferungen bis hin zu den modernen kodifizierten Regelwerken und ungeschriebenen Übereinkünften bezüglich sozial erwünschten bzw. unerwünschten, sittlichen oder sündhaften Verhaltens. Nur wenige Jahre, nachdem die beiden großen Moralphilosophen Scheler und Hartmann in Köln und Berlin in den 1920er Jahren die Grundzüge ihrer materialen Werteethik lehrten, wurde das herkömmliche, abendländisch-humanistische Wertesystem im Herzen Europas von Staats wegen ausgehebelt und gezielt, brutal und hemmungslos durch eine Ideologie der Gewalt und Zerstörung ersetzt.

Das »Übel«, »Verhängnis«, »Unglück«, »Unheil« oder »Schicksal« genannte Böse ist nicht nur eine Begleiterscheinung der Naturgewalten, deren Gesetzmäßigkeiten der Mensch seit Urzeiten zu ergründen sucht. Er ist auch selbst Ursprung und Ursache für Böses, indem er sich als Bösewicht, Halunke oder Verbrecher betätigt. Er ist selber »Übeltäter«. Die Anlässe und Motive hierfür sind vielfältig, die Ursachen werden dem – zweifellos überschätzten – menschlichen Vermögen zugeschrieben, sich mit Hilfe der Vernunft für oder gegen ein bestimmtes Handeln frei entscheiden zu können.

Der bis zu einem Bekehrungserlebnis im Jahr 386 lebensfrohe und welterfahrene Augustinus äußerte als erster der großen Philosophen, dass der Ursprung des bösen Tuns in der menschlichen Willensfreiheit liege. Gleichzeitig wurde hierdurch Gott im Sinne der Theodizee entlastet, da er Augustinus zufolge dem Menschen diesen Entscheidungsspielraum zugestanden hat. Obgleich der Mensch als Kind der Natur den Gesetzen der Biologie unterliegt, wähnt er sich frei im Entscheiden und Handeln. Seine Doppelnatur aus einem deterministischen und einem indeterministischen Anteil nötigt ihn zu ständiger Balance zwischen Trieb und Erkenntnis. Immanuel Kant trug dem sich daraus ergebenden Problem insofern Rechnung, als er die Freiheit zum radikalen Bösen der »Verkehrtheit des Herzens« als Bestandteil der menschlichen Natur schlechthin zuschrieb. Der Mensch sei aufgrund seiner Vernunft frei, sich gegen das Gute und für das Böse zu entscheiden, je nachdem, wie er die Rangreihe seiner Handlungsmaximen festlege. Auch wenn das Böse – die Verfehlung des allgemeinen Sittengesetzes – in der menschlichen Natur liege, werde es aus souveräner Entscheidung von ihm immer neu im bösen Handeln realisiert.

Böses im Guten

Nicht erst seit der Strukturpsychologie der psychoanalytischen Lehre ist allerdings davon auszugehen, dass es mit der menschlichen Willensfreiheit nicht weit her ist. Bereits in der platonischen antiken Philosophie wurden die dunklen Tiefen der menschlichen Seele wahrgenommen und deren untergründige, unbewusste Anteile von dem wachen, kontrollierenden Verstand abgegrenzt. Diese Schichtenlehre zog sich seitdem unter wechselnden Überschriften wie ein roter Faden durch die Theoreme der Persönlichkeitspsychologie, allerdings ohne die daraus eigentlich zu erwartenden, naheliegenden Folgerungen.

Zweifellos gilt es heute als unbestritten, dass die meisten Entscheidungen wesentlich aus Bedürfnissen, Antrieben und Impulsen gespeist werden, derer wir uns nicht bewusst sind. Die aktuelle Hirnforschung hat inzwischen empirische Hinweise darauf gefunden, dass die Willensfreiheit ein Konstrukt ist, das lediglich mit einem subjektiven Empfinden von Unabhängigkeit und Autonomie einhergeht. In Wirklichkeit ist die Entscheidung für gut oder böse längst gefallen, bevor wir – Marionetten an den Fäden der Triebe und Instinkte – uns darüber klar werden und innerlich den Daumen nach oben oder unten senken.

Im Falle erkennbarer psychischer Störungen ist dies für jedermann unmittelbar einsichtig.

Eine tief depressive Mutter, die voller Verzweiflung und Hoffnungslosigkeit nicht mehr weiterleben will und kann, zugleich der festen Überzeugung ist, dass auch ihre Kinder keine Zukunft haben, wird höchstwahrscheinlich nicht souverän und frei handeln, wenn sie sich tötet und ihre Kinder mit in den Tod nimmt. Solche erweiterten Suizide oder Suizidversuche aufgrund einer schweren seelischen Krankheit passieren immer wieder; sie erzeugen trotz aller Missbilligung Erschütterung und Mitleid, wie beispielsweise das folgende Geschehen:

Vor einigen Jahren erwürgte in einer Stadt des Ruhrgebiets ein damals 32-jähriger Mann auf einem abgelegenen Waldweg seine um ein Jahr jüngere Frau und die beiden vier und zwei Jahre alten gemeinsamen Kinder. Er fuhr sodann nach Hause und versuchte zunächst, sich mit einem

Stromkabel zu erhängen. Dann übergoss er sich draußen mit Benzin in der Absicht, sich zu verbrennen. Da er sich von Spaziergängern beobachtet fühlte, brach er den Versuch ab und ritzte erfolglos mit einem Taschenmesser seine Pulsadern auf. Als er sich weiterhin verfolgt wähnte, kehrte er abermals in die Wohnung zurück, setzte sich in eine wassergefüllte Badewanne und schloss einen Fön und einen Lockenstab an die Steckdose an. Bevor er die Geräte ins Wasser fallen ließ, rief er seine Schwester an und teilte ihr das Geschehene mit. Infolge eines Kurzschlusses blieb der Betroffene unverletzt. Bei den späteren Ermittlungen stellte sich heraus, dass er aus der wahnhaften Überzeugung gehandelt hatte, sich mit HIV infiziert und seine Familie angesteckt zu haben. Nach ausführlichen psychiatrischen und psychologischen Untersuchungen wurde er aufgrund einer Psychose für schuldunfähig erklärt und zu einer unbefristeten Unterbringung in einer psychiatrischen Anstalt verurteilt.

Es handelt sich hier nicht um einen Einzelfall; vielmehr kommt es immer wieder zu – auf den ersten Blick nicht nachvollziehbaren – Taten, deren Hintergründe erst nach und nach erschlossen werden können: Eine 52-jährige Frau wurde vom Landgericht Bremen zu einer Haftstrafe auf Bewährung mit der Auflage verurteilt, sich in psychotherapeutische Behandlung zu begeben. Sie hatte ihren Sohn, einen 17-jährigen Autisten, mit einer Überdosis Schlafmittel getötet. Der Sohn war von Geburt an seelisch behindert und wurde von der alleinerziehenden Mutter mit großem Engagement betreut. Sie kümmerte sich rund um die Uhr um ihr Kind, bis sie schließlich körperlich und seelisch selbst am Ende war. Aus dieser Situation entwickelte sich der Entschluss, den geliebten Jungen von seinen vermeintlichen Qualen zu erlösen. Die Verabreichung der tödlichen Tablettendosis war nach Überzeugung der Mutter ein Akt der Barmherzigkeit. Zu Bett gebracht, sang sie ihm sein Lieblingslied vor, zündete eine Kerze an, betete und wachte, als er friedlich einschlief. Man fand das Kind mit einer Rose zwischen den gefalteten Händen, umringt von Kuscheltieren. Durch einen unvorhergesehenen Besucher wurde die Mutter, die ebenfalls Schlaftabletten genommen hatte, daran gehindert, sich die Pulsadern aufzuschneiden. Den Notarzt bat sie um Hinzuziehung der Polizei, da sie ins Gefängnis gehöre. Als suizidgefährdet wurde sie in die Psychiatrie eingewiesen. Ebenfalls in die Psychiatrie kam eine 31-jährige psychotische Mutter, die im Dezember 2007 in Darry bei Plön ihre fünf Jungen, drei bis neun Jahre alt, betäubte und erstickte.

Von dem forensischen Implikationen solchen psychopathologisch ableitbaren Fehlverhaltens wird später noch die Rede sein. Schon jetzt sei jedoch darauf verwiesen, wie schmal der Grat zwischen dem Bösen aufgrund psychischer Beeinträchtigung und infolge verbrecherischer Absicht sein kann.

Beispielsweise stellt sich die Frage, wie viel an bösem Willen in den Grenzbereichen der psychischen »Süchte« enthalten ist: Sind Habsucht und Herrschsucht, Geltungsdrang und Machtgier, Rachsucht und Fanatismus noch Zeichen des Bösen oder schon Ausdruck seelischer Gestörtheit? Wo liegt die Grenze zwischen (verwerflicher) Verblendung oder Abgestumpftheit und (entschuldbarem) Wahn oder Trübsinn? Die oben referierten empirischen Ergebnisse aus der Willensforschung verleihen dieser Problematik eine besondere Brisanz, da die – ohnehin anzuzweifelnde – Entscheidungsfreiheit des Menschen durch die hier angesprochene psychopathologische Dimension zusätzlich in Frage gestellt wird.

Unfassbarkeit des Bösen

Im Kontrast zu den überaus differenzierten, facettenreichen phänomenologischen Darstellungen und Entfaltungsräumen des metaphysischen Bösen durch Theologie, Philosophie und Sozialwissenschaften müssen die Erklärungen nach dessen Ursachen letzten Endes eher metaphorisch und abstrakt bleiben. Die Frage nach den tieferen Wurzeln des Bösen blieb ebenso offen wie plausible Erläuterungen zu dessen Bedeutung und Funktion in der Natur bzw. im Leben des Menschen. Nicht allein die infernalischen Verwüstungen durch Krieg und Zerstörungen, die Deportationen und Genozide im 20. Jahrhundert, sondern auch die trotz aller schrecklichen Erfahrungen weltweit anhaltenden Verfolgungen, Vertreibungen und Unterdrückungen hinterlassen Ratlosigkeit und Ernüchterung bezüglich aller Hoffnungen auf eine friedliche und humane Gesellschaft. Insbesondere der unvorstellbare Horror von Auschwitz und der Schock von Hiroshima stellten Theologie und Philosophie, die nach früheren gefährlichen Strudeln zuletzt auch die bedrohlichen Klippen der Aufklärung und Säkularisierung umschifft hatten, vor eine völlig neue Situation: Das Böse in diesem Ausmaß und in dieser Qualität war trotz aller Heimsuchungen der Menschheit weder mit dem christlichen Menschenbild noch mit dem abendländisch-humanistischen Erbe ethischer Grundwerte vereinbar.

Ein Silberstreif am Horizont war das Aufbegehren einer heranwachsenden Generation, die das Verschweigen und Verleugnen ihrer Vorgänger während der Nachkriegszeit nicht länger hinnehmen mochte. Sie setzte sich in der ungestümen Heftigkeit ihrer Reaktion neue politische, pädagogische und soziale Maßstäbe, die gleichzeitig eine Aufarbeitung wie einen Neuanfang bewirken sollten. Unterschätzt wurde dabei allerdings das Beharrungsvermögen des Bösen in der menschlichen Natur – übertriebene Toleranz und Laisser-faire brachten keinen neuen »guten Menschen« hervor, sondern führten am Ende zu Egoismus und Rücksichtslosigkeit, sogar zu neuer, brutaler Gewalt.

Die US-amerikanische Philosophin Susan Neimann erklärte das Jahr 1945 als Markierungspunkt eines grundlegenden Bruches jeglicher moral philosophischer Kontinuität, als Beleg für den Zusammenbruch der Moderne. Trotz aller Gemeinsamkeiten mit anderen Gräueltaten im Zweiten Weltkrieg und in den kommunistischen Diktaturen repräsentiere Auschwitz eine neue Form des Bösen, für das es keine Begriffskategorien, geschweige denn eine angemessene Sprache gebe. Zu Bruch gegangen sei die Möglichkeit, intellektuell darauf zu reagieren; das humanistische, für eine Sinnstiftung unerlässliche geistige Rüstzeug habe sich als verräterisch erwiesen. So wenig die Werkzeuge der Zivilisation fähig gewesen seien, das unfassbar Böse zu verhindern, seien die geistigen Instrumente in der Lage, damit umzugehen. Seit Auschwitz gebe es für die Menschheit keinen unmissverständlichen Begriff vom Bösen mehr, darüber hinaus sei die Idee einer Zivilisation zugrunde gegangen, die bis dahin alle Katastrophen und Kriege überstanden habe.

Der Holocaust in den Todeslagern und Gaskammern, die Ermordungen der Kranken in den psychiatrischen Anstalten, die brutalen Ausrottungen und hemmungslosen Zerstörungen während des Zweiten Weltkriegs haben eine bis dahin nicht für existent gehaltene, finstere Seite der menschlichen Natur enthüllt, nicht in erster Linie aufgrund der technischen Perfektionierung der Massenvernichtung, sondern wegen des einzigartigen Zusammenspiels von industrialisiertem Töten und dem perversen Anspruch auf eine gründliche, fleißige und ordentliche Arbeit zur »anständigen« Erfüllung einer epochalen Mission.

Wie diese Enthumanisierung, die mit der Entwürdigung und Entpersönlichung des Individuums begann und in ein bürokratisch organisiertes Morden mündete, ohne virtuose Verdrängung und ohne dialektische

Spitzfindigkeiten moralphilosophisch und/oder theologisch zu bewältigen sein wird, ist derzeit nicht erkennbar. Der Verweis auf Gottes unerforschlichen Ratschluss und/oder den Triumph teuflischer Mächte beruhigt den nachdenklichen, emanzipierten Zeitgenossen nicht wirklich.

Auf welche Weise neuere, rechts- und neurophilosophische Hypothesen zu einem universellen, genetisch verankerten »Moralinstinkt«, der – vergleichbar einem im Erbgut angelegten Sprachpotenzial – allen Menschen von Geburt an ein natürliches Gefühl für sittliches Handeln vermitteln soll, das Böse im Menschen erhellen können, scheint angesichts dessen leichter Verführbarkeit zu monströser Brutalität und Grausamkeit einstweilen ebenfalls klärungsbedürftig.

Eine Annäherung an das Böse von Seiten der Verhaltensforschung führt – bei aller Vorsicht gegenüber simplifizierenden Schlussfolgerungen – immerhin zu einer plausiblen, rationalen Verknüpfung von Fiktionen und Fakten. Als unvermeidbare Begleiterscheinung menschlichen Verhaltens hat das böse Tun aus evolutionsbiologischer Sicht seine Quelle in einem genetisch festgelegten Programm, das vorrangig der Selbsterhaltung und Fortpflanzung, in zweiter Linie auch der Arterhaltung dient. Die schwächeren Lebewesen wurden unter dem Druck der Selektion ausgemerzt, da sie den Konkurrenten unterlagen. Sowohl zum individuellen Überleben durch Erjagen der Beute und Sicherung des Jagdreviers als auch zur Weitergabe des Erbmaterials durch Erkämpfen eines erfolgreichen Rangplatzes bei der Partnerwahl waren gewaltgeprägte, aggressive Verhaltensweisen unerlässlich, um sich im Wettbewerb zu behaupten – einschließlich der Tötung des (potenziell) gefährlichen Rivalen.

Mit der Entstehung von Zivilisation und Kultur lösten sich diese instinktiv gesteuerten, lebenserhaltenden Triebe von ihrem ursprünglichen Zweck. Hand in Hand mit der Entwicklung von Ichbewusstsein, Schläue und Scharfsinn entarteten die Potenziale zur Selbsterhaltung in allen ihren Variationen zu offener Habgier, Herrschsucht, Grausamkeit und Zerstörung, in verdeckter Form zu Falschheit, Verachtung, Boshaftigkeit oder Hinterlist. Der Drang, sich um jeden Preis den Geschlechtspartner zu sichern und die eigene Nachkommenschaft zu begünstigen, ging einher mit Intoleranz, Hass, Eifersucht, Neid, Rache und Verrat, sekundär mit Verachtung, Misstrauen und Zynismus.

Das gefährliche, aggressive und egoistische Verhalten der Lebewesen wurde zum bösen Tun, um dessen Erklärung sich Philosophie, Kulturanthropologie und Theologie bemühten und dem sie den Namen »Frevel« oder »Sünde« als gemeinsamen Nenner aller menschlichen Laster, Missetaten und Verbrechen gaben.

Der Einfluss vernünftiger sozialer und moralischer Regeln kleinerer und größerer Lebensgemeinschaften auf diese, im Laufe der Menschheitsgeschichte erworbenen Werkzeuge des Bösen ist – wie die Kulturanthropologie zeigt – offenkundig geringer, als staatliche Aufsicht, religiöse Gebote oder ökonomischer Nutzen versprechen und bewirken. Noch weniger ist allerdings zu erwarten, dass sich das im Erbgut verankerte Aggressionsund Tötungsprogramm jemals zu einer Ausstattung mit friedfertiger Duldsamkeit verändern wird. Dies entspräche nämlich zum einen einer Selbstzerstörung, da ein gewisses Maß an Aggressivität zum Überleben in einer potenziell gefährlichen Umwelt zwingend erforderlich war und ist. Zum anderen würden sich die Folgen genetischer Mutationen – falls es sie in Richtung eines »besseren Menschen« wirklich geben sollte – erst nach Tausenden von Generationen bemerkbar machen.

So geht die Gattung Mensch einer ungewissen Zukunft entgegen, wobei mehr dagegen als dafür spricht, dass ihr nochmals eine Wegstrecke von fünf Millionen Jahren vergönnt sein wird, die wahrscheinlich seit der Wandlung vom Raubaffen zum hominiden Ur-Ahn vergangen sind. Die unter erheblichen Anstrengungen zustande gekommenen Abrüstungsvereinbarungen erweisen sich als instabil und unsicher. Viele Staaten unterhalten kostspielige Armeen mit modernen Waffensystemen, wobei die Atombombe als ein besonderes Prestigeobjekt gilt. Im Jahr 2006 wurden rund 900 Milliarden US-Dollar für Rüstungsgüter ausgegeben. Bewaffnete Konflikte, Vertreibungen, Bürgerkriege und Ethnozide samt ihren »Kollateralschäden« sind auch im 21. Jahrhundert an der Tagesordnung, ganz zu schweigen von dem bösen Treiben der großen Verbrechersyndikate und der kleinen Alltagskriminellen. Aufgrund von Profitgier und Gewinnsucht verändert sich das lebenserhaltende ökologische Gleichgewicht der Erde.

Sigmund Freud schien es bereits vor fast 90 Jahren eine Schicksalsfrage zu sein, ob und in welchem Maße es gelingen werde, der Störung des Zusammenlebens durch den menschlichen Aggressions- und Selbstvernichtungstrieb Herr zu werden. Die Menschen hätten es in der Beherrschung der Naturkräfte soweit gebracht, dass sie es mit deren Hilfe leicht hätten, einander bis auf den letzten Mann auszurotten. Aus diesem Wissen resultiere ihre Unruhe, ihr Unglück, ihre Angststimmung.

Aus diesem Blickwinkel erscheinen die pseudowissenschaftlichen Thesen der religiösen, neokonservativen Kreationisten-Bewegung wie ein Pfeifen im dunklen Wald, um sich Mut zu machen. Nach dem Morgenstern'schen Motto, dass nicht sein kann, was nicht sein darf, vertreten evangelikale Protestanten in den USA mit Überzeugung das Konzept eines »intelligenten Entwurfes« – »intelligent design« nach dem Sprachgebrauch des Center for Science and Culture im Discovery Institute in Seattle. Demzufolge entstand und entwickelte sich das Universum nach einem schöpferischen Plan, in dem alle Ereignisse und Gegenstände einem bestimmten, sinnvollen Zweck dienen.

Auch die päpstliche Enzyklika *Spe salvi – Auf Hoffnung hin gerettet* vom November 2007 soll unter Rückgriff auf den Römerbrief des Paulus (Röm. 8, 24) Mut machen gegen Zukunftsangst und Verzagtheit. Sie soll Hilfestellung geben bei der Frage nach dem Sinn des Lebens und der Welt angesichts des sich immer neu formierenden Bösen.

2 Inkarnationen des Bösen

Vorchristliche Dämonen

Nicht erst mit den abrahamitischen Religionen tritt das Böse als Eigenständiges in Erscheinung. Schon lange zuvor führten Furcht, Ratlosigkeit und Erklärungsbedarf dazu, ihm ein Gesicht, eine Gestalt oder zumindest einen Namen zu geben. Die unheilschwangeren, finster-anonymen Mächte wurden zu dämonischen Kreaturen, vor deren Zauberkraft, Rachsucht und Zorn Mensch und Tier sich zwar in Acht nehmen mussten, die aber immerhin das Böse als Figur vorstellbar machten.

Ursprünglich waren die Dämonen Schutzgeister. Der neutrale Begriff »daimon« entstammt dem griechischen »daimonion«, einer Bezeichnung für das menschliche Schicksal. In der Bezeichnung »Schutzengel«, dem unsichtbaren, aufmerksam umsorgenden Begleiter, hat sich dessen Hüter- und Wächterfunktion erhalten. In den altägyptischen und mesopotamischen Hochkulturen der vorchristlichen Jahrtausende wurden die guten Geister zu Gegenspielern der bösen, gegen deren verderbliches Treiben man sich des Beistands ersterer zu versichern suchte.

Laut ägyptischer Mythologie gab es zu Beginn der Welt ein chaotisches Inferno, bis die gewalttätigen Götter sich von den Menschen abwandten und hinter das Himmelsgewölbe zurückzogen, das fortan vom Luftgeist Schu bewacht wurde. Daneben existierte eine große Zahl an Dämonen auf der Erde, in der Luft und im Wasser.

Nach der altpersischen Weltgeschichte wohnte die bereits erwähnte babylonisch-sumerische, düstere Totengöttin Ereschkigal im Inneren der Erde, von wo aus sie von Zeit zu Zeit das Reich der Lebenden besuchte. Daneben gab es heimtückische, der lebendigen Natur durch und durch feindlich gesonnene Dämonen und Dämoninnen, die Krankheiten, Seuchen und Missernten verbreiteten. Nach Erschaffung der Ur-Welt und des Ur-Menschen erschien der Teufel Ahriman, der Fürst der Finsternis, der mit dem Schöpfergott Ahura Masda, dem König des Lichts, bis zu seiner Niederlage nach dem Auftreten von Zarathustra im 31. Regierungsjahr Ahura Masdas im ständigen Kampf lag. Von dieser zoroastrisch-parsischen Lehre beeinflusst entstanden auch im alten Judentum die Bilder von den guten und bösen Geistern, auf deren Wirken Krankheiten wie Tobsucht, Lähmungen oder Geistesstörungen zurückgeführt wurden. Der Dämon Eschmadewa beispielsweise wurde bei den Juden zu Aschmadai, bei den Christen dann zum Unterteufel Asmodi. In den Mythen des alten Indien verwandelten sich die ursprünglichen Götter der Wahrheit in Dämonen der Lüge und des Bösen.

Im 7. Jahrhundert v. Chr. fasste der griechische Dichter und Geschichtsschreiber Hesiod in seinem Sammelwerk »Theogonie« die blutrünstigen antiken Göttermythen zusammen. Sie handelten von der Entstehung der Welt und der Gottheiten, Halbgötter und Titanen, die sich über Generationen hinweg mit Mord, Vergewaltigung, Verstümmelung und Betrug bekämpften. Sie verbreiteten Angst und Schrecken wie beispielsweise die Gorgonen, geflügelte Horrorgestalten mit langen Haaren, die jeden zu Stein erstarren ließen, der sie anblickte, oder die schwarzflügelige Nyx, die Herrin der Finsternis, vor der selbst Zeus sich fürchtete. Wie Erebos, der Gott der Finsternis, entstammte sie dem Ur-Chaos, einem leeren, dunklen Raum am Anfang der Zeiten. Aus ihrer Verbindung gingen die Übel der Welt hervor: Verderben, Alter, Tod, Zwietracht und Elend.

Auch die schwarzhäutigen Erinnyen, die Göttinnen der Rache, hausten in der Unterwelt. Diese wilden Frauengestalten mit Schlangenhaaren – Furien – waren grau gekleidet, und aus ihren Augen flossen Gift oder Blut; sie hetzten jeden Menschen zu Tode, der Blutschuld auf sich geladen hatte. Die Harpyien, die Rafferinnen, waren schreckenerregende Dämoninnen, die Nahrung und Kinder stahlen. Ihr Aussehen war abstoßend: sie hatten Vogelleiber und die spindeldürren Gliedmaßen Verhungerter. Die zutiefst bösartige Zauberin Kirke verwandelte Besucher ihrer Insel in Tiere. Skylla war ein Meeresungeheuer mit weiblichem Oberkörper und dem Unterleib von Hunden. Von Kirke aus Eifersucht durch ein vergiftetes Bad entstellt, strebte sie seitdem nach Rache. Sie fraß alles, was in ihre Reichweite kam. Die ihr gegenüber wohnende Charybdis, ein gestaltloses Wesen, brachte durch Einsaugen des Wassers Schiffe zum Kentern. Argos war ein riesiges Monster mit Hunderten Augen am ganzen Leib, so dass es alles ringsum wahrnehmen konnte. Hekate, die später zur Mondgöttin Selene wurde, war eine thessalische Zaubergöttin, mit Drachenfüßen und Schlangenhaar, nachts die Menschen durch Alpträume heimsuchend. Von den beiden Zwillingskindern Hypnos und Thanatos, die Nyx geboren hatte, wurde letzterem, dem Gott des Todes, ein Herz aus Eisen ohne Mitleid und Erbarmen zugeschrieben. Selbst den unsterblichen Göttern gegenüber verhielt er sich feindselig. Eris war die Göttin der Zwietracht und der Bosheit. Sie war eine hässliche Frau, die sich jedes Mal in eine blühenden Schönheit verwandelte, wenn sie erfolgreich Unfrieden und Hass gesät hatte.

Satyr, ein Wald- und Berggeist, der in Gestalt eines Ziegenbocks abgebildet wurde, entstammt ebenfalls der Antike. In den Satyrspielen des 7. und 6. vorchristlichen Jahrhunderts verkleideten sich die Schauspieler als Böcke und sangen den Text der Tragödien, den »Bocksgesang«. Bocksfüße und einen Ziegenkopf mit struppigem Haar, Hörner und Schwanz hatte auch Pan, der Gott der Hirten und Jäger, aber auch der Musik, des Lichts und der fruchtbaren Natur. Pan stand in der Antike für Triebhaftigkeit, Wollust und Zeugungskraft. Im Christentum erhielt der Bock dadurch nach und nach eine negative Bedeutung und wurde als lüsterner Verführer zum Sinnbild des Teufels, dem Symbol des Bösen schlechthin.

In der biblischen Geschichte tritt der Teufel in Gestalt einer Schlange an Adam und Eva heran, die seinen bösen Einflüsterungen erlagen und das Paradies verlassen mussten. In den abendländischen Darstellungen ist er – in Anlehnung an den struppigen Pan – am häufigsten als geschwänzte und klauenfüßige Gestalt mit Hörnern abgebildet. In Goethes *Faust* treibt er als Mephisto sein Unwesen, der das Prinzip der immerwährenden Negation, Entwertung und Zerstörung verkörpert. In den Offenbarungsreligionen war es Satan, der »Vater der Lüge«, der sich gegen Gott aufgelehnt hatte und von ihm in die Hölle verdammt worden war (1. Mose, 3). Er bekam Namen wie: Diabolus, d. h. Verdreher bzw. »Durcheinanderwerfer«, Luzifer, Beelzebub oder Mephistopheles, »Fürst der Hölle« und »Geist der Finsternis«. Mit Etablierung des jüdisch-christlichen-islamischen Monotheismus verblasste zwar die Vielfalt der heidnischen Götterwelt zugunsten des einen, allmächtigen und allwissenden Schöpfers der Welt; allerdings blieben die Einflüsse der altpersischen Religionen, mit der die Juden in der babylonischen Gefangenschaft in Berührung gekommen waren, weiterhin wirksam. Selbst jüdische Könige wie Salomon, Saul und Herodes griffen auf Wahrsagerei, Magie und Totenbefragung zurück. Aus dem Exil hatten die Juden auch den Glauben an gute und böse Dämonen mitgebracht. Übernommen wurde beispielsweise das altbabylonische Bild vom Teufel in Gestalt einer Schlange, Tiamat genannt. In der Bibel taucht sie als listige Verführerin Adams auf.

Satan

Gleichwohl kristallisierte sich nach und nach aus der Vielzahl von Dämonen und bösen Geistern als deren Anführer Satan heraus, der von Gott verstoßen und mit seinen Anhängern aus dem Himmel auf die Erde verbannt worden war. Er sei rastlos unterwegs, um Böses zu schaffen und zu verbreiten, um zu verleumden, zu verfälschen und zu zerstören. »Ich bin der Geist, der stets verneint! Und das mit Recht; denn alles, was entsteht, ist wert, daß es zugrunde geht«, lässt Goethe Mephisto im *Faust* deklamieren. Im 1. Petrusbrief ist die Rede vom Teufel als Widersacher, der – auf der Suche, wen er verschlingen könne – umhergehe wie ein brüllender Löwe. Spätestens seitdem ist der Teufelsglaube ein fundamentaler Bestandteil der Kirchengeschichte.

Offizielle Lehrmeinung der Kirche wurde seit dem 4. Laterankonzil im Jahr 1215, dass der Teufel von einer Vielzahl niederer Dämonen zu unterscheiden sei, nachdem bereits auf dem 1. Konzil von Nicäa 325, auf dem es hauptsächlich um die Verdammung des Arianismus als Irrlehre ging, die Existenz des Teufels als real verkündet worden war. Im Islam ist der oberste Teufel – Schaitan – ein Dschinn, der sich trotz Allahs Gebot aus Hochmut geweigert habe, dem Menschen Adam Respekt zu erweisen.

Noch während der ersten Jahrhunderte unserer Zeitrechnung existierte in der Vorstellungswelt der Menschen – auch nach Anerkennung des Christentums als Staatsreligion im Jahr 391 – weiterhin das heidnische Dämonenreich mit den früheren, römisch-etruskischen und kleinasiatischen Gottheiten. Den bösen wurde allerlei Unheil zugeschrieben: Verwandlungen in ein Tier, Vergiftungen, Unfruchtbarkeit, Verhexung durch den bösen Blick, nächtliches Aussaugen von Blut und Verzehren von Eingeweiden aus dem Körper, der mit Stroh aufgefüllt wurde. Abergläubische Praktiken, Orakelsprüche und Totenbeschwörung, vielfältige magische Abwehrzeremonien, Zaubereien und Opfergaben waren gang und gäbe, sodass Kaiser Constantinus II. (317–361), Herrscher des Römischen Reiches, in Fortsetzung der von seinem Vater Konstantin dem Großen (280–337) eingeleiteten Christianisierung strenge Gebote gegen Auguren, Totenbeschwörer, Traumdeuter und Wahrsager erließ und eine Schließung der heidnischen Tempel anordnete.

Besonders für den bis zur mittelalterlichen Scholastik einflussreichsten Kirchenlehrer Aurelius Augustinus (354–430), der aus der Antike die Vorstellung einer Kollaboration mit dem Bösen in Form eines regelrechten Teufelspaktes übernommen hatte, waren Dämonen reale Wesen mit Macht und Einfluss auf den Menschen und die Natur. Noch befangen im Geisterglauben der ersten nachchristlichen Jahrhunderte hielt er sie für eine Art flüchtiger, unsterblicher böser Luftgeister mit scharfen Sinnen, die einen abgesonderten Raum des Weltalls bewohnten. In seiner Schrift über den Gottesstaat *De civitate Dei* ermahnte er den Gläubigen, fest auf den Erlöser zu vertrauen, um sich gegenüber den Gottesfeinden im irdischen Staat des Bösen mit Hilfe des Evangeliums und der Sakramente behaupten zu können. Der Teufel und seine Gehilfen seien unablässig bemüht, ihr Reich zu erweitern, indem sie die Menschen in ihre eigene Gottlosigkeit und Verdammnis zu verstricken suchten. Sie verursachten nicht nur Missernten, Dürre, Pest und andere Krankheiten, sondern seien auch Urheber für Streitigkeiten, religiöse Differenzen und Unglauben. Augustinus trat daher für Repressionen gegen Ketzer und Häretiker ein, sogar für deren Folterung und Todesstrafe.

Auf der Suche nach einem Sündenbock für alles Unheil erschien es dem gläubigen Menschen des Mittelalters daher naheliegend, die Ursachen für Not, Elend und Leid in Satans verderblichem Wirken zu suchen. Nicht nur Dürre und Überschwemmung, sondern auch die meisten Krankheiten wurden auf Einflüsse des Teufels und der Hexen zurückgeführt, und man behandelte sie durch Handauflegen und Segnungen, Besprengen mit Weihwasser und Berühren von Reliquien, durch Gebete, Wallfahrten und Exorzismus. Die großen Errungenschaften der rationalen, antiken und jüdisch-arabischen Medizin wurden durch die klösterliche Heilkunde, einer Mischung aus Zuwendung, religiöser Suggestion, Fasten und Kräutermedizin, verdrängt.

Indessen zeigte die Amtskirche während des 1. Jahrtausends eher eine ablehnende Haltung gegenüber dem Volksglauben an vermeintliches Teufelswerk und Hexenwesen. Die – vereinzelten – Verfolgungen wegen »Wettermacherei« und dergleichen wurden von der Kirche nicht gebilligt. Bonifatius (675–754) beispielsweise sprach von unchristlichem Aberglauben. Wie bereits auf zahlreichen früheren Synoden wurden auch 785 in Paderborn unter Androhung der Exkommunikation Wahrsagerei und Zauberei untersagt.

Karl der Große (768–814) bekräftigte diesen Beschluss: Wer – vom Teufel verblendet – glaube, jemand sei eine Hexe und fresse Menschen, und diese Person deshalb verbrenne, solle mit dem Tode bestraft werden. In der 906 erschienenen Trierer Sammlung kirchenrechtlicher Abhandlungen unter dem Namen »Canon Episcopi« wurden Zauberei und Aberglaube als Verblendung und Wahnvorstellung bezeichnet; wer anderes behaupte, solle selbst als Ketzer belangt werden.

Die wachsende Verbreitung häretischer Sekten in Westeuropa veranlasste jedoch die Kirche aus machtpolitischen Erwägungen wie theologischen Gründen zu einem Kurswechsel. Mit immer größerem Nachdruck verfolgte sie nun die Absicht, gegen die gefährlichen Ketzer und Renegaten vorzugehen. Hand in Hand mit einer Festlegung der Zielrichtung wurden die rechtlichen Grundlagen und Ausführungsbestimmungen für die Ausmerzung des sich ausbreitenden, bedrohlichen Bösen geschaffen. Das frühere, eher nachsichtige Vorgehen gegen die heidnischen Relikte von Magie, Zauberei und Aberglauben in der Bevölkerung wandelte sich nun unter dem Einfluss der Glaubensdoktrin vom zerstörerischen Treiben Satans zu einem organisierten Feldzug gegen die mit dem Teufel paktierenden, gotteslästerlichen Ungläubigen, Kirchenfeinde und Häretiker, die gleichermaßen als Feinde Gottes und des Staates betrachtet wurden.

Am Ende galt als Ketzerei und Blasphemie bereits jede auch noch so kleine Abweichung von der offiziellen Glaubenslehre der Kirche, die als Abkehr von Gott, ja als dessen Beleidigung unter dem Einfluss des Teufels geahndet wurde. Im 11. und 12. Jahrhundert befahlen Päpste und weltliche Fürsten, Häresie mit Einkerkerung und Entzug des Eigentums zu ahnden; als schwerste Strafe galt die Exkommunikation, der Verstoß aus der kirchlichen Gemeinschaft, was immerwährende Verdammnis bedeutete.

Feinde des Glaubens

Die im 1. Jahrtausend beginnende Geschichte der Ketzer- und Hexenverfolgungen liest sich wie eine Psychopathologie der Gewalt und Habgier, Verbohrtheit und Verblendung, wie eine Chronik fanatischen Machtmissbrauchs und sadistischer Racheaktionen. Dem etwa 300 Jahre umfassenden Wüten der Inquisition wurde durch schrittweise Veränderungen des damaligen Kirchenrechts und der weltlichen Gerichtsbarkeit der Weg geebnet. Die hiermit einhergehenden Deformationen der Prozessordnung hatten augenscheinlich Pilotcharakter für die späteren Unrechtsexzesse in totalitären Systemen, beispielsweise die von vornherein zur Ausschaltung von Konkurrenten oder politischen Gegnern angelegten Scheinprozesse während der Französischen Revolution oder in den staatssozialistischen Diktaturen.

Zunächst wurden einzelne prominente Glaubensfeinde des Kindermordes, der Unzucht, der Teufelsverehrung und der schwarzen Magie bezichtigt. Im großen Stil nahmen die systematischen Verfolgungen ihren Anfang mit dem Vorgehen gegen die religiösen Bewegungen der Katharer und Waldenser. Als Ableger der balkanesischen Bogomilen-Sekte hatten sich die asketischen Katharer – die »Reinen« – in der zweiten Hälfte des 12. Jahrhunderts über das Rheinland nach Italien und Frankreich ausgebreitet. Ihnen schwebte eine neue »wahre Kirche« vor, um ihre Vorstellung von einem wahrhaft »guten Menschen«, dem »Perfectus«, verwirklichen zu können. Sie lehnten das Alte Testament ab, hingen dem Manichäismus an und verwarfen Ehe, Eid, Heiligenverehrung und Kriegsdienst.

Die Katharer, nach ihrem Zentrum Albi im südfranzösischen Languedoc auch Albigenser genannt, schmälerten ob ihres Zulaufs den Machtbereich der etablierten weltlichen und kirchlichen Institutionen, zumal sie auch in Sizilien, Spanien, England und Skandinavien Fuß fassten. Auf Betreiben des französischen Königs rief Papst Innozenz III. aufgrund gemeinsamer Interessen im Jahr 1209 zum ersten Kreuzzug gegen die Albigenser auf, die seinen Worten zufolge schlimmer als die Sarazenen im Heiligen Land seien. Der zwanzigjährige, äußerst grausame Religionskrieg begann mit einem Blutbad anno 1209 in Béziers mit 20 000 Toten und endete nach weiteren Kreuzzügen im Jahr 1229 zunächst mit einem erzwungenen, demütigenden Frieden. Nach einigen Aufständen erfolgte die endgültige Auslöschung der Katharerbewegung in Oberitalien und den Pyrenäen mit einer Einmauerung der letzten Anhänger auf Befehl des Bischofs und Inquisitors Jacques Fournier, des späteren Papstes Benedikt XII., im Jahr 1330.

Die christliche Laienbruderschaft der Waldenser war um 1177 vom Wanderprediger Petrus Waldes in Lyon gegründet worden, der 1184 exkommuniziert und zum Ketzer erklärt wurde. Nachdem die Waldenser neben den Katharern auf dem 4. Laterankonzil anno 1215 zu Feinden Gottes erklärt worden waren, wurden sie ebenfalls blutig verfolgt bzw. zum Feuertod verurteilt. Da sie sich in den schwer zugänglichen Alpentälern zunächst noch halten konnten, wurde 1487 ebenfalls ein Kreuzzug gegen sie ausgerufen.

Mit der Verbrennung des letzten Großmeisters Jacques de Molay im Jahr 1314 in Paris wurde auch der reiche Templerorden bis auf Reste in Schottland und Portugal auf Betreiben des hochverschuldeten französischen Königs Philipp IV., der sich das Vermögen der Templer aneignen wollte, unter dem Vorwurf der Ketzerei sowie homosexueller und sodomitischer Praktiken ausgelöscht. Schließlich war der Feuertod des 45-jährigen Prager Reformators Jan Hus in Konstanz 1415 das Signal zur Vernichtung der Hussiten während der folgenden 20 Jahre.

Ketzerei galt als eines der ärgsten öffentlichen Verbrechen, das gleichermaßen staatliche wie kirchliche Instanzen beschäftigte: die weltliche Obrigkeit verhaftete die Verdächtigen, die geistlichen Gerichte, d. h. die Inquisition, entschieden über deren Schuld und Unschuld, worauf wiederum weltliche Exekutoren das Urteil, in der Regel das Verbrennen auf dem Scheiterhaufen, zu vollstrecken hatten. Mit dem öffentlichen Feuertod, der sich ab 1150 einbürgerte, sollte die Seele des fehlgeleiteten Opfers gereinigt, geläutert und somit gerettet werden.

Hexenverfolgung

Während die Hexenverfolgung anfänglich Sache der staatlichen Organe war, widmete sich etwa ab dem 15. bis zum 17. Jahrhundert auch die Inquisition dieser Aufgabe, nachdem die Bekämpfung von Ketzerei, Satanismus und Hexenwesen zum gemeinsamen Ziel kirchlicher Machtpolitik geworden war. Ermittlungen, Anklage, Verfahrensablauf, Verurteilung und Vollstreckung wurden schließlich mehr oder weniger gleichartig abgewickelt; allerdings nahmen erst ab Mitte des 15. Jahrhunderts explizite Hexenprozesse einen größeren Raum ein, wobei Teufelspakt, Luftreisen und Schadenszauber die häufigsten, fast stereotypen Anklagepunkte waren. Von Anfang an wurden mehr Frauen als Männer der Hexerei beschuldigt.

Mit der *Constitutio Criminalis Carolina*, der *Kaiserlichen peinlichen Halsgerichtsordnung*, dem von Kaiser Karl V. (1519–1556) veranlassten ersten deutschen Strafgesetzbuch mit besonderen Ausführungen zum Prozessrecht, wurden auf dem Regensburger Reichstag 1532 – in Ergänzung zum Kirchenrecht – die formalen Grundlagen für die Hexenprozesse geschaffen. Zauberei wurde nun ausdrücklich als schweres Verbrechen eingestuft. Zur Verurteilung musste auf jeden Fall ein Geständnis vorliegen, notfalls durch die »peinliche Befragung«, d. h. die Folter, zu erwirken.

Das Schuldbekenntnis als »Beweis aller Beweise« hatte erheblich mehr Gewicht als jedes Indiz, auch wenn es ganz offensichtlich mit den Tatsachen nicht in Einklang zu bringen war. An dieser Fiktion eines rechtsstaatlichen Verfahrens wurde streng festgehalten, obgleich die Todesstrafe in der Regel eine von vornherein beschlossene Sache war.

Kirche und Staat arbeiteten bei der Bekämpfung der Häresie und des Hexenwesens Hand in Hand: Im Jahr 1199 ließ Papst Innozenz III. (1160–1216) die kirchenrechtlichen Grundlagen für die bischöflichen Kompetenzen der Ketzerverfolgungen erarbeiten, die in der Folgezeit mehr und mehr von Rom durch einen Sonderbeauftragten kontrolliert wurden.

Kaiser Friedrich II. (1194–1250), ein gebildeter Freund der Naturwissenschaften und Philosophie, über den Papst Gregor IX. (1170–1241) mehrfach den Kirchenbann verhängt hatte, erließ zwischen 1220 und 1239 mehrere Edikte zur Verfolgung der »Schlangensöhne des Unglaubens«, die mit der Reichsacht und dem Feuertod bestraft werden sollten.

Auf dem Konzil von Toulouse wurde 1229 die Todesstrafe für Ketzer bekräftigt. Sie wurde ein Jahr später auch in den *Sachsenspiegel* aufgenommen, einer zwischen 1220 und 1235 entstandenen Sammlung von Rechtsentscheidungen und Lebensregeln. Im Jahr 1232 wurde die Reichsacht gegen alle Ketzer ausgesprochen. Ein Jahr zuvor hatte der Machtpolitiker Papst Gregor IX. die günstige rechtspolitische Lage genutzt, um eine zentrale Kommission zur »Inquisition der häretischen Verderbtheit« unter Federführung der Regensburger Dominikaner zu bilden und die weltlichen Ketzergesetze zu übernehmen. So waren nunmehr auch für eine systematische, flächendeckende Verbreitung der Verschwörungstheorie von der Bedrohung durch das allgegenwärtige Böse die organisatorischen Voraussetzungen geschaffen.

Der Kreuzzugsprediger und spätere Beichtvater der Elisabeth von Thüringen, der Dominikanermönch Konrad von Marburg, wurde 1231 vom Papst als erster Generalinquisitor in Deutschland eingesetzt. Er ging – unter Einsatz der Folter – derart brutal gegen vermeintliche Verräter des Glaubens vor, dass die deutschen Bischöfe den Papst um seine Abberufung baten. Wer ihm in die Hände falle, dem bleibe nur die Wahl, sich entweder schuldig zu bekennen, um vielleicht mit dem Leben davonzukommen, oder auf seiner Unschuld zu beharren, um verbrannt zu werden. Der 53-jährige Inquisitor wurde 1233 samt zwei Begleitern bei Marburg von einer Truppe des Grafen von Sayn erschlagen.

Papst Innozenz IV. (1195–1254), der mit der Bulle *Ad extirpandam* 1252 ausdrücklich die Folter als wirkungsvolles Mittel der Wahrheitsfindung erlaubte, übertrug den Inquisitoren sogar die Generalvollmacht, sich gegenseitig alle Sünden zu vergeben, die mit ihrer Tätigkeit verbunden sein könnten. 1358 wurde vom Generalinquisitor im spanischen Aragon, dem Dominikaner Nicolaus Eymericus (1320–1399), unter dem Namen *Directorium inquisitorum* der erste Leitfaden für Ketzerrichter herausgebracht, eine systematische Unterweisung für Inquisitoren, die über Jahrhunderte den Ablauf der Prozesse bestimmte. In diesem Kompendium sind in einem alphabetisch geordneten Verzeichnis, einer Art Katalog, alle möglichen ketzerischen Handlungen samt ihrer besonderen Merkmale aufgelistet.

Schließlich richtete Papst Paul III. (1468–1549), bedeutender Förderer der Künste und Kirchenreformer, 1542 mit der »Kongregation für römische und weltweite Inquisition« das Hl. Offizium zur Bekämpfung des Protestantismus ein, das 1965 in die »Glaubenskongregation« umgewandelt wurde.

Im Jahr 1233 erschien die päpstliche Bulle *Ille humani generis*, in der – gerichtet an die Bischöfe von Paderborn, Hildesheim, Verden, Münster und Osnabrück – erstmals die Realität der Dämonen religionswissenschaftlich begründet und genauer beschrieben wurde. Diese existierten nicht etwa in der Einbildung des Menschen, sondern seien wirklich vorhanden, erkennbar an schädigenden Handlungen, insbesondere der Behinderung der Fruchtbarkeit. Der Teufel erscheine als Frosch oder Kröte, zuweilen so groß wie eine Gans oder Ente, ein anderes Mal als Mann mit tiefschwarzen Augen, abgezehrt und hager. Wenn der angeworbene Adept diesen küsse, schwinde alle Erinnerung an den katholischen Glauben aus seinem Herzen. Beim Teufelsmahl müssten alle Anwesenden unmissverständlich ihren Gehorsam bekunden. Danach würden die Lichter ausgelöscht und man schreite zu abscheulichster Unzucht bei natürlichem wie unnatürlichem Geschlechtsverkehr. Ostersonntag empfingen sie die Hostie aus der Hand eines Satanspriesters, trügen sie im Munde nach Hause und spuckten sie zur Schändung des Erlösers in den Unrat. Die Teufelspaktierer behaupteten lügnerisch, dass der Herr im Himmel Luzifer in gewalttätiger, ungerechter und arglistiger Weise in die Hölle hinabgestoßen habe.

Thomas von Aquin (1225–1274), als hochangesehener Kirchenlehrer mit der Auszeichnung »Fürst der Theologen« 1323 heiliggesprochen, lehrte, dass es wirklich ein vom Teufel dirigiertes Dämonenreich gebe. Der Teufel und dessen Diener besäßen – mit göttlicher Zulassung – die Macht, mit Menschen geschlechtlich zu verkehren und sie auf vielfältige Weise zu schädigen. Thomas Aquinus bekräftigte zudem die von Augustinus übernommene These eines Paktes der Häretiker mit dem Teufel und rechtfertigte deren Vernichtung: die notwendige Tilgung des Bösen stärke das Gute; die Kirche müsse sich im Namen der Rettung aller Gläubigen der verderblichen Irrlehrer erwehren. Folgerichtig trat Thomas für ihre Exkommunikation und Ausrottung ein. Der im Volk ohnehin noch heimische Aberglaube erhielt nun durch höchste kirchliche Autorität eine neue Ausrichtung und alsbald auch eine allseits beherrschende Dimension.

Die ersten größeren Hexenprozesse fanden 1324 in Irland und 1335 in Toulouse unter dem Vorwurf der Teufelsanbetung statt. Die von 1346/47 bis 1353 dauernde erste Pestwelle in Europa begünstigte nicht nur eine antijüdische Pogromstimmung, sondern intensivierte auch die Suche nach den vermeintlichen Feinden der Kirche und des Glaubens, die Gottes strafenden Zorn erregt hätten. Etwa ab Mitte des 15. Jahrhunderts wurde die westliche Schweiz zum Kristallisationspunkt einer systematisierteren Hexenlehre, die ihrerseits bis zum Abklingen der Hexenverfolgungen im 17. Jahrhundert zur inquisitorischen Leitlinie wurde, vor allem während der massenhysterischen Zuspitzungen zwischen 1550 und 1650 bzw. während des Dreißigjährigen Krieges 1618 bis 1648.

Zu jener Zeit erarbeitete der Mathematiker und Philosoph Galileo Galilei (1564–1642) in Pisa und Padua bereits die wissenschaftlichen Grundlagen der Mechanik und bestätigte aufgrund seiner Forschungen das kopernikanische Weltsystem, weswegen er in die Fänge der misstrauisch gewordenen Inquisition geriet und zum Widerruf gezwungen wurde. Als der italienische Naturphilosoph Giordano Bruno (1548–1600) ebenfalls das moderne astronomische Konzept eines unendlichen Kosmos mit einer Vielzahl von Welten verteidigte, wurde er nach siebenjähriger Kerkerhaft in Rom als Ketzer verbrannt – aufklärerische Renaissance und finsteres Mittelalter wohnten damals Tür an Tür unter demselben Dach der abendländischen Zivilisation.

Papst Innozenz VIII. (1432–1492), Vater zahlreicher Kinder, erließ 1484 die Hexenbulle *Summis desiderantes affectibus*, eine offizielle Beglaubigung der Hexenverfolgungen, die jeden Zweifel an der Rechtmäßigkeit der Hexenprozesse ersticken sollte. Innozenz zugetragene, unerklärliche Vorkommnisse in der Gegend von Mainz, Trier, Köln, Salzburg und Bremen hatten ihn in seiner Meinung bekräftigt, dass Menschen mit Dämonen Umgang pflegten und mit verbrecherischen Exzessen Schäden wie Zeugungsunfähigkeit und Missernten stifteten. Durch eine Behinderung der Inquisitoren blieben – so seine Vorwürfe – viele Schuldige unbestraft; gegen solche Vorfälle wolle er nunmehr mit aller Strenge einschreiten.

Ab dem 15. Jahrhundert übernahm die Inquisition nach dem Muster der Ketzerprozesse auch die Hexengerichtsbarkeit, zumal es in beiden Fällen um gottgefällige Werke zur Verteidigung des Glaubens ging. Wegweisend war die 1548 verfasste Schrift *Flagellum haereticum fascinariorum* des nordfranzösischen Inquisitors, eines Dominikaners namens Nikolaus Jacquier (1419–1472), der als typische Gemeinsamkeit der Malefikanten und Ketzer das freiwillige Bündnis mit dem Satan hervorhob; auch das hexerische Treiben sei nichts anderes als Häresie. Er beklagte sich darüber, dass zu viele Menschen insofern für die Zauberer und Hexen Partei ergriffen, als sie den Teufelssabbat zur Täuschung erklärten, da Dämonen ihrer Ansicht nach niemals eine so schädliche Macht erlangen könnten, um Menschen zu ihren Helfern zu machen.

Solche Einwände wurden von Jacquier mit schlauer Sophistik unterlaufen: Es sei ein besonders raffinierter Kunstgriff des Teufels, zu täuschen und in die Irre zu führen. Es handele sich bei den Teufelspakten und -treffen jedoch zweifellos um Tatsachen, an denen sogar Geistliche und Mönche als heimliche Sympathisanten beteiligt seien. Jacquier forderte eine entsprechende Korrektur des erwähnten *Canon episcopi*, da dieser die neuen Erkenntnisse nicht berücksichtige. Von ihm stammt im Übrigen die Idee, als Beweis für den Teufelspakt mittels der Nadelprobe nach sogenannten Hexenmalen am Körper zu suchen, angeblich vom Teufel markierte Hautauffälligkeiten aller Art.

Die Inquisitoren verlagerten ihre Tätigkeit nun mit großem Eifer auf ein weiteres Gebiet, das nach Belieben durch erfundene Anklagen und Denunziationen ausgedehnt werden konnte. Sie waren verhasst und gefürchtet, manche berühmt-berüchtigt wie der spanische Großinquisitor Thomas de Torquemada (1420–1498), ebenfalls ein Dominikanermönch und um 1500 einer der mächtigsten Männer Europas. Als Beichtvater des spanischen Königspaares hatte er großen Einfluss auf dessen innen- und außenpolitische Entscheidungen, zu denen auch die Verfolgung und schließliche Vertreibung der spanischen Juden, der »Moriscos«, im Jahr 1492 gehörte. Die Verfolgung der Juden durch die 1478 eingerichtete spanische Inquisition war – lange vor den rassistischen Gesetzen der Nazis – inspiriert von der Fiktion einer Reinblütigkeit, der »limpieza de sangre«. Bei den inquisitorischen Untersuchungen wurde ermittelt, wie viel jüdisches Blut in den Adern des Angeklagten floss. »Blutreinheit« wurde damals in Spanien für alle Inhaber öffentlicher Ämter verlangt.

Während der 18-jährigen Tätigkeit Torquemadas gab es mindestens 8000, vermutlich 10 000 Hinrichtungen. Als Theoretiker und Praktiker des Terrors ließ er zu Beginn seiner Amtszeit 1484 einen Codex der Inquisition verfassen, der alle damaligen päpstlichen Anordnungen, Kommentare und Erfahrungen zur Ketzerverfolgung zusammenfasste.

Wie die Ketzerprozesse erwies sich auch die Hexenjagd als lukratives Geschäft: Der Besitz der Verurteilten wurde nach einem festen Schlüssel unter den Richtern, dem Gemeinwesen und den Denunzianten aufgeteilt. Nach juristisch-theologischer Auffassung war der reinigende Feuertod für Irrgläubige ein Gebot Christi, sodass verurteilte Ketzer und Hexen bei lebendigem Leib verbrannt wurden. Nur wenigen wurde als besonderer Gnadenakt das vorherige Erdrosseln oder Erwürgen zugestanden, bisweilen nach Bestechung des Hexenrichters.

Hexenprozesse

Das Gerichtsverfahren folgte festen Regeln: Nach der Denunziation wurde die beschuldigte Person unter dem Vorwurf der Hexerei inhaftiert; die Anklage war dann meist reine Formsache. Die vorgehaltenen Verbrechen glichen einander stets weitgehend: Hexenflug und Teufelspakt, Schadenszauber und Teufelsbuhlschaft, Gotteslästerung und Sakramentenschändung. Auffällig häufig waren die stereotypen, ebenso detaillierten wie abstrusen Auflistungen angeblicher sexueller Verfehlungen. Wahrscheinlich handelte es sich hier – psychodynamisch gesehen – um Projektionen von Gelüsten und Fantasien der Denunzianten, Verfolger und Richter auf ihre zumeist weiblichen Opfer.

Im Grunde fanden sich die schon aus den Ketzerprozessen bekannten Verdächtigungen nach und nach auch in den Hexenprozessen wieder, die sich nun lawinenartig in den christlichen Ländern ausbreiteten, ausgenommen die Einflusssphäre der orthodoxen Ostkirchen, wo es keine Hexenverfolgungen gab. Im Gegensatz zu den Ketzerverfahren waren im Hexenprozess jedoch keine Rechtsmittel der Verteidigung zugelassen oder wurden ins Gegenteil verkehrt. Konkrete hauptsächliche Beschuldigungen waren beispielsweise: Dem Teufel werde – meist in obszöner Weise – gehuldigt. Bei den Zusammenkünften esse man das Fleisch geraubter Säuglinge oder andere ekelhafte Speisen, lerne Zaubermittel aus Giften und Leichenteilen herzustellen, die zur Erzeugung von Unwetter, Krankheiten und Unfruchtbarkeit verwendet würden. Satan werbe entweder selbst oder mittels Agenten um Anhänger, die zur Teilnahme am Hexensabbat eingeladen würden. Der Werber überreiche der verführten Person einen mit Zaubersalbe bestrichenen Besen, auf dem sie zur Hexenversammlung fliegen könne.

Unterstellt wurde ein Pakt mit dem Teufel, in dem dieser Menschen Reichtum, Macht, Ansehen und Erfolg, auch magische Kräfte verspreche, wenn man ihm unwiderruflich nach dem Tod seine Seele überlasse. Dieses Bündnis, erkennbar an der Verleugnung des Glaubens und der Sakramente, der Schändung christlicher Symbole und dem geschlechtlichen Verkehr mit dem Teufel, verpflichte zur Anbetung und Huldigung Satans. In der Schrift *Formicarius* (»Ameisenhaufen«) des Theologieprofessors und dominikanischen Klostervorstehers Johannes Nider (1380–1438) über den Staat wurden im fünften Teil als wesentliche Merkmale des Hexenwesens abgehandelt: Verleugnung der Taufe, Beischlaf und Bündnis mit dem Teufel, Luftfahrten und Versammlungen auf Hexenplätzen, Schadenszauber und Verwandlung anderer in ein Tier. Niders Schrift wurde zur wichtigsten Quelle des fünfzig Jahre später herausgekommenen *Hexenhammers*, von dem noch die Rede sein wird.

Goethe hat den alten Volksglauben vom Verkauf der Seele an den Teufel, der im 1587 gedruckten Volksbuch *Historia von Johann Fausten* veröffentlicht wurde, in seinem *Faust* literarisch aufgearbeitet.

Da Ketzerei und Hexerei neben Majestätsbeleidigung, Hochverrat, Falschmünzerei und Raub zu den außerordentlichen, schwersten Verbrechen gehörten, verfolgte man sie mit besonderer Härte. Die festgenommenen Inquisiten wurden in den Rattenlöchern von Hexentürmen oder Malefizhäusern – teils unter der Erde gelegen – eingekerkert, wobei sie zusätzlich angekettet oder die Beine in einem Holzblock festgeklemmt wurden. Bisweilen wurden die Gefangenen in einem kupfernen Korb an die Stadtmauer gehängt, damit Satan seine Macht über sie verliere. Die Haftzeit konnte bis zu einem ganzen Jahr ausgedehnt werden; manchmal wurden daraus auch drei bis vier Jahre.

Gemäß den Vorschriften des *Hexenhammers* wurde der Prozess mit der

Frage an die angeklagte Person eröffnet, ob sie die Existenz von Hexen bejahe. Leugnen wurde als bösartige Verstocktheit, zumindest als Irrglaube betrachtet und ebenso abgestraft wie eine zustimmende Antwort, die quasi als Geständnis bewertet wurde.

Um Einzelheiten der hexerischen Untaten zu erfahren bzw. Mitwisser und Komplizen zu entlarven, unterzogen die Inquisitoren die vermeintlichen Malefikanten sodann wiederholten Verhören, zunächst in Form einer »gütlichen Befragung«. Erhielten sie nicht die erwünschten Geständnisse und Auskünfte, führten sie die bereitgestellten Folterinstrumente vor und erklärten deren Funktion und Wirkung. Bei hartnäckigem Schweigen oder weiteren Unschuldsbeteuerungen wurden die Vernehmungen mit der »peinlichen Befragung« unter der Folter solange fortgesetzt, bis jede noch so unsinnige Schandtat zugegeben wurde. Die für den Prozess notwendigen Geständnisse mussten wegen ihrer Absurdität und grotesken Unsinnigkeit erpresst und durch die Folter erzwungen werden, da ihre Inhalte jenseits aller vernünftigen Einsicht und Erkenntnis lagen.

Zu den üblichen Foltermethoden, die im Bedarfsfall schrittweise verstärkt wurden, gehörten Auspeitschen, Sitzen auf einem Holzbock, der mittlings eine Schneide hatte, Zerquetschen der Daumen und Beine, Versengen der Fußsohlen, Überdehnen und Ausrenken der Gelenke auf dem Streckbrett oder durch Aufhängen, Beträufeln mit brennendem Pech, Verabreichung salziger Speisen ohne Flüssigkeit, ununterbrochenes Wachhalten und bei Frauen das Verbrennen und Verstümmeln der Brüste. Um durch das Schreien der gequälten Opfer nicht belästigt zu werden, wurde ihnen der Mund mit einem Kapistrum zugestopft. Verloren die Gemarterten das Bewusstsein, galt dies als Hilfestellung des Teufels. Überhaupt musste sich der Hexenrichter vor dessen durchtriebener Einflussnahme auf den Prozessverlauf in Acht nehmen und versuchen, ihn durch spitzfindige Proben zu überlisten.

Ein Beispiel für die Berufung auf teuflischen Beistand zur Täuschung der Richter ist das verabscheuungswürdige Vorgehen der Gerichtsbarkeit im Hessischen Lindheim. Hier bekannten 1661 sechs Frauen unter Folter, dass sie die Leiche eines neugeborenen Kindes ausgegraben, zerteilt und zerkocht hätten, um daraus eine Hexensalbe herzustellen. Obgleich sich bei der Exhumierung der eingesargte Leichnam als unversehrt erwies, wurden nicht nur alle »zur Ehre des dreieinigen Gottes« als Hexen verbrannt, da es sich um ein teuflisches Blendwerk handele und zudem sich die Angeklagten als schuldig bekannt hätten, sondern auch andere Mitwisser und Zeugen nach und nach eingekerkert, gefoltert und hingerichtet, zuletzt nach drei Jahren schließlich auch die Kindsmutter. Wurde ein Geständnis widerrufen, begann die »peinliche Befragung« von vorn. Bei allen Torturen sollte allerdings das Ableben der gefolterten Person vermieden werden, da hierdurch das eigentliche, obligatorische Ziel, nämlich die ordnungsgemäße öffentliche Exekution auf dem Richtplatz, verfehlt wurde.

Bisweilen wurden als zusätzliche Beweismittel Proben vorgenommen, beispielsweise das tiefe Eintauchen der gefesselten Person in einen Teich oder Fluss, das Hexenbad. Falls sie dabei nicht ertrank, galt dies als Beweis für übernatürliche Hexenkräfte.

Über die Folter der Enneke Fürsteners im Jahr 1724 in Coesfeld ist in der Abhandlung über Hexenprozesse im ehemaligen Fürstbistum Münster von Bernhard Niehues Folgendes überliefert:

»Nachdem die Angeklagte vergebens zum gütlichen Bekenntnis aufgefordert war, ließ Dr. Gogravius den Befehl der Tortur publizieren, und führte ihr ernstlich zu Gemüte, daß sie den Umständen nach und nach der Lage der Dinge schuldig sein müsse ... Und wie selbige ständig beim Leugnen verblieben, sind der Angeklagten die Daumenschrauben angelegt worden. Weil sie unter der Tortur beständig gerufen, so ist ihr das Kapistrum in den Mund gelegt und ist mit Applizierung der Daumenschrauben fortgefahren. Obgleich Angeklagte fünfzig Minuten in diesem Grade ausgehalten, ihr auch die Daumenschrauben zu verschiedenen Malen versetzt und wieder angeschroben sind, hat sie doch nicht bekannt, sondern nur gerufen: ›Ich bin nicht schuldig. O Jesu, gehe mit mir in mein Leiden und stehe mir bei!‹ Ist also zum vierten Grad geschritten vermittels Anlegung der spanischen Stiefeln. Als aber peinlich Befragte in diesem Grade über dreißig Minuten hartnäckig dem Bekenntnis widerstanden ... ist also befohlen, ihr abermals die spanischen Stiefeln anzulegen. Als demnach peinlich Befragte die ihr zum zweiten Mal angelegten spanischen Stiefel abermals über dreißig Minuten hartnäckig überständen, befahl Dr. Gogravius, zum fünften Grad zu schreiten. Demgemäß wurde die Angeklagte vorwärts aufgezogen und mit zwei Ruten bis zu dreissig Streichen geschlagen ... In betreff der ihr vorgehaltenen Artikel aber beharrte sie beim Leugnen. Daher dem Nachrichter befohlen worden, peinlich Befragte rückwärts aufzuziehen. Mit der Aufziehung ist dergestalt verfahren, daß die Arme rückwärts gerade über dem Kopf gestanden, beide Schulterknochen aus ihrer Verbindung gedreht und die Füße eine Spanne weit von der Erde entfernt gewesen sind ... Als die Angeklagte ungefähr sechs Minuten also aufgezogen gewesen, hatte Dr. Gogravius befohlen, sie abermals mit dreißig Streichen zu hauen, was denn auch geschehen ist ... Peinlich Befragte aber verharrte beim Leugnen: ›Ich habe es nicht getan! Ich habe es nicht getan!‹... Nach Abbruch der Folter brachte der Scharfrichter die Frau am nächsten Tag durch gütiges Zureden zum Geständnis, worauf das Todesurteil vollstreckt werden konnte.«

Die Exekution oblag weltlichen Instanzen. Zur Hinrichtung wurde die verurteilte Person üblicherweise in Begleitung von bewaffneten Reitern zum Richtplatz geführt oder geschleift, wo sich schon Stunden zuvor das neugierige, sensationslüsterne Volk wie zu einer Theatervorführung eingefunden hatte. Hier wurde nochmals das Verzeichnis der erzwungenen Geständnisse, die Urgicht, vorgelesen. Der Sprecher ließ verlauten, dass alle auf diesem traurigen Schauplatz Versammelten erschrecken und in demütigem Schweigen ansehen und anhören sollten, was der von Gott in die Höllenglut verstoßene Mord- und Lügengeist in den Kindern des Unglaubens zu bewirken imstande sei, zu was für grausamen Morden und andere Untaten er sie zum Verderben ihrer armen Seele angestiftet habe. Die schrecklichen, himmelschreienden und schweren Sünden der Zauberei und Hexerei hätten überhand genommen und wie ein Krebs schädlicherweise um sich gefressen. Die tägliche, höchst traurige Erfahrung bezeuge, dass von einer christlichen Obrigkeit beizeiten durch harte und exemplarische Bestrafungen solchen seelenverderblichen Unheil- und Gräueltaten vorgebeugt werden müsse.

Das Opfer wurde sodann an einen Pfahl auf dem Scheiterhaufen gefesselt oder auf eine Leiter gebunden und vorwärts in das angezündete Feuer gestoßen. Bei vorgesehener Strafverschärfung schlug man zuvor eine Hand ab oder riss das Fleisch mit glühenden Zangen aus dem Körper. Vorherige Enthauptung oder Erdrosselung galten als besonderer Gnadenakt.

Sehr wichtig war die Befragung der Angeklagten nach weiteren Gehilfen und Komplizen, die Besagung. Hierdurch wurde beabsichtigt, den Kreis vermeintlicher Mittäter so weit wie möglich zu erfassen, um das Böse bis zur letzten Wurzel auszurotten. Unter Einsatz der Folter gerieten dadurch meist beliebig viele andere Unschuldige in das mörderische Räderwerk der Inquisition.

Während der zweiten Hälfte des 15. Jahrhunderts waren die beiden Dominikanermönche Heinrich Kramer alias Institoris in Süddeutschland und Jakob Sprenger in der Rheingegend inquisitorisch unterwegs. Nicht überall waren sie so erfolgreich wie hier. Sie stießen beispielsweise in Tirol und Salzburg auf zähen Widerstand, und der dortige Bischof von Brixen verwies Institoris des Landes. Nachdem ihre Opfer mehrfach auch unter den Schutz der weltlichen Obrigkeit gestellt worden waren, beschwerten sich die Inquisitoren bei Papst Innozenz VIII., der daraufhin im Dezember 1484 die erwähnte berüchtigte *Hexenbulle* herausgab. In diesem Erlass beklagte der Papst sich über die Zunahme ketzerischer Verworfenheit. Männer und Frauen trieben Unzucht mit dem Teufel, verdürben die Ernte und machten die Menschen und Tiere unfruchtbar. In Deutschland bestehe inzwischen ein geheimes Reich des Satans. Innozenz VIII. autorisierte die Inquisitoren daher zu unnachgiebiger Strenge und stattete sie mit allen diesbezüglichen Vollmachten aus. Die in den jeweiligen Bistümern zuständigen – seiner Ansicht nach »mutlosen« – Bischöfe forderte er auf, die Inquisitoren in jeder Hinsicht zu unterstützen. Der Bischof von Straßburg wurde zum obersten Aufseher ernannt.

Hexenhammer

Zu einer spürbaren Verschärfung der Verfolgungen in der Folgezeit führte der 1487 in Straßburg erschienene *Hexenhammer* (*Malleus maleficarum*) von Institoris, ein dreiteiliges Werk, in dem die Existenz von Hexen anhand von Bibeltexten belegt wurde; hexerisches Wirken zu leugnen, sei Häresie. Seit Luzifers Fall gebe es keine größere Sünde als die Hexerei, die nicht anders als mit dem Tode zu bestrafen sei. Es folgen Ausführungen über die Macht der Dämonen und den Pakt mit dem Teufel. Die hohe Zahl an Frauen sei auf deren unersättliche Wollust zurückzuführen, die zum geschlechtlichen Umgang mit dem Teufel prädestiniere.

Der *Hexenhammer* stieß zunächst auf heftigen Widerspruch. Kritik kam vor allem vom niederen Klerus und von den einfachen Priestern aus der Provinz, die Zauberei und Teufelsspuk in Frage stellten. Trotzdem erhielten beide Inquisitoren 1487 von der Kölner Universität ihre Approbation.

In der 1508 erschienenen Schrift *Antipalus maleficiorum* des Sponheimer Abtes Johannes von Trittenheim (1442–1516) wurden vier Klassen von Hexen unterschieden: solche, die ohne formalen Pakt mit dem Teufel andere Menschen schädigten, solche, die durch eigene Zauberkräfte über-

63

natürliche Wirkungen hervorbrächten, solche, die mit dem Teufel verkehrten und dessen Hilfe in Anspruch nähmen, und solche, die mit dem Teufel ein regelrechtes Bündnis eingegangen seien. Letztere seien mit dem Feuertod zu bestrafen. Obgleich die Zahl solcher Hexen sehr groß sei, fände sich nur selten ein Inquisitor oder Richter, der diesen Frevel gegen Gott und die Natur räche. Niemand bedenke die Niederträchtigkeit dieser Weiber. Viele Menschen litten fortwährend an schwersten Krankheiten und wüssten nicht, dass sie in Wirklichkeit verhext seien.

Als Schutzmittel empfahl der Verfasser das Tragen von Talismanen aus dem Wachs von Osterkerzen, geweihten Kräutern, Friedhofserde und geweihtem Salz. Zur Austreibung des Teufels schlug er folgende Prozedur vor: Die besessene Person lege die Beichte ab und empfange die Hl. Kommunion. Anschließend nehme sie an neun Tagen ein Bad, in das Weihwasser, geweihtes Wachs, Salz und Aschenpulver, Palmen und Kräuter gegeben werden sollten. Im Bad rufe sie göttliche Hilfe an, während der Priester verschiedene Exorzismen über sie spreche. Dieser fertige ein Amulett aus 38 Pulvern an, indem er selbige in einer Nussschale verschließe, sie in ein Tuch nähe und dieses der Besessenen um den Hals hänge.

Im *Hexenhammer* wurden alle möglichen Hinweise auf das groteske Treiben der Hexen und dessen Auswirkungen detailliert aufgeführt. Breiten Raum nahm die Beschreibung der verschwörerischen Zusammenkünfte ein, zu denen sich vor allem an Kirchenfesten bzw. besonderen Feiertagen – z. B. Walpurgisnacht, Lichtmeß, Allerheiligen – Tausende von Hexen und Hexern an besonderen Orten zu ekstatischem Tanz und sexuellen Ausschweifungen versammelten. Wenn der Teufel dort erscheine, werfe man sich nieder und huldige ihm, indem man seinen linken Fuß, die linke Hand, Gesäß und Genitalien küsse. Er nehme als Opfergaben Kuchen, Geflügel und Korn entgegen, zelebriere dann in schwarzem Ornat eine Parodie der Hl. Messe und reiche das Abendmahl in Form schwarzer Hostien und einer stinkenden Flüssigkeit. Bei dem sich anschließenden Festmahl würden ekelerregende Speisen, Ratten- oder Menschenfleisch verzehrt. Die Versammlung ende mit einer Orgie, während der sich der Teufel und seine Gehilfen fleischlich mit allen Manns- und Weibspersonen wahllos vermischten.

Treffpunkte für den fantasierten Hexensabbat waren auffallende, geheimnisumwobene Naturgegebenheiten wie der Brocken und die Rosstrappe im Harz, die Externsteine bei Detmold, der Staffelstein bei Bamberg, der Ringberg bei Suhl, der Hirschschlag bei Eisenach, der Pfefferberg bei Trier und der Heubeck im Schwarzwald, Thale in Sachsen-Anhalt und Kesslertanz in Hessen – meist ehemalige heidnische Kultstätten oder Richtplätze mit düsterem Flair. Auch Wegkreuzungen, Steinbrüche und Friedhöfe gehörten zu den bevorzugten Versammlungsplätzen.

Höchste Beachtung fand im *Hexenhammer* die für unentbehrlich erachtete Denunziation, zu der durch Predigt und öffentlichen Anschlag nachdrücklich aufgefordert wurde. Sie wurde – neben den erzwungenen Aussagen – im Hexenprozess als wichtigstes Beweismittel erachtet. Zwei Denunziationen führten stets unausweichlich zur Folterung. Die stets anonym bleibenden Denunzianten galten als Verteidiger des Glaubens; sie wurden belobigt und finanziell belohnt bzw. am konfiszierten Besitz des rechtlosen Opfers beteiligt.

Im Jahr 1615 wurde in Leonberg Käthe Guldenmann, die Mutter des Astronomen Johann Kepler, von einer Nachbarin der Hexerei bezichtigt. Ursache für diese Denunziation war ein Streit mit der Frau, die an Unterleibskrämpfen litt und von ihrem Bruder, einem Barbier, erfolglos behandelt worden war. Dieser erklärte das Leiden schließlich für Hexenwerk. Da sie von der Guldenmann einmal einen Heiltrunk erhalten hatte, beschuldigte die Erkrankte jene der Hexerei und des Umgangs mit anderen Hexen. Johann Kepler, damals Hofastronom des Kaisers Rudolf in Linz, holte seine Mutter zunächst zu sich nach Hause, was jedoch als Schuldbeweis angesehen wurde. Nach ihrer Rückkehr wurde sie sogleich verhaftet und vor Gericht gestellt. Dort wurde ihr des Weiteren vorgeworfen, sie habe einem Mädchen einen Teufel zum Bräutigam gegeben, zwei Kinder einer Bürgersfamilie getötet, sei durch verschlossene Türen gegangen und habe Vieh behext.

Kepler eilte von Linz nach Leonberg, und es gelang ihm dort nur mit größter Mühe, seine Mutter vor der Folter zu bewahren. Zu ihrer Entlastung brachte er vor, dass in der Stadt Leonberg mehrfach Unholde vor Gericht gestanden seien, welchen falsche Geständnisse unter der Folter ausgepresst worden seien und die nun auch als Zeugen gehört worden, deren belastende Angaben aber wertlos seien. Mit kaiserlicher Hilfe bekam der berühmte Forscher seine Mutter schließlich frei.

Die bereits erwähnte auffällige Präferenz der Frau als Objekt der Hexenverfolgungen erklärt sich zweifellos aus dem damaligen negativ deformierten Frauenbild aufgrund sexualpathologischer Obsessionen, wonach das weibliche Geschlecht durchgehend mit Triebhaftigkeit und Unzucht in Verbindung gebracht wurde. Diese Konnotation blieb ein Hauptmerkmal während der gesamten Verfolgungskampagnen, besonders ab dem 16. Jahrhundert.

Das Stereotyp des verführerischen Weibes prägt seit Paulus und den frühen Kirchenlehrern die christliche Sündenlehre. Aus der sexualfeindlichen entwickelte sich eine sexualpathologische Grundhaltung. Frauen, auf die man andererseits nicht verzichten konnte, galten als lüstern und unrein. Thomas von Aquin sprach dem Körper der Frau nur durch ihr Verhältnis zum Mann einen Sinn zu. Die monotheistischen Weltreligionen sind bis heute eine Theologie von Männern für Männer. Marienkult und Heiligenverehrung blieben eher Beiwerk der Heilsgeschichte. Eva, Sinnbild für schlaue Verlockung, galt als Anstifterin zum Bösen und als Quelle der Sündhaftigkeit, die Adam und alle seine Nachfahren das Paradies kostete.

Sexualität außerhalb der strengen kirchlichen Normen bedeutete eine schwere Sünde, die mit ewiger Verdammnis bestraft wurde. Diese Tabuisierung, ja Verteufelung eines elementaren Triebes korrespondierte mit den bestialischen Foltermethoden der Hexenrichter: Die nackten Frauen wurden ausgiebig inspiziert und ihnen wurden am ganzen Körper sämtliche Haare abrasiert oder abgebrannt, damit die Folterknechte mit langen Nadeln alle Körperteile und -öffnungen genauestens nach Hexenmalen absuchen konnten. Bei der peinlichen Befragung wurden die Brüste mit glühenden Zangen verstümmelt, besonders empfindliche Körperstellen wurden mit kochendem Pech bestrichen.

Die sich dahinter verbergenden, mehr oder weniger unbewussten sadistischen Vergewaltigungsgelüste der Richter und Henker verdeutlichen die Verdrängungs- und Verleugnungsprozesse einer Sexualpathologie, die fleischliche Begierde, verlockende Weiblichkeit und Teufelsbuhlschaft gleichsetzte bzw. gleichermaßen bekämpfte.

Besessenheit

Ohne Zweifel waren nicht eingestandene bzw. verdrängte, sündhafte erotische Fantasien und sexuelle Impulse häufig auch Ursache für ein absonderliches Verhalten, das als Besessenheit gedeutet und dem verderblichen Einfluss des Teufels zugeschrieben wurde. Ein Dokument hierfür sind die in der Pariser Nationalbibliothek aufbewahrten Aufzeichnungen der Schwester Jeanne des Anges über die Jahre 1633 bis 1642, einer Nonne des Ursulinenordens in der südfranzösischen Stadt Loudon in der Nähe von Poitiers.

Die Nonne war eine psychisch labile, schwierige Persönlichkeit aus adliger Familie, die durch Protektion im Alter von 25 Jahren Klostervorsteherin geworden war. Als sie in Konflikt mit dem dortigen Gemeindepfarrer geriet, einem Jesuiten und notorischen Schürzenjäger namens Urbain Grandier, dessen Interesse sie trotz aller Bemühungen nicht erwecken konnte, knüpfte sie gegen ihn ein Netz von Intrigen. Der Pfarrer wurde ausspioniert und verleumdet, der Zauberei bezichtigt, gefoltert und verbrannt. Ausschlaggebend waren die beeideten Angaben der Nonne, dass er ihr als Geist erschienen und sie in obszönster Weise belästigt habe.

Auch nach Grandiers Tod hörten allerdings die sexuellen Belästigungen nicht auf. Schwester Jeanne spürte, dass Isakaaron, der Dämon der Wollust und Unzucht, sich ihrer bemächtigte und sie schändete. Sie bot Zeichen einer Scheinschwangerschaft und versuchte, sich die vermeintliche Leibesfrucht mit einem Messer aus dem Bauch zu schneiden. Trotz wiederholter, intensiver Teufelsaustreibungen nahmen jahrelang immer neue Dämonen von ihr Besitz; sie verstarb 1665 an einer Lungenentzündung.

Auf Geheiß ihrer Generaloberin in Bordeaux hielt Jeanne ihre Lebensgeschichte, insbesondere ihre Besessenheitserlebnisse, in einem Tagebuch fest. Es ist darin die Rede von sieben verschiedenen Dämonen, die sie in immer anderer Form gequält hätten. Der schlimmste sei Asmodi gewesen. Er sei ihr in schrecklicher Gestalt erschienen und habe ihren Geist mit haarsträubend unanständigen Gedanken verwirrt, sie auch geschlagen. Sogar beim Gebet sei sie auf das schwerste von unanständigen Vorstellungen geplagt worden. Der zweite Teufel sei Leviathan gewesen. Er habe sie mit Hochmut erfüllt und sie zur Herrschsucht verleitet. Behemot, der dritte Dämon, habe ihr Gott abspenstig machen und sie zur Gotteslästerung verführen wollen. Der ihr schon bekannte Isakaaron habe sie wie Asmodi zu körperlicher Unreinheit und Unzucht verleiten wollen, er habe ihre Keuschheit schrecklich auf die Probe gestellt. Dieser Feind aller Reinheit habe ihr fast allnächtlich abscheuliche Dinge angetan. Er habe an ihrem Körper rasende und seltsame Handlungen vorgenommen, die man sich kaum vorstellen könne. Bisweilen sei er in Gestalt eines Drachen, Hundes, Löwen oder Bocks erschienen, um seine verbrecherischen Handlungen durchzuführen. Der fünfte Dämon, Baalam, habe sie verblendet, ebenso wie die beiden letzten Gresil und Haman. Beim Abendmahl sei er in sie gefahren. Kaum habe sie die geweihte Hostie empfangen, habe der Teufel in ihr sie dem Priester ins Gesicht gespuckt. Im Bett habe sie einmal gespürt, wie sich ihr jemand genähert habe, und sie dann gefragt, ob sie nicht Mitleid mit ihm habe. Ein Tier sei in ihrem Bett herumgekrochen und habe sie an verschiedenen Körperteilen berührt. Sie habe darauf unsaubere Empfindungen gehabt und zügellose Regungen ihrer Natur verspürt. Sie habe die Stimme eines Mannes vernommen, der ihr schlüpfrige Worte und Schmeicheleien zugeflüstert habe, um sie zu verführen. Er habe sie bedrängt, ihn in ihr Bett zu lassen, und habe versucht, sie unanständig zu berühren. Sie solle nicht länger widerstehen, sie dürfe sich nicht länger wehren, sie müsse ihrer Natur folgen, wenn sich die Gelegenheit biete. Zu Ostern hätten ihr die bösen Geister die unanständigsten Bilder, die sich überhaupt denken ließen, vorgezaubert, um dadurch hässliche Leidenschaften zu ihrem Beichtvater und Exorzisten zu erwecken, zu dem sie ungewollt heftige Liebesregungen verspürt habe.

Massenhysterie

Die Hexenverfolgungen arteten in eine regelrechte Massenbewegung aus, trotz Protesten auch von kirchlicher Seite. Sinnestäuschungen oder exzentrisches Verhalten wurde ebenso als Hexenmerkmal oder Teufelswerk betrachtet wie ungewöhnliche, nichtkonforme, d. h. nicht mit der offiziellen Lehrmeinung der Kirche oder den üblichen sozialen Regeln übereinstimmende Äußerungen und Verhaltensweisen. Hinweise auf Zeichen von Geistesgestörtheit fanden sich eher in den Protokollen der Inquisitoren als in medizinischen Schriften. Die obsessive Beschäftigung mit religiösen Fragen infolge der steten Androhungen ewiger Verdammnis förderten angesichts der Hungersnöte zu Beginn des 14. Jahrhunderts, gefolgt von den verheerenden Auswirkungen des Schwarzen Todes, der die Bevölkerung in Europa zwischen 1347 und 1353 um 20 bis 25 Millionen Einwohner dezimierte, tatsächlich das Aufkommen von wahnhaften Verkennungen und geistig-seelischer Desintegration, die sich in Flagellantentum, Tanzwut, Pogromen und kollektiven Wahrnehmungen vermeintlicher Wunderereignisse manifestierten. Salbe und Trunk aus giftigem Stechapfel und Bilsenkraut, der Genuss von Schlafmohn und Mutterkorn erzeugten Trugbilder, Trance und Verwirrtheit, die wiederum als Beweis teuflischer Einwirkungen genommen wurden. Es gab Massenhysterien von scheinbarer

Besessenheit, die alle Altersgruppen vom Kind bis zur Greisin erfassten. Bisweilen fielen dadurch ganze Familien dem Hexenwahn zum Opfer.

Um die Mitte des 17. Jahrhunderts kam es sogar zu mehreren Prozessen gegen Minderjährige, meist Bettelkinder, wegen deren vermeintlicher Dienste für den Teufel. Sie wurden wie Erwachsene verhört, gefoltert und hingerichtet; die Geständnisse waren meist leicht erhältlich. Bereits 1571 war ein zwölfjähriger Knabe in Luzern wegen Besessenheit verbrannt worden. In Leipzig wurde aufgrund eines Urteils der juristischen Fakultät 1632 der älteste von vier Knaben zwischen 9 und 14 Jahren in Anwesenheit der anderen enthauptet und verbrannt. Die übrigen wurden ausgepeitscht und solange eingesperrt, bis sie alle möglichen ihnen angelasteten Übeltaten gestanden und Besserung gelobten.

Bei dem Prozess gegen Jakob Koller, Zauberjackl genannt, der ab 1675 in Salzburg stattfand, befanden sich am Ende unter den 139 hingerichteten Malefikanten auch 39 Kinder im Alter von 10 bis 14 Jahren sowie weitere 53 Jugendliche.

Gleichzeitig ergingen Todesurteile auch aufgrund bloßer kindlicher Fantasien. So benannte im Jahr 1589 ein 14-jähriger Junge in Bobingen bei Augsburg nach dem angeblichen Besuch eines Hexensabbats eine Reihe von Frauen als Teilnehmerinnen, von denen sodann 27 als Hexen verbrannt wurden. 1613 bezichtigte im niederländischen Roermond ein 12-jähriges Mädchen die eigene Mutter der Zauberei, die unter der Folter weitere Personen als Zauberinnen angab mit der Folge, dass am Ende 64 Menschen hingerichtet wurden.

Selbst prominente Ärzte und Naturwissenschaftler teilten seinerzeit die Überzeugung vom Wirken der Dämonen, umso mehr, als in der europäischen Medizin mit dem Rückzug der Araber aus Spanien die rational-empirischen Grundlagen verloren gegangen waren. Populäre Mediziner wie der Wanderarzt und Naturforscher Paracelsus (1493–1541) waren – obgleich Wegbereiter der neuzeitlichen Medizin – von der Existenz einer Hexen- und Teufelswelt überzeugt. Das absonderliche Benehmen Besessener erklärte er durch die große Angst und Not, die der Teufel jenen zufüge; er empfahl als Gegenmittel neben Exorzismus Beten und Fasten. Als besondere Merkmale der Hexen erwähnte Paracelsus, dass sie krumme Nasen hätten und Kinder mit krummen Gliedern zur Welt brächten. Sie seien gefährlich, weil sie dem Teufel gehorchen müssten.

Sogar der Vater der französischen Chirurgie und Leibarzt Heinrichs II.,

Ambrose Paré (1510–1590), glaubte an satanische Einflüsse auf den menschlichen Geist, und der berühmte belgische Chirurg Jean-Baptiste van Helmont (1577–1644) führte Naturerscheinungen wie Gewitter, Erdbeben oder den Regenbogen auf die Wirkungen einzelner Geister zurück. Noch der weltberühmte Jesuit und Universalgelehrte Athanasius Kircher (1602–1680) beschäftigte sich intensiv mit den vermeintlichen Tätigkeiten von Geistwesen und Kobolden, an deren Existenz er keinerlei Zweifel hatte.

Am schlimmsten wüteten die Hexenverfolgungen in Mitteleuropa zwischen 1450 und 1750, vor allem während des Dreißigjährigen Krieges. Durch die unzähligen Hexenprozesse in Europa kamen schätzungsweise 60 000 bis 70 000 Menschen zu Tode, allein auf deutschem Boden etwa 25 000, ganz überwiegend Frauen.

Selbst die zuvor bejubelte französische Nationalheldin Johanna (1411–1431), die 1428 im Hundertjährigen Krieg die von den Engländern besetzte Stadt Orléans befreite und damit die Krönung Karls VII. in Reims ermöglichte, wurde im Mahlwerk weltlicher Machtpolitik und geistlicher Justiz ein Opfer des Hexenwahns, nachdem sie den Engländern gegen eine hohe Geldsumme ausgeliefert worden war. Über die von ihr berichteten Engelerscheinungen wurde ein Gutachten in Auftrag gegeben, das zu dem Schluss kam, diese Offenbarungen stammten von bösen Geistern und seien als Ausdruck von Teufelsverehrung und Götzendienst anzusehen, ebenso Johannas Gewohnheit, Männerkleidung zu tragen. Das Endurteil lautete nach einigem Hin und Her zunächst auf lebenslänglichen Kerker. Nachdem man ihr eine Falle gestellt hatte, wurde sie als rückfällige Hexe und Ketzerin 1431 in Rouen verbrannt. Ihre Verurteilung wurde 15 Jahre später annulliert. 1920 wurde sie heilig gesprochen und zur Patronin Frankreichs erklärt.

Kritik und Widerstand

Es gab nur wenige, gleichermaßen unvoreingenommene wie mutige Gelehrte, die sich öffentlich gegen den Hexenwahn engagierten. Widerstand kam von weltlicher Seite wie von beiden christlichen Konfessionen.

Die Ärzte Agrippa von Nettesheim (1486–1535) bei Köln und sein Schüler Johannes Weyer (1515–1588) in Bonn gehörten zu den ersten öffentlichen Kritikern. Agrippa wandte sich gegen die These des Metzer Inquisitors Nikolaus Savini, derzufolge Kinder von Hexen qua Geburt ebenfalls vom Teufel besessen seien. Agrippa nannte dies Hirngespinste, worauf er selbst der Ketzerei beschuldigt wurde. Die Hexenrichter maßten sich an, auch über solche Dinge zu urteilen, die gar nicht ketzerisch, sondern nur anstößig oder sonst irrtümlich seien. Sie töteten – so Agrippa – aufs Grausamste arme Bauernweiber, ohne dass das mindeste rechtsbeständige Indiz vorliege, unterzögen sie einer schrecklichen und maßlosen Folter, bis ihnen das Bekenntnis von Dingen, an die sie nie gedacht hätten, ausgepresst worden sei. Da überdies die Ketzergüter konfisziert würden, mache der Inquisitor noch eine schöne Beute.

Der französische Philosoph, Jurist und Politiker Michel de Montaigne (1533–1592) schrieb 1588, die Vorwürfe gegen die Hexen beruhten auf Sinnestäuschung und Lügen. Es sei weit wahrscheinlicher, dass unsere Sinne uns tauschten, als dass ein altes Weib auf einem Besenstiel durch den Schornstein fahre.

Als einer der ersten forderte der spanische Humanist Juan Luis Vives (1493–1540), ein Schüler des Erasmus von Rotterdam, die Abschaffung der Folter, da sie nicht nur dem christlichen Gebot der Nächstenliebe widerspreche, sondern auch nutzlos und schädlich sei.

Der reformierte Theologe und kurpfälzische Hofprediger Anton Praetorius (1560–1613) brandmarkte Folter und peinliches Verhör als unchristlich, schändlich und sinnlos. Sein *Gründlicher Bericht von Zauberey und Zauberern* aus dem Jahr 1598, unter dem Namen seines Sohnes veröffentlicht, widerlegt die üblichen Vorwürfe wie Teufelsbuhlschaft, Hexenflug und Schadenszauber. Er enthält schwere Vorwürfe gegen die Hexenrichter als »Totschläger«, die alle Strafen der Hölle zu erwarten hätten. Praetorius hatte selbst als Beisitzer in einem Hexenprozess erlebt, wie mehrere unschuldige Frauen sich nach Folterungen das Leben nahmen. Er forderte daraufhin erfolgreich die Beendigung des Verfahrens und die Freilassung der übrigen Angeklagten. Wie Praetorius war auch der Erfurter lutherische Theologe und Gemeindepfarrer Johann Matthäus Meyfart (1590–1642) Zeuge eines barbarischen Verfahrens, das er in seiner 1635 herausgekommenen Schrift unter dem Titel anprangerte: *Christliche Erinnerung. An Gewaltige Regenten, und Gewissenhaffte Praedicanten, wie das abscheuliche Laster der Hexerey mit Ernst außzurotten, aber in Verfolgung desselbingen auff Cantzeln und in Gerichtsheusern sehr bescheidlich zu handeln sey.*

Der Jesuit und Hexentheoretiker Adam Tanner (1572–1632), Theologieprofessor in Ingolstadt und München, kritisierte – so in den *Disputationes* der dreibändigen *Universa Theologica Scholastica* von 1627 – die absurden

Geständnisse bei Hexenprozessen. Die vermeintlichen Luftreisen und Verwandlungen führte er auf Träume oder Sinnestäuschungen zurück. Da er wiederholt die haarsträubenden formaljuristischen Mängel der Hexenprozesse zur Sprache brachte, geriet er in den Verdacht, selbst ein Hexenmeister zu sein. Auf Tanner berief sich sein Ordensbruder Friedrich Spee von Langenfeld (1591–1635) aus Kaiserswerth, der zeitgleich mit Meyfart anonym *Cautio Criminalis* veröffentlichte. Spee war als Beichtvater und Krankenpfleger in Gefängnissen ebenfalls bestens über die Folterungen und Hinrichtungen im Bilde.

In seiner Dissertation *De crimine magiae* von 1701 forderte der Hallenser Rechtsphilosoph und Jurist Christian Thomasius (1655–1738) schließlich die definitive Abschaffung der Hexenprozesse, die seiner Ansicht nach auf puren Fiktionen beruhten, da der Glaube an Teufel und Teufelspakt nichts als ein Hirngespinst sei. Die Folter bezeichnete er als eine Schmach für das Christentum.

Mit der Reformation verlor das Hexenwesen keineswegs an Bedeutung, da auch in den abgespaltenen protestantischen und calvinistischen Einflussgebieten, wo die Inquisition außer Kraft gesetzt worden war, der Glaube an Hexerei und Teufelspakt lebendig blieb. Hier bemächtigten sich paradoxerweise wieder die weltlichen Gerichte der Hexenverfolgung. Statt der Inquisition gab es nun kommunale Hexenausschüsse und Kommissionen. Dies hatte zur Folge, dass nunmehr sich die Priester für die Opfer einsetzten, worauf es zu ständigen Streitereien zwischen den Behörden und Gerichten auf der einen Seite und den Geistlichen auf der anderen Seite kam. Bisweilen predigten sogar einzelne Pfarrer gegen die Hexenverbrennungen.

Einfluss der Reformation
Sowohl Martin Luther wie auch Johannes Calvin riefen als erklärte Feinde von Hexerei und Häresie öffentlich zu deren Ausrottung auf. Luther predigte wiederholt gegen Hexen und Zauberer, für die er die Todesstrafe forderte, da sie viel Schaden anrichteten. Sie könnten Zaubertränke herstellen, um Hass oder geheimnisvolle Krankheiten hervorzurufen, sodass der Körper verzehrt würde, und sie sprächen Verwünschungen aus, um Unwetter und Verwüstungen im Haus und auf dem Acker hervorzurufen. Sie sollten getötet werden, nicht nur weil sie Diebe, Ehebrecher, Räuber und Mörder seien, sondern weil sie Umgang mit dem Satan hätten.

Luther hat – unter Berufung auf Augustinus – maßgeblich zur Popula-
risierung des spätmittelalterlichen Hexenwahns beigetragen. Schon auf
der Wartburg wie auch im Kloster Wittenberg fühlte er sich wiederholt
vom Teufel bedrängt, den er als persönlichen Feind und Urheber seiner
Gebrechen – häufige Ohnmachten, Kopfschmerzen und Depressionen –
ansah: Wo ein melancholischer Kopf sei, habe Satan seine Badestätte und
treibe die Leute zum Selbstmord. Luther war auch davon überzeugt, dass
Missgeburten vom Teufel gezeugte Kinder seien,»fleischgewordene Dia-
boli«. Er mahnte den ständigen Kampf gegen ihn durch Gebet und Buße
an.

Mehr noch als bei Luther spielte in Calvins Leben der Teufel eine große
Rolle. Seiner 1535 veröffentlichten strengen Glaubenslehre *Institutio chris-
tianae religionis* zufolge konnten in den Menschen gleichzeitig Gott und
Satan wirksam sein.

Während der Gemütsmensch Luther es beim Predigen und Schreiben
beließ, wollte der gleichermaßen kühle wie zwanghafte Calvin (1509–1564)
die sündhaften Einwohner der Stadt Genf zu einem Lebenswandel nach
seinen rigorosen religiösen Vorstellungen zwingen. Obgleich er sich 1545
bei der Ausrottung der französischen Waldenser durch König Franz I.
unermüdlich auf die Seite der Verfolgten gestellt und sich für sie eingesetzt
hatte, wurde er selbst später zu einem fanatischen Kämpfer gegen Ketzer
und Hexen. Hinter seiner nach außen dargestellten Demut und Bescheidenheit glühten Herrschsucht, Fanatismus und Hochmut. In dem von ihm
geschaffenen Genfer Kirchenstaat, über den er 23 Jahre lang als oberster
Sittenwächter herrschte, ließ er Irrgläubige gnadenlos und unerbittlich ver-
folgen. Unter Calvin nahm die Zahl der Hinrichtungen erheblich zu, nachdem er 1541 eine regelrechte kollektive Angstpsychose erzeugt hatte. Bis zu
seinem Tod waren in Genf jährlich rund zehn Hinrichtungen zu verzeich-
nen, denen unter der Folter erpresste Geständnisse vorausgegangen waren.
Allein im Jahr 1545 wurden 34 Personen exekutiert, denen man vorgeworfen hatte, die Pest verbreitet zu haben. Calvin hielt grundsätzlich die unter
der Folter abgepressten Anschuldigungen für wahr, nachträgliche Wider-
rufe hingegen für erlogen. In ein noch schwebendes Verfahren gegen sechs
der Hexerei beschuldigte Personen im Jahr 1545 griff er selbst ein, lobte den
Eifer bei der Verstümmelung und Hinrichtung eines Ehepaares und
spornte die ohnehin harten und grausamen Richter zu noch größerer
Strenge an.

Besonders verwerflich war der Justizmord an dem mit ihm gleichaltrigen spanischen Gelehrten und Theologen Michael Servet, der aus einem Gefängnis der Inquisition im französichen Vienne nach Genf geflüchtet war. Calvin ließ ihn während der Predigt in der Kirche festnehmen. Er bezeichnete ihn als Teufel und beschuldigte ihn der Häresie. Das Verfahren, in dem Calvins Sekretär die Anklage vertrat, endete für Servet nach zweieinhalbmonatiger Haft unter äußerst unwürdigen Bedingungen am 26. Oktober 1553 mit der Todesstrafe. Die von ihm erbetene Hinrichtung mit dem Schwert statt durch das Feuer lehnte Calvin ab und überantwortete ihn stattdessen dem Scheiterhaufen.

Der Schriftsteller Stefan Zweig schilderte in seinem Roman *Castellio gegen Calvin* die Hinrichtung wie folgt:

»Am 27. Oktober um elf Uhr morgens wird der Gefangene in seinen zerfallenen Lumpen aus dem Kerker geholt. Zum ersten Mal seit langem und zum letzten Mal für alle Ewigkeit sehen die entzündeten Augen wieder das Himmelslicht ... schmutzig und ausgemergelt, in Ketten klirrend, wankt der Verurteilte dahin ... Vor den Stufen des Rathauses muß er gebeugten Hauptes den Urteilsspruch anhören: Wir verurteilen dich, Michael Servet, lebendig verbrannt zu werden, und mit dir sowohl die Handschrift deines Buches als auch das gedruckte Buch, bis dein Körper zu Asche verbrannt ist. So sollst du deine Tage beenden, um allen andern, welche ein derartiges Verbrechen begehen möchten, ein warnendes Beispiel zu geben ... Inzwischen haben die scheußlichen Vorbereitungen begonnen. Schon ist das Holz um den Pfahl gehäuft, schon klirrt die Eisenkette, mit der Servet an den Pfahl gehängt werden soll, schon hat der Henker dem Verurteilten die Hände gebunden ... Mit einer Eisenkette wird Servet an den Pfahl gehängt, ein Seil vier- oder fünfmal um den ausgemergelten Körper gebunden. Zwischen den lebendigen Leib und den grausam einschneidenden Stricken pressen dann noch die Folterknechte das Buch und jenes Manuskript, das Servet an Calvin gesandt, um dessen brüderliche Meinung zu erbitten. Schließlich drückt man ihm noch zum Hohn eine Leidenskrone auf das Haupt, einen Kranz von Laub, der mit Schwefel getränkt ist. Mit dieser allergrausamsten Vorbereitung ist die Arbeit des Henkers vollendet. Nun braucht er bloß mehr den Holzstoß anzuzünden, und der Mord hat begonnen.

Aber wo ist Calvin in dieser Schreckensstunde? Er ist, um unbeteiligt zu scheinen oder um seine eigenen Nerven zu schonen, vorsichtig zu Hause geblieben, er sitzt bei verschlossenen Fenstern in seiner Studierstube, dem Henker das grausame Geschäft überlassend. Als es galt, den Unschuldigen aufzuspüren, anzuklagen, aufzureizen und an den Pfahl zu bringen, war Calvin unermüdlich allen andern voran gewesen: in der Stunde der Hinrichtung sieht man jedoch nur die bezahlten Folterknechte, nicht aber den wahrhaft Schuldigen... Erst am nächsten Sonntag besteigt er in seinem schwarzen Talar feierlich die Kanzel, um vor der schweigenden Gemeinde die Tat als groß, geboten und gerecht zu rühmen.«[1]

Calvins Nachfolger, der Pfarrer und Schriftsteller Theodor von Beza (1564–1605), setzte das puritanische Schreckensregiment fort. Ehebrecherinnen wurden in einen Sack genäht und ertränkt, angebliche Verbreiter der Pest lebendig verbrannt. Der calvinistische Jurist und Philosoph Johannes Bodinus (1529–1596) vertrat in seinem vierbändigen Werk *Dämonenkunde der Hexen*, 1580 in Basel erschienen, dieselben Ansichten, wie sie im *Hexenhammer* niedergelegt waren. Beide glichen sich in der Aufzählung und Empfehlung äußerst brutaler Vorgehensweisen gegen vermeintliche Hexen einschließlich der Folterung von Kindern. Bodinus, der in Frankreich selbst bei vielen Hexenprozessen den Vorsitz hatte, hielt das bloße Verbrennen für eine zu milde Strafe, da der Tod viel zu rasch eintrete. Von ihm stammt im Übrigen die Definition der Hexe als »jemand, der, obgleich er Gottes Gesetze kennt, dennoch versucht, durch einen Pakt mit dem Teufel einen bestimmten Zweck zu erreichen«.

Andererseits sprach sich der calvinistische Theologe Johannes Grevius (1580–1630) in den Niederlanden unter Berufung auf Vives und Montaigne in der erst nach seinem Tod erschienenen Schrift *Tribunal Reformatum* für eine Abschaffung der barbarischen, unmenschlichen und ungerechten Folter aus. Als er die rigide Prädestinationslehre Calvins anzweifelte, wurde auch er gefangengesetzt und gefoltert.

Der Besessenheitswahn erreichte paradoxerweise zur Zeit des Humanismus, der Reformation und der bahnbrechenden naturwissenschaftlichen Entdeckungen im 17. Jahrhundert seinen Höhepunkt. Während jener Zeit wurde der Hexenwahn von englischen Protestanten auch nach Nordamerika gebracht. 1645 wurden in Massachusetts vier Personen der Hexerei angeklagt und exekutiert, 1688 in Boston eine Niederländerin, die kaum Englisch sprach.

Die schwedische Königin Christina untersagte 1649 alle weiteren Inquisitionen und Hexenprozesse, aber erst 1734 wurde dort, 1740 durch Friedrich den Großen in Preußen die Folter verboten. Ludwig XIV. von Frankreich schaffte unter dem Einfluss des Philosophen Pierre Bayle im Jahr 1680 als einer der ersten europäischen Herrscher offiziell die Todesstrafe für Besessenheit ab. In Österreich und Preußen leiteten Kaiserin Maria Theresia und König Friedrich Wilhelm I. per Dekret das Ende der Hexenverfolgungen ein.

In Deutschland wurde als letztem Opfer der geistig verwirrten und halb verhungerten Magd Anna Maria Schwägel aus dem Stift Kempten im Allgäu im März 1775 der Prozess gemacht, nachdem sie gestanden hatte, Nacht für Nacht mit dem Teufel gehurt zu haben. Das Todesurteil durch Enthaupten wurde am 11. April 1775 durch Fürstabt Honorius von Schreckenstein vollstreckt. Im Schweizerischen Glarus wurde die 47-jährige Dienstmagd Anna Göldi am 13. Juni 1782 nach viermonatiger Haft geköpft, weil sie laut Urteil u. a. mit Hilfe des Teufels die Kinder ihres Dienstherrn, eines Arztes und Ratsherrn, verhext hatte. Möglicherweise hatte dieser den Prozess veranlasst, weil er sie vergewaltigt und geschwängert hatte. Im Großherzogtum Posen wurde noch 1793 eine der Hexerei beschuldigte Frau hingerichtet – offiziell die letzte in Europa.

Später gab es nur noch vereinzelte, »inoffizielle« Hexenverfolgungen wie z. B. Prozesse in Schottland und England 1944 und 1954 nach den alten Hexereigesetzen von 1735 bzw. 1754. Die ehemals gepeinigte Hexe, Sinnbild für Zauberei und Teufelswerk, wandelte sich im kollektiven Gedächtnis der abendländischen Menschheit zur Weißmagierin, der Teufel eher zur boshaft-listigen Komödiantenfigur.

Moderne Teufelsaustreibungen

Besessenheitswahn und Hexenglauben wüteten im christlichen Europa bis weit in das 18. Jahrhundert hinein. Sie waren – instrumentalisiert zu Objekten kirchlicher Ketzerverfolgung – das Ergebnis vielfach ausgeschmückter Suggestionen der Allgegenwart des Teufels, mit dem die Hexen paktierten und Unzucht trieben. Die fixe Idee von dem unermüdlichen, perfide-verführerischen Treiben Satans führte zeitweise – wie oben beschrieben – zu einer kollektiven Endzeitstimmung. Es wimmelte von Teufelstraktaten und allegorischen Totentänzen, von Bußpredigten und Strafgerichten, Bittgottesdiensten und Wallfahrten. Die anarchistischen, makabren Prozessionen der Flagellanten und Geißelbrüder zogen quer durch Europa; sie predigten nicht nur Kasteiung und Bußfertigkeit, sondern hetzten auch zu Judenpogromen auf. Wundersame Errettungen oder unerklärliche Naturerscheinungen verbreiteten sich wie ein Lauffeuer und erzeugten ekstatische Gruppenerlebnisse mit den typischen Merkmalen von Regression, psychischer Nivellierung und Enthemmung bis hin zu gewalttätigen Ausschreitungen aufgeheizter Massen.

Die mit derartigen Massenhysterien einhergehende Entpersönlichung nutzten geschickte Demagogen immer wieder, um Menschen für politisch erwünschte Ziele zu missbrauchen. Ein berüchtigtes Beispiel hierfür ist die Rede, die der Nazi-Propagandaminister Josef Goebbels (1897–1945) am 18. Februar 1943 im Berliner Sportpalast hielt, wo er das suggestiv entmündigte Publikum zu enthusiastischer Bejahung des angekündigten »totalen Kriegs« animierte. Der englische Schriftsteller George Orwell (1903–1950) beschrieb in seinem 1949 erschienenen Zukunftsroman *1984*, wie in der ozeanischen Diktatur unter dem »Großen Bruder« durch tägliche Fernsehsendungen sich bis zur Hysterie steigernde Hassausbrüche mit unbeherrschten Wutschreien gegen den Renegaten und Volksfeind Emmanuel Goldstein, den ersten Verräter, Verschwörer und Beschmutzer der Partei, provoziert wurden.

Dämonismus und Hexenglauben haben ihre Spuren hinterlassen. Trotz Aufklärung, insbesondere der Forderung Immanuel Kants, die eigene Vernunft zu gebrauchen (1781), bleiben Vorstellungen von Hexerei und bösen Geistern bis heute im Okkultismus und Spiritismus lebendig, parapsychologischen Ersatzreligionen, die ihre Wurzeln im Schamanismus und Geisterglauben der Primitivkulturen haben. In der christlichen wie mohamedanischen Religion verkörpert der Teufel nach wie vor eine reale, abgrundtief böse Existenz, die auch konkret vom Menschen Besitz ergreifen, ihn regelrecht »besetzen« kann und notfalls förmlich »ausgetrieben« werden muss.

Besondere öffentliche Aufmerksamkeit fand der tragische Fall eines Exorzismus bei der 24-jährigen Pädagogikstudentin Anneliese Michel aus Klingenberg am Main im Jahr 1976. Sie litt an einer Temporallappenepilepsie, deren Symptome als Ausdruck von Besessenheit durch verschiedene Teufel gedeutet wurden. Streng religiös-katholische Erziehung, skrupulöses Gewissen und unkritische, voreingenommene Umgebung führten – mit Zustimmung des Würzburger Bischofs – zu monatelangen, aufwendigen exorzistischen Aktivitäten nach den Vorschriften des *Rituale Romanum*, einer Sammlung von liturgischen Regeln der katholischen Kirche. Die Teufelsaustreibungen endeten schließlich mit dem Tod der völlig entkräfteten und auf 31 kg abgemagerten Frau, deren Selbstverletzungen, Schreie und unflätigen Beschimpfungen dem Einwirken von Dämonen, darunter solchen namens Nero und Hitler, zugeschrieben wurden. In einem späteren Gerichtsverfahren vor dem Aschaffenburger Landgericht im April 1978 wurden sowohl die Eltern wie zwei beteiligte Priester zu sechsmonatigen Haftstrafen auf Bewährung verurteilt.

Siechtum und Sterben der Frau Michel wurden in dem Film *Requiem* von Hans-Christian Schmid im Jahr 2006 dokumentiert, in abgewandelter Form bereits 2005 in dem amerikanischen Film *The Exorcism of Emily Rose* unter der Regie von Scott Derrickson.

Im Jahr 2005 verlief eine Teufelsaustreibung in einem orthodoxen Kloster im rumänischen Tanacu ebenfalls tödlich. Die 23-jährige Maricica Cornici, die allem Anschein nach an einer Psychose litt, wurde vom Klostervorsteher und vier Klosterschwestern geknebelt und an ein Holzkreuz gefesselt, um sie von ihrer Besessenheit zu heilen. Nach dreitägigem Verbleib am Kreuz ohne Flüssigkeit und Nahrung verstarb die junge Frau. Nach Auffassung der Akteure habe der Tod der Nonne in Kauf genommen werden müssen, um das wichtigere Ziel, nämlich die Befreiung vom Dämon, zu erreichen.

Der kirchliche Exorzismus beruft sich auf die im Evangelium beschriebenen Teufelsaustreibungen von Jesus Christus, der in Galiläa aus einem Besessenen scharenweise Dämonen verjagt habe (Mk 5, 1-20). Laut Kap. 3 Vers 15 des Markusevangeliums bevollmächtigte Jesus zwölf Vertraute u. a. ausdrücklich mit der Dämonenaustreibung. In dieser Tradition werden in der katholischen Kirche nach wie vor Exorzisten ausgebildet, allerdings wurde das im Jahr 1614 erstmals herausgegebene *Rituale Romanum* 1998/99 überarbeitet bzw. aktualisiert. Demnach ist neuerdings das Urteil unabhängiger Ärzte und Psychologen vor einer Teufelsaustreibung einzuholen.

Der Exorzist sucht mit Worten und Gesten den Teufel aus dem Menschen zu vertreiben. Hierbei wird ihm zunächst gedroht und versucht, seinen Namen zu erfragen, um Macht über ihn zu gewinnen. Danach werden wiederholt die Beschwörungsformeln zum Verlassen des Besessenen gesprochen und schließlich dem Teufel verboten, wieder zurückzukehren.

Der Film *Der Exorzist* des US-amerikanischen Regisseurs William Friedkin, der 1973 in die Kinos kam, fand eine derart große Resonanz, dass 1977 und 1990 zwei Fortsetzungen folgten. Als Vorlage diente der 1971 erschienene gleichnamige Roman von William Blatty, der sich wiederum auf einen dubiosen Fall von Exorzismus im Jahr 1949 bezog. Anfang März jenes Jahres waren bei dem 14-jährigen Roland Doe in Cottage City in der Nähe von Washington nach dem Tod seiner Tante Tilly Verhaltensauffälligkeiten festgestellt worden. Mit Tilly hatte er spiritistische Experimente durchgeführt und nach ihrem Ableben suchte er weiterhin den jenseitigen Kontakt zu ihr. Nach dem erfolglosen Versuch einer psychiatrischen Krankenhausbehandlung wandte sich der Pfarrer der Heimatgemeinde an einen Jesuitenpater, der den Jungen mit einem Assistenten untersuchte und Anzeichen einer Besessenheit festzustellen glaubte. Nach Erlaubnis durch den vorgesetzten Erzbischof wurden von März bis April 1949 mehrere exorzistische Handlungen nach dem erwähnten römisch-katholischen Ritual durchgeführt; bei der letzten Sitzung soll der Teufel ausgefahren sein, während Doe vor sich den Erzengel Michael mit einem Flammenschwert erblickte.

In den Nomenklaturen der psychiatrischen Diagnostik wären obige Kasuistiken als dissoziative Bewusstseinsstörungen einzuordnen. Dieserart psychische Ausnahmezustände von tranceartiger Natur, gelegentlich mit Hilfe von Rauschdrogen induziert, haben in Lateinamerika, Asien und Afrika eine gewisse Tradition, z. B. in Form der ostafrikanischen Zar-Krankheit, im haitischen Voodoo-Kult oder im sibirischen Schamanismus. Die vermeintliche Anhexung von körperlichen oder seelischen Gebrechen durch den »bösen Blick« (Mal de ojo) gehört in einigen Mittelmeerländern ebenfalls zum Repertoire animistisch-paramedizinischer Besessenheitskonzepte einschließlich exorzistischer Behandlungspraktiken zur Austreibung unreiner, böser Geister.

Die – nicht selten psychotherapeutisch implantierte – Autosuggestion, von fremden Mächten besessen zu sein, einhergehend mit dem Erleben, in mehreren verschiedenen Personen zu denken, zu sprechen und zu handeln, wurde eine Zeit lang dem komplexen Syndrom der »multiplen Persönlichkeit« zugeordnet, einer Subkategorie der dissoziativen Identitätsstörung. Sofern keine Schizophrenie vorliegt, werden diese Auffälligkeiten in der klinischen Psychiatrie allgemein als ein Komplex dissoziativ-hysterischer bzw. histrionischer Symptome aufgefasst. Die Betroffenen bieten mit enormer Ausdrucksfähigkeit und unter fluktuierender Bewusstseinsnähe meist beeindruckend groteske Rollenwechsel ihrer Person.

Der Berliner Psychiater und Philosoph Karl Wilhelm Ideler (1795 –1860) zitierte hierzu in seiner Studie über den religiösen Wahnsinn im Jahr 1848 als Beispiel für eine Ich-Verdoppelung einen Pater namens Surin, der später an Schizophrenie erkrankte:

»Die Sache ist soweit gediehen, daß ... der Teufel den Körper der Besessenen verlässt, und in den meinigen hineinfahrend, mich zu Boden wirft, und mich mehrere Stunden wie einen Energumenen unter den heftigsten Bewegungen bearbeitet. Ich kann nicht beschreiben, was alsdann in mir vorgeht, und wie dieser Geist sich mit dem meinigen vereinigt ... als ob ich zwei Seelen hätte, von denen die eine ... gleichsam in einen Winkel zurückgedrängt ist, während die eingedrungene ungehindert waltet. Beide Geister kämpfen auf demselben Gebiet des Körpers, und die Seele ist wie geteilt... Das Geschrei aus meinem Munde kommt gleichmäßig von beiden Seiten, und nur mit Mühe kann ich unterscheiden, ob dabei Lust oder rasende Wut obwaltet.«

Besessenheit und Hexenwesen werden auch im 21. Jahrhundert für real gehalten. In Asien, Südafrika, Süd- und Mittelamerika werden alljährlich Hunderte von Frauen wegen Hexerei angeklagt und oftmals auch umgebracht. Auf der – weitgehend katholischen – Inselrepublik Timor-Leste im indonesischen Archipel wie auch auf Papua-Neuguinea wurden beispielsweise 2007 mehrere Frauen, die im Verdacht standen, als Hexen Krankheiten wie Aids hervorgerufen zu haben, ermordet. Im Juni des Jahres befassten sich über 50 Experten aus aller Welt auf einem dreitägigen Kongress im norwegischen Vardö mit dem weltweiten Phänomen des modernen Hexenkultes. Die Stadt war ehemals selbst ein Zentrum der Hexenverfolgungen.

Etwa ab der zweiten Hälfte des 20. Jahrhunderts ist überhaupt im Zusammenhang mit der Hinwendung zu Esoterik, Parapsychologie und Feminismus ein wachsendes Interesse an magischen Praktiken und »Hexenweisheiten« als Form von Lebenshilfe und Sinnfindung zu beobachten, angeboten in allerlei Gesundheitsexerzitien, Selbsterfahrungsgruppen und Psychoseminaren.

3 Facetten des Bösen

Hass und religiöser Fanatismus

Woher stammt dieses typisch anthropologische Phänomen Hass, das schon in der antiken Philosophie als weltbewegendes Prinzip mit geradezu kosmischen Attributen bedacht wurde? Individueller Hass entsteht aus Minderwertigkeitsgefühl, Frustration, Enttäuschung, Zurückweisung, Neid, Missgunst und Eifersucht – sämtlich aus dem Besitztrieb abzuleitende Kollateralschäden der Zivilisation. Auch glühende Liebe kann bei Versagung in kalten Hass umschlagen, herzliche Zuneigung in tiefe Ablehnung. Kollektiver Hass wird gezielt durch Desinformation, Indoktrination und psychische Manipulation erzeugt, um beispielsweise die Massen auf rassistische Pogrome oder imperialistische Eroberungskriege einzustimmen. Je größer rhetorisches Geschick und Menschenkenntnis des demagogischen Anführers, desto effektiver die Fanatisierung zu einer Hassakkumulation, deren Sog sich vielleicht am Ende nur noch einige wenige, ich-starke und standfeste Personen entziehen können.

Diese ungenannten und schnell vergessenen Menschen sind die eigentlichen Helden im Kampf gegen das Böse, obgleich sie sich selbst vermutlich gar nicht als Fackelträger des Anstands und der Moral sehen. Sie widerstehen einfach aus tiefster innerer Überzeugung den moralischen Deformierungsversuchen, und sie lassen sich nicht aus Opportunismus oder durch Repression verbiegen, weil sie im Einklang mit ihrem Gewissen und Gerechtigkeitsempfinden leben wollen.

Es ist zu erwarten, dass unsere Zivilisation sich in ständig beschleunigendem Tempo weiterentwickeln wird. Die Tragfähigkeit eines moralischen Systems, das für Gerechtigkeit, Ausgleich und Menschenwürde steht, müsste hiermit Schritt halten. Die ohnehin schon unübersehbare Diskrepanz zwischen dem, was der Mensch aus natürlicher Neigung für die Allgemeinheit zu tun bereit ist, und dem, was für den Zusammenhalt der Kommunität notwendig ist, würde ansonsten unüberbrückbar werden. Wer schon aus natürlicher Neigung und nachhaltiger Prägung sozial handelt, beansprucht unter gewöhnlichen Umständen den Kompensationsmechanismus seiner Verantwortlichkeit nur wenig und verfügt in Zeiten hoher moralischer Anforderungen über größere altruistische Reserven. Wer sich hingegen schon unter den Bedingungen eines durchschnittlichen Alltagslebens zu moralischem Verhalten zwingen muss, versagt wahrscheinlich eher bei höherer sozialer Inanspruchnahme.

Die Weltreligionen, erste und letzte Instanzen in Sachen Ethik und Moral, brachten – abgesehen vom Buddhismus – keinen gütigen, friedfertigen und sanftmütigen Menschen hervor. Sie stellten zwar hohe sittliche Hürden zu einem seligmachenden Leben auf, die aber weder von ihren Vertretern selbst noch von ihren Anhängern bewältigt wurden. Schon die Etablierung der Offenbarungsreligionen wurde von Gewalt und Kampf begleitet, sei es zur Unterwerfung der Ungläubigen und Eroberung des »Gelobten Lands«, sei es als Strafe für Auflehnung und Ungehorsam gegen Gott. Im Alten Testament ist von häufigen Gewaltakten die Rede. Im alttestamentarischen *Buch der Richter* heißt es, dass der israelische Stamm Ephraim die verwandten Benjaminiter aus Rache für einen Totschlag und eine Vergewaltigung nahezu ausrottete. Die Religionskriege haben eine blutige Spur durch die Geschichte gezogen.

Sigmund Freud vertrat die Ansicht, dass die Wurzeln der Gewalt in einem Vater-Sohn-Konflikt der Urhorde lägen: Söhne und Brüder hätten sich gegen den tyrannischen Patriarchen aufgelehnt und ihn gemeinsam totgeschlagen. Aus Reue und Schuldgefühl hätten sie ihn später als Totemtier verehrt; so hätten sich Kultur und Religion konstituiert.

Mit Gewalt – in einer Abfolge von Strafaktionen und Vertreibungen im Namen Gottes – setzte Moses den jüdischen Monotheismus durch. Er verfolgte radikal alle, die sich nicht zum neuen Glauben bekannten. Bereits der Auszug aus Ägypten war durch Terroranschläge erzwungen worden. Als die Israeliten während Moses' Aufenthalt auf dem Berg Sinai ungeduldig wurden und einer aus Gold gefertigten Kalbfigur huldigten, befahl Gott eine brutale Strafaktion: Vom Sinai zurückgekehrt, zerstörte Moses das Götzenbild und die Gesetzestafeln. Anschließend erschlugen laut Überlieferung die Leviten, seine getreuen Anhängern, auf Geheiß Gottes 3000 Menschen: »Ein jeder gürte sein Schwert um die Lenden und gehe durch das Lager von einem Tor zum andern und erschlage seinen Bruder, Freund und Nächsten«, steht im 2. Buch Mose geschrieben. Danach begab Moses sich wieder auf den Sinai, um von Gott Vergebung zu erbitten und neue Vorschriften und Gebote entgegenzunehmen.

Der keineswegs gütige, sondern unerbittlich strenge Gott stellte sein auserwähltes Volk immer wieder auf eine harte Probe. Er forderte unbedingte Gefolgschaft und blutige Opfer, so verlangte er von Abraham gar die Tötung seines erstgeborenen Sohnes Isaak.

Nachdem das frühe Christentum die Verfolgungen durch die römischen

Imperatoren überstanden hatte, wurde es selbst zum gewalttätigen Missionsapparat. Schon im Jahr 843 ließ Kaiserin Theodora II. (810–867) in Byzanz rund 100 000 Paulikianer hinrichten, Anhänger einer gnostischen, an Paulus orientierten Abspaltung der byzantinischen Kirche. Kaiser Karl der Große (747–814), vom Kölner Erzbischof 1165 heilig gesprochen, forcierte die gewaltsame Christianisierung der aufsässigen Sachsen mit der Hinrichtung von angeblich 4500 Kriegern und Anführern in Verden an der Aller im Jahr 782, die ihm den Namen »Sachsenschlächter« eintrug.

Mit brutaler Gewalt wurden später die Heiden in der alten und neuen Welt zum christlichen Glauben bekehrt, gemäß dem Matthäusevangelium: »Ich bin nicht gekommen, um Frieden zu bringen, sondern das Schwert.« Von den sieben Kreuzzügen zur Befreiung des Heiligen Landes von den Ungläubigen endete der erste, zu dem Papst Urban II. (1035–1099) auf dem Konzil von Clermont 1095 aufgerufen hatte, mit einem fürchterlichen Blutbad: Töten aus Eifer für die Mutter Kirche sei kein Mord, sondern Christenpflicht. Nach der Eroberung Jerusalems am 15. Juli 1099 wurde praktisch jeder Einwohner Jerusalems umgebracht, Moslems ebenso wie Juden und verbliebene Christen. Zeitgenössischer Beschreibung des 1. Kreuzuges zufolge – so in den anonymen *Gesta Francorum* – wateten die Kreuzritter »durch Gottes gerechtes Urteil bis zu den Knöcheln im Blut«. Bereits auf dem Weg dorthin wurden im Namen Gottes in Frankreich, an Rhein und Donau Tausende von Juden erschlagen.

Zum 4. und 5. Kreuzzug gegen die Sarazenen 1198 und 1215 rief der mit 37 Jahren zum Papst gewählte Innozenz III. (1161–1216) auf, der sich zudem als unerbittlicher Ketzerverfolger erwies. Ausrottung der Katharer und Albigenser, Judenpogrome und Terror der Inquisition forderten Zehntausende von Opfern, ein Vielfaches mehr die späteren Religionskriege. Von Blut getränkt waren auch die Missionierungszüge der spanischen Konquistadoren Mittel- und Südamerikas im 15. und 16. Jahrhundert.

Nicht weniger gewaltsam wurde in zwei Eroberungswellen die islamische Religion verbreitet, die zu Beginn des 8. Jahrhunderts in Spanien, im 10. Jahrhundert in Zentralasien und im 11. Jahrhundert in Indien Fuß fasste. Schon der erste Feldzug 627/628 endete mit einem Massaker an den in Medina ansässigen Juden. Auf Befehl des islamischen Anführers Saad Ibn Maath wurden Hunderte von Gefangenen gruppenweise hingerichtet. Im Jahr 1226 befahl Schah Djalal od-Din Rumi (1207–1273), ein persisch-sufistischer Dichter und Theologe, die Enthauptung von 100 000 Georgiern in Tiflis, weil sie sich beharrlich weigerten, ihre Ikonen zu schänden. Im 16. Jahrhundert trug das militante Osmanische Reich den Islam über den Balkan und Ungarn hinaus, im Jahr 1683 in blutigen Kämpfen bis vor die Tore Wiens.

Seit der iranischen Revolution 1979 ist der fundamentalistische, antiwestlich eingestellte Islamismus für zahlreiche Versuche einer gewaltsamen Islamisierung im Nahen Osten, Nord- und Ostafrika sowie Indonesien verantwortlich, die mit terroristischen Anschlägen, Menschenraub und Erpressung erzwungen werden soll:»Und erschlagt sie (die Ungläubigen), wo immer ihr auf sie stoßt, und vertreibt sie … Wir werden Schrecken tragen in die Herzen derer, die nicht geglaubt haben«, heißt es in der zweiten und dritten Sure des Koran.

Während aggressives Verhalten einer Einzelperson gesellschaftlich geächtet ist und diese für ihr antisoziales Verhalten verantwortlich gemacht wird, bleiben die kollektiven Gewalttätigkeiten im Krieg meist ungesühnt. Abgesehen vom Verteidigungskrieg, verkörpern alle Kriege eine maximierte Kumulation von vorsätzlicher, geplanter Gewalt und Zerstörung. Die evolutionäre Tradition gemeinschaftlicher Gewalt wurzelt in den Überfällen der Primaten auf die benachbarte Horde, um vielleicht Nahrung zu erbeuten oder sich anderweitig Vorteile zu verschaffen. Aus dem Kampf um das lebensnotwendige Jagdrevier wurden Raubzüge. Als die Hominiden durch Bewaffnung, Bekleidung und soziale Organisation ihr Überleben gesichert hatten, d. h. die von außen drohenden Gefahren zu verhungern, zu erfrieren und gefressen zu werden an Schrecken verloren hatten, richteten sich die mentalen und motorischen Aggressionsenergien auf andere Ziele. Neugier, Abenteuerlust und Besitzstreben mögen zusätzliche äußere Anreize für Streitereien mit benachbarten Sippen gewesen sein – erste Anfänge kriegerischer Auseinandersetzungen: bei denen Eigenschaften wie Waghalsigkeit, Einfallsreichtum und körperliche Kraft zu besonderem Ansehen verhalfen und zur Führerschaft prädestinierten. Die Krieger bildeten bald eine eigene, angesehene Kaste, deren mutige Taten schon in den frühen Hochkulturen gerühmt wurden.

Die Stammesgesellschaften der Frühzeit setzten ihre Werkzeuge – Steinbeil und Holzspeer, später das Feuer – auch als zerstörerische Hilfsmittel ein, um die Effizienz ihrer Gewalttaten zu steigern. Aus den mehr oder weniger spontanen Attacken wurden organisierte und geplante Überfälle bzw. Rachefeldzüge aufgrund von Stammesfehden. Schließlich dienten und dienen bis auf den heutigen Tag Angriffs- und Eroberungskriege dem Ziel, ganze Nachbarvölker zu berauben, zu vertreiben, zu unterwerfen oder gar auszurotten. Macht und Reichtum der Staaten beruhen auf der Schlagkraft und Größe soldatischer Truppen. Sie wurden und werden vom Herrscher eingesetzt, das Reich zu vergrößern, indem kleinere, benachbarte Völker unterjocht und eingegliedert wurden. Bisweilen wurden im günstigeren Fall – wie im Römischen Imperium – durch den Zwang einer geregelten Ordnung oft langjährige Phasen des Friedens erreicht, häufiger jedoch mussten Aufstände blutig unterdrückt werden.

Krieg, Völkermord, Holocaust

Kriege werden aus machtpolitischen, national-imperialistischen und/oder wirtschaftlichen Gründen geführt, bisweilen auch zur Ablenkung von innenpolitischen Problemen oder aus religiösem Fanatismus. Außer Verteidigungshandlungen lassen sich alle kriegerischen Aggressionen auf folgende hauptsächliche Motive zurückführen: Habgier, Machtstreben und ideologische Verblendung. Voraussetzungen für einen erfolgversprechenden Feldzug sind ein Ziel (Feindbild), eine Begründung (Ideologie) und Ressourcen an Menschen und Material (Stärke). Um die Bevölkerung auf einen Krieg einzustimmen, bedarf es zunächst der griffigen Konstruktion eines Feindbildes, in dem durch gezielte Propaganda und Irreführung der Gegner als bösartig, aggressiv und bedrohlich dargestellt wird. Offen bleibt dabei, ob die Aufwiegler, Anstifter und Befehlshaber selbst an diese Schimären glauben oder in kühler Berechnung ihre Untergebenen skrupellos instrumentalisieren, um den Angriff als scheinbar notwendige Maßnahme zu legitimieren.

Vom heroisierten und verherrlichten, ja als höchsten Ausdruck von Mut, Tapferkeit und Heldentum gefeierten Krieg profitierten stets nur wenige; den allermeisten brachte er unsägliches Leid und Elend. Er hat – nicht zuletzt durch die grauenhaften, barbarischen Begleiterscheinungen und Folgen der beiden letzten Weltkriege – an Glorie und Faszination verloren und wurde geradezu zum Sinnbild des Bösen. Aus dem urtümlichen Kampf Mann gegen Mann, einer Mutprobe, die nicht unbedingt tödlich enden musste, wurden dank ausgeklügelter Waffen- und Kommunikationstechnologie computergestützte, anonyme Massentötungen.

Laut Kriegsrecht, dem paradoxen Versuch einer Art Humanisierung kriegerischer Auseinandersetzungen, wird zwischen dem Töten von Soldaten und dem von Zivilisten unterschieden; Letzteres gilt als Kriegsverbrechen, in größerem Umfang als Völkermord, wenn die Auslöschung einer ethnischen Gruppe beabsichtigt ist. Solche Massenmorde kommen im Krieg immer wieder vor. Die letzten Massaker dieser Art mit den Merkmalen eines Völkermords ereigneten sich im Bosnienkrieg, als aufgehetzte, rachsüchtige und hasserfüllte serbische Truppen 1995 in Srebrenica die muslimische Bevölkerung niedermachten. Rund 8000 Personen, überwiegend Jungen und Männer, wurden – teils bestialisch – ermordet und in Massengräbern verscharrt.

Während die Frauen die Stadt verlassen mussten, wurden die Männer zusammengezogen und von Armeeangehörigen, Paramilitärs und Polizisten erschossen, teilweise auch enthauptet. Die Verbrechen erfolgten nicht spontan, sondern waren von vornherein geplant und wurden systematisch durchgeführt. Neben den Massenerschießungen waren Folterungen, Misshandlungen, Vergewaltigungen, Deportationen, Vertreibungen, Zerstörung und Entwürdigung nicht nur von oben geduldete und von der serbisch-orthodoxen Kirche abgesegnete, sondern auch von den serbisch-nationalistischen Machthabern beabsichtigte Mittel einer ethnischen Säuberung.

In seinem Buch *Kain* lässt der Psychiater und Anthropologe Dieter Wyss ein Opfer, eine 42-jährige Lehrerin, wie folgt zu Wort kommen:

»Nachdem in unserem Dorf alle Männer erschossen oder abtransportiert waren, hatten die Serben uns 20 Frauen mit Peitschen- und Kolbenschlägen in einer Scheune zusammengetrieben ... Der Anführer der Soldaten schrie, daß wir uns völlig entkleiden sollten ... Frau K., unsere Krankenschwester, trat vor und sagte dem Anführer ihre Meinung. Darauf packten sie mehrere Soldaten, schlugen ihr ins Gesicht und überallhin, rissen ihr die Kleider vom Leibe und machten Anstalten, sie zu vergewaltigen. Frau K. schrie gellend auf. Da trat der Offizier an sie heran und schoss ihr mit einer Pistole mehrfach in das Gesicht und den Kopf ... Wir waren vor Angst gelähmt und ließen alles mit uns machen. Mich haben fünf oder sechs Serben hintereinander vergewaltigt, während je zwei mich an den Beinen und Armen festhielten. Nach ein oder zwei Stunden war alles vorbei, wir wurden an den Händen gefesselt, jeweils zwei Frauen zusammen an den Beinen, und auf einen Lkw geschmissen ... Es sind Tausende von unseren Frauen hier angesammelt, kleine Mädchen von 10 oder 12 Jahren bis zu älteren Frauen von über 50. Täglich kommen Transporte von Hunderten von Serben an, die sich hier ihre Beute heraussuchen können. Jeden Tag werden Frauen erschossen, die sich gewehrt haben. Alle Frauen werden zusammengerufen, und wir müssen zusehen, wie eine Frau erst blutig geschlagen und dann erschossen wird. Schwangere Frauen werden meist ab dem 4. oder 5. Monat erschossen.«

Verantwortlich hierfür war in erster Linie der Oberbefehlshaber der serbischen Truppen, der 52-jährige Ratko Mladić, seit 1991 Oberkommandierender der Armee der serbischen Republik. Im Juli 1995 wurde gegen ihn vor dem Internationalen Strafgerichtshof in Den Haag Anklage wegen Kriegsverbrechen erhoben; seitdem hält er sich ebenso versteckt wie Radovan Karadžić, der damals fünfzigjährige Präsident der serbischen Republik bis 1996. Karadžić, von Beruf Psychiater und Literat, ist ebenfalls seit 1995 in Den Haag angeklagt. Seit 1996 liegt ein internationaler Haftbefehl gegen ihn vor. Beide werden vermutlich von Anhängern abgeschirmt.

Weitgehend in Vergessenheit geraten ist die Ausrottung der mittelamerikanischen Azteken und Mayas und der Inkas in Südamerika durch die spanischen Konquistadoren im 16. und 17. Jahrhundert. Der spanischen Kolonisation fielen durch Eroberungskriege, brutale Versklavung und eingeschleppte Krankheiten, insbesondere Masern- und Pockenepidemien mindestens 50 Millionen Indios zum Opfer.

Kuba wurde 1511/12 von Diego Velásquez de Cuéllar erobert, der sich dort als Gouverneur niederließ. In Mexiko wütete Hernán Cortes, wo er 1521 die Hauptstadt der Azteken Tenochtitlán nach erbittertem Widerstand einnehmen konnte. Nach Niederschlagung eines Aufstandes ließ er 60 Häuptlinge vor den Augen ihrer Söhne verbrennen, um jeden Widerstand im Keim zu ersticken.

Das Reich der Inkas im heutigen Peru zerstörte Francisco Pizarro ab 1532 systematisch. Zunächst wurde deren Herrscher Atahualpa gefangengenommen, um ein Lösegeld zu erpressen. Nachdem aus dem ganzen Land tonnenweise Gold herangeschafft und zum Abtransport zusammengeschmolzen worden war, wurde Atahualpa unter einem Vorwand zum Feuertod verurteilt, jedoch nach Übertritt zum Christentum 1533 zu

Erwürgen begnadigt. Sein Nachfolger Manco Capac II. zog sich mit dem Rest der Bevölkerung in den Regenwald zurück. Sein Sohn, der letzte Inkakönig Túpac Amarú wurde 1572 schließlich von den Spaniern aufgespürt und in Cuzco enthauptet.

Hauptsächlicher Grund für die brutale Behandlung und die gründliche Ausrottung der Indios waren die unermessliche Goldgier, aber auch purer Sadismus der Konquistadoren, die das Letzte an Besitz und Arbeitsleistung aus der Bevölkerung herauspressten. Bartholomé de Las Casas (1474–1566), der als Priester in Mittel- und Südamerika tätig war und sich wiederholt beim spanischen König für die Rechte der Indios einsetzte, dokumentierte in seiner *Historia de las Indias* und anderen Schriften Vorfälle von unglaublicher Grausamkeit. So überprüften die Spanier die Schärfe ihrer Schwerter an den Leibern der Bevölkerung, indem sie ahnungslose Dorfbewohner niederstachen oder ihnen die Bäuche aufschlitzten. Sie warfen – nach vorheriger Taufe – Indiokinder ihren Hunden zum Fraß vor oder ließen sie lebendig begraben, manche verbrannten sie oder schnitten ihnen Stück für Stück die Gliedmaßen ab. Viele Indianer starben unter den unmenschlichen Arbeitsbedingungen in den Gold- und Silberminen, andere verhungerten und verdursteten auf den Schiffen, die sie zum spanischen Mutterland in die Sklaverei bringen sollten.

Christlicher Glaube ist keine Garantie für gutes Handeln: In der Nacht zum 24. August 1572, der »Bartholomäusnacht«, wurden vermutlich auf Geheiß der katholischen Regentin Maria von Medici in Paris rund 12 000 Menschen, überwiegend Hugenotten, niedergemetzelt, während der folgenden Wochen weitere Tausende in ganz Frankreich. Hintergrund waren machtpolitische Differenzen zwischen den beiden Religionsgemeinschaften, die weitere kriegerische Auseinandersetzungen zur Folge hatten.

Ein besonders düsteres Kapitel in den Annalen des Bösen ist der Völkermord an den Armeniern zu Anfang des 20. Jahrhunderts – von offizieller türkischer Seite bis heute als notwendige, nationale Kriegsmaßnahme verteidigt. Von den damals hauptsächlich in Ostanatolien sowie in den Städten Erzurum, Diyarkaban, Izmir und Istanbul lebenden Armeniern, die nach Autonomie strebten, wurden während der Pogrome 1894–1896 etwa 50 000 umgebracht, 1909 weitere 20 000 bis 30 000. Hunderttausende kamen bei den Todesmärschen zwischen 1915 und 1917 um. Weitere Opfer gab es während des türkischen Befreiungskrieges von 1919 bis 1921. Insgesamt verloren rund 1,5 Millionen Armenier ihr Leben.

Der österreichische Schriftsteller Franz Werfel (1890–1945) hat in seinem Roman *Die vierzig Tage des Musa Dagh*, erschienen im Jahr 1933, den Leiden der Armenier ein literarisches Denkmal gesetzt. Anhand von Augenzeugenberichten wird in dem dreibändigen Werk die Belagerung von rund 5000 Armeniern beschrieben, Bewohner aus den umliegenden Dörfern, die sich 1915 auf den Musa Dagh (»Mosesberg«) zurückgezogen hatten. Der Roman schildert ihren Existenzkampf unter der Führung von Gabriel Bagradian, einem ehemaligen Offizier der türkischen Armee, der sich für sein Volk entscheidet und den Widerstand derjenigen organisiert, die sich der Vertreibung und Deportation widersetzen.

Von 1933 bis 1945 wurden im Machtbereich der Nazi-Diktatur rund 6 Millionen Juden planmäßig ermordet. Dieser bisher größte Genozid der Geschichte, eingeleitet durch Erschießungskommandos an der Ostfront und perfektioniert in den Vergasungskammern der Vernichtungslager, entsprang dem wahnwitzigen Plan einer definitiven Auslöschung der jüdischen Bevölkerung. Die Massenexekutionen von 33 771 Juden in der Schlucht von Babi-Yar in der Ukraine am 29. und 30. September 1941 durch sog. Einsatztruppen kennzeichnete bereits die feste Absicht, gegen die Juden äußerst brutal vorzugehen: Sie mussten sich auf einem Feld versammeln und dort ausziehen. Danach wurden sie in eine Schlucht geführt, wo sie reihenweise von Angehörigen der Schutzpolizei erschossen und Schicht um Schicht aufeinandergestapelt wurden. Ein Augenzeuge berichtete:

»Sowie ein Jude dalag, kam ein Schütze von der Schutzpolizei mit der Maschinenpistole und erschoß ihn durch Genickschuß. Die Juden, die in die Schlucht kamen, waren von dem Anblick dieses grausigen Bildes so erschrocken, daß sie vollkommen willenlos waren ... Sowie ein Jude durch einen Schuß tot war, ging der Schütze auf den Leibern der anderen, inzwischen hingerichteten, zum nächsten und erschoß diesen. So ging das am laufenden Band, ohne Unterschied zwischen Männern, Frauen und Kindern. Die Kinder wurden bei ihren Müttern gelassen und mit ihnen erschossen ... Wenn die Opfer durch die Wege zur Schlucht kamen und im letzten Augenblick das grauenvolle Bild sahen, stießen sie Entsetzensschreie aus. Aber im nächsten Augenblick wurden sie schon von den ›Packern‹ umgerissen und zu den anderen gelegt.«[2]

Außer den Juden wurden auch die Volksgemeinschaften der Sinti und Roma deportiert und in den Konzentrations- und Vernichtungslagern ermordet, ebenso andere Gruppen, deren Leben in den Augen der Nazis nichts galt: Kommunisten, Marxisten, Zeugen Jehovas, Homosexuelle, Gewerkschafter, Priester, Oppositionelle, asoziale Elemente, russische »Untermenschen«.

Neben den alltäglichen Erschießungen wurden ab August 1941 im Sanitätsblock von Auschwitz I, dem Herzen der trostlosen Finsternis, täglich einige Dutzend Häftlinge durch Injektionen von Phenol direkt ins Herz umgebracht. Wenig später begannen die Vergasungen von zunächst 600 sowjetischen Soldaten und 300 kranken Häftlingen mit Zyklon B im Keller des Block 11. Diese Tötungsmethode erwies sich als besonders effizient, sodass nun mehrere Gaskammern in Auschwitz II (Birkenau) in zwei Bauernhäusern eingerichtet wurden. Im Februar 1942 wurden hier als Erste Juden aus Beuthen vergast. Lagerkommandant Rudolf Höß gab beim Nürnberger Prozess 1946 an, dass die Vergasungen auf ihn beruhigend gewirkt hätten, da ihn vor den Erschießungen immer gegraut habe.

Fortan kümmerte sich Höß mit Nachdruck um eine Ökonomisierung der Tötung und Leichenverbrennung, sodass ab dem Herbst 1941 pro Stunde 18 Leichen beseitigt werden konnten. Trotzdem war die Leistungsgrenze der beiden ersten Krematorien bald erschöpft, sodass die Toten auf Scheiterhaufen verbrannt wurden. Schließlich wurden bis 1943 vier weitere, größere Krematorien gebaut, die insgesamt auf eine Kapazität von täglich 4800 Verbrennungen ausgelegt waren, jedoch weitaus höher in Anspruch genommen wurden. Wegen der unentwegt eintreffenden Transporte aus dem gesamten Reich, die größtenteils direkt zur sofortigen Vernichtung in den Gaskammern bestimmt waren, wurden die Toten daher ab 1942 wieder in Massengräbern verscharrt oder auf offenem Gelände verbrannt. Von Ende 1943 bis November 1944 konnten täglich rund 4800 Menschen vergast und kremiert werden, nach besonders großen Transporten bis zu 20 000. Allein im Komplex Auschwitz ist über eine Million Menschen ermordet worden.

Die Opfer, denen vorgespiegelt wurde, eine warme Dusche, danach Verpflegung zu erhalten, mussten sich innerhalb 5 bis 10 Minuten ausziehen und wurden dann nackt in die Gaskammer getrieben, einen weiß gestrichenen Raum mit Wasserleitungen und Duschkopfattrappen an der

Decke. Frauen wurden 15 Minuten zum Entkleiden zugestanden, da ihnen auch die Haare abgeschnitten wurden. Nachdem die Tür verriegelt worden war, warfen die »Desinfekoren« – so Höß – die blau-grünen Zyklonkristalle in die Kammer und beobachteten durch ein kleines Sichtfenster den schrecklichen Todeskampf der Opfer. Nach etwa 20 Minuten wurden die Türen geöffnet, die Leichen aus der Kammer gezerrt und zur Verbrennung transportiert, nachdem ihre Goldzähne herausgebrochen worden waren. Bisweilen wurden bis 400 Menschen in die kleine Kammer gepfercht, sodass die Tür nur mit Mühe geschlossen werden konnte.

Mit Zyklon B fabrikmäßig in großem Umfang gemordet wurde – außer in Auschwitz – in den Lagern Majdanek, Sachsenhausen, Ravensbrück, Stutthof, Mauthausen und Neuengamme. Kohlenmonoxid wurde in Chelmno (Kulmhof), Belzec, Sobibor und Treblinka bevorzugt.

Vorangegangen war mit der Machtübernahme Hitlers im Jahre 1933 die schrittweise Entrechtung, Diffamierung und Entwürdigung der Juden. Eine vorläufige Eskalation stellten die Novemberpogrome von 1938 dar, insbesondere die »Reichskristallnacht« vom 9. auf den 10. November. Die vom Nazi-Regime verdeckt organisierte und gelenkte Zerstörung jüdischen Eigentums ging mit der Ermordung von mindestens 400 sowie der Inhaftierung von 30 000 Juden einher. Viele Synagogen wurden niedergebrannt, als erste die in Bad Hersfeld.

Zum Anlass nahm man ein Attentat auf ein Mitglied der deutschen Botschaft namens Rath in Paris, welches den *Völkischen Beobachter* und andere Zeitungen zu exzessiven Hetzkampagnen animierte: Es sei ein unmöglicher Zustand, dass in Deutschland Hunderttausende von Juden ganze Ladenstraßen beherrschten und ausländische Hausbesitzer das Geld deutscher Mieter einsteckten, während ihre Rassegenossen draußen zum Krieg gegen Deutschland aufwiegelten und das internationale Judentum einen Krieg gegen Deutschland maßgeblich unterstütze.

Judenpogrome entstanden zumeist im christlichen Milieu. Grund hierfür war der tief sitzende, immer wieder hervorgeholte Vorwurf der Schuld am Kreuzestod Jesu Christi. Es sei das Ziel jüdischer Kollaborateure mit der römischen Besatzung in Palästina gewesen, Jesus, den absonderlichen, potenziell gefährlichen Aufwiegler, Unruhestifter und Häretiker zu beseitigen. Widersprüchlich blieb, dass sie ja sozusagen in Gottes Auftrag handelten, indem sie dessen weitsichtigen Heilsplan, nämlich seinen Sohn als Erlöser der sündigen Menschheit zu opfern, realisierten.

Die These vom jüdischen Gottesmord wurde im 3. Jahrhundert gängige Lehrmeinung. Der Kirchenlehrer Bischof Gregor von Nyssa (335–394) bezeichnete die Juden beispielsweise als Mörder und Hasser Gottes, Denunzianten, Verleumder, Heuchler und Gesetzesbrecher, Prophetentöter und Feinde der Gnade, Advokaten des Teufels, Feinde des Menschengeschlechts, Schlangenbrut und Synagoge Satans.

Der Antisemitismus blieb in der Geschichte aller christlichen Konfessionen virulent. Auch Martin Luther war voller Vorurteile und äußerte sich wiederholt gehässig über die Juden, die – ähnlich den der Hexerei Beschuldigten – kollektiv für Krankheit und Seuchen, Unglücke und Unheil verantwortlich gemacht wurden. Sie wurden der Gotteslästerung, des Hostienmissbrauchs und des Ritualmordes an Kindern bezichtigt, anlässlich der großen Pestwelle ab 1347 auch der Quellen- und Brunnenvergiftung. Bereits 1179 wurden auf Betreiben von Papst Innozenz III., dem bedeutendsten Papst des Mittelalters, Ghettos eingerichtet.

Legenden über rituellen Kannibalismus und Hostienschändungen durch die Juden ziehen sich wie ein roter Faden durch das gesamte Mittelalter bis in das 19. Jahrhundert, insbesondere die von der angeblichen Verwendung von Menschenblut als Beimischung zu Speisen und Getränken. Wahrnehmungen von blutenden Hostien gaben immer wieder Anlass zu der Behauptung, Juden hätten die in das Fleisch Christi verwandelten Brote zerschnitten. Solche Behauptungen waren beispielsweise Anlass für den Pogrom gegen 36 märkische Juden, die im Jahr 1510 gefoltert und verbrannt wurden.

Zu schwersten Ausschreitungen kam es während der Zeit des 1. Kreuzzugs 1096/97. Obgleich die Bischöfe von Mainz und Köln die Juden zu schützen suchten, wurden entlang der Kreuzfahrerroute unter der Führung des Grafen von Leiningen 12 000 im Rheinland, in Prag alle dort lebenden Juden umgebracht. Im 13. und 14. Jahrhundert wurden Hunderte von jüdischen Gemeinden in Thüringen, Bayern und Österreich, in der Eifel und im Rheinland, dann auch im übrigen Europa ausgelöscht und Hunderttausende von Juden massakriert. Vor allem nach dem erneuten Auftreten der Pest 1348, die den Juden angelastet wurde, kam in Europa etwa eine Million Juden zu Tode. 1349 wurden allein in Straßburg 2000 Juden verbrannt, 1391 in Spanien weitere 20 000. Durch die spanische Inquisition wurden fünfzig Jahre später nochmals 30 000 Juden ermordet.

Vom 17. bis zum 19. Jahrhundert gab es immer wieder grausame, antijüdische Massaker größten Ausmaßes in Russland, in der Ukraine und in Polen. Im bolschewistischen Russland wurden allein von 1917 bis 1921 130 000 Juden ermordet, während des Stalinismus gab es weitere Vernichtungswellen. 1941 wurden im polnischen Jedwabne von der Bevölkerung fast 300 jüdische Bewohner in einer Scheune eingesperrt und verbrannt. Vom Holocaust der Nazis – bisheriger Kulminationspunkt des eineinhalbtausendjährigen Antisemitismus – wird an anderer Stelle die Rede sein.

Von der damaligen Regierung in Ruanda, die ausschließlich aus Hutu bestand, wurde der Völkermord an Angehörigen der Tutsi-Volksgruppe im Jahr 1994 planmäßig vorbereitet und die Bevölkerung systematisch zu einem sich über drei Monate hinziehenden Massenpogrom aufgehetzt. Bereits Monate vorher waren Todeslisten angelegt worden.

Auslöser war ein Attentat auf Juvénal Habyarimana, den Präsidenten von Ruanda, dessen Flugzeug von Tutsi-Rebellen abgeschossen wurde, die damals von Uganda aus als »Ruandische Patriotische Front« gegen Ruanda operierten. Die Anfang April 1994 beginnenden Massaker, denen auch gemäßigte Hutu zum Opfer fielen, kosteten mindestens 800 000 Menschen das Leben, die verstümmelt, erschlagen, zerstückelt oder ertränkt wurden. Ziel war eine Auslöschung des Volksstammes der Tutsi schlechthin. Zu den Hauptverantwortlichen gehörten die Offiziere Augustin Bizimungu, 42 Jahre alt, und der 53-jährige Théoneste Bagasora. Beide wurden später in Haft genommen und 2004 bzw. 2002 vor den 1994 gegründeten Internationalen Strafgerichtshof für Ruanda im Tansanischen Arusha gestellt. Der irische Regisseur Terry George verfilmte 2004 den Genozid unter dem Titel *Hotel Ruanda*.

Vor einem UNO-Sondertribunal in Den Haag wird derzeit gegen Charles Taylor verhandelt, den ehemaligen liberianischen Präsidenten und Anführer der sierra-leonischen Rebellengruppe »Revolutionary United Front«, die für 120 000 Bürgerkriegstote verantwortlich ist. Ermittelt wird zudem gegen den ehemaligen äthiopischen Diktator Mengistu Haile Mariam, dem die Ermordung von rund 50 000 Regimegegnern vorgeworfen wird, und den früheren Staatschef des Tschad, Hissène Habre, dem 40 000 politische Morde angelastet werden. Beide leben im Exil.

Seit dem Jahr 2003 tobt in der westsudanesischen Region Darfur ein Bürgerkrieg zwischen sudanesischen Soldaten bzw. nomadisierenden arabischen Reitermilizen und den im Südwesten lebenden afrikanischen

Volksstämmen, denen bislang 300 000 bis 400 000 Menschen zum Opfer fielen; etwa 2,5 Millionen wurden von arabischen Milizen im Zuge einer ethnischen Säuberung vertrieben. Inzwischen wurden auch die Nachbarstaaten Tschad und Zentralafrikanische Republik in die ethnoziden Auseinandersetzungen hineingezogen.

Staatliche Tyrannei

Totalitäre Herrschaftssysteme mit doktrinärer Ideologie führen über kurz oder lang ob ihrer autoritär-intoleranten, menschenfeindlichen Machtausubung fast immer Krieg gegen die eigene Bevölkerung, sofern sie sich nicht widerspruchslos fügt. Dieser staatliche Terror nach innen, die missbräuchliche Gewalt von oben, hat zum Ziel, oppositionelle Bewegungen jeglicher Couleur auszuschalten oder zumindest niederzuhalten, um unangefochten an der Macht zu bleiben. Die Feinde werden je nach sprachlichen Vorlieben als Vagabunden, Verbrecher, Verräter, Saboteure, Spione, Schädlinge, Staatsfeinde gekennzeichnet oder schlicht als Ungeziefer beschimpft. Die Herrscher treten dabei nicht selbst als Akteure in Erscheinung, sondern bedienen sich spezieller Dienste – Geheimpolizei, Milizen oder paramilitärischer Truppen –, die mit allen Vollmachten zur Bespitzelung, Diskriminierung und Ausschaltung ausgestattet werden. Sie unterliegen keiner rechtsstaatlichen Kontrolle und haben bei der Verfolgung der Regimegegner freie Hand – angefangen von der Einschüchterung und Bedrohung bis hin zu deren Verschleppung und Liquidation.

Außer der Nazi-Schreckensherrschaft verursachten die kommunistischen Diktaturen der Ostblockstaaten und in Asien die tiefsten moralischen, sozialen, kulturellen und ökonomischen Verwerfungen in den betroffenen Völkern. Durch immer neue »Säuberungen« wurden unter den absurdesten Vorwürfen Teile der Gesellschaft komplett ausgelöscht, während der Höhepunkte des Stalinismus, Maoismus und kambodschanischen Steinzeitkommunismus in der Regel durch systematische Liquidation. Bemerkenswert ist, dass die Geheimdienste zweier – zuvor und später sich bekämpfender – Terrorstaaten zeitweilig auch zusammenarbeiteten: der russische NKWD lieferte von 1937 bis 1941 der Gestapo Hunderte deutscher und österreichischer Kommunisten aus, die nach der Übergabe umgehend inhaftiert und teilweise ermordet wurden.

Zum Wesen des Totalitarismus gehören bis zur Paranoia reichendes, tiefes Misstrauen der obersten Herrscherclique mit Verdacht und Argwohn gegen alle Mitwisser und Mittäter verbrecherischer Gewaltausübung, sodass auch jahrelange enge Parteifreunde, Steigbügelhalter und Opportunisten unversehens in Ungnade fallen können und eliminiert werden. Aufwendig inszenierte Schauprozesse dienen dabei gleichzeitig der öffentlichen Bekundung von Wachsamkeit wie auch der Abschreckung.

Bis hin zum Ethnozid gibt es ein abgestuftes Programm von Repression, Kontrolle und Unterdrückung, dessen Prinzipien stets gleich sind: psychische und/oder physische Zermürbung durch Bespitzelung, Verleumdung, Diskriminierung, Entwürdigung, Freiheitsentzug und schließlich Folter.

In der ehemaligen Sowjetunion wurden zudem Dissidenten und Oppositionelle bisweilen als geistesgestörte Personen etikettiert und mit Hilfe eines pseudomedizinischen Gutachtens für unbestimmte Zeit in geschlossenen psychiatrischen Anstalten zwangsinterniert. Die Diagnose lautete in der Regel – kurzgefasst –»Reformwahn«. Die Begutachtung erfolgte auf Anweisung des Staatssicherheitsdienstes, der auch das Ergebnis vorschrieb. Es gab damals in Leningrad eine spezielle psychiatrische Einrichtung für derlei Untersuchungen, das»Serbski-Zentralinstitut für Gerichtspsychiatrie«.

Dieses Institut war seit den 1950er Jahren zunehmend politisch instrumentalisiert worden, um unter psychiatrischer Maskierung kritische Intellektuelle als unzurechnungsfähig aus dem Verkehr ziehen zu können, wobei vom Politbüro bzw. dem NKWD möglicherweise damals auch die Einrichtung eines psychiatrischen GULAGs angedacht worden war.

In den 1970er Jahren erweckte das Schicksal des Sowjetgenerals Pjotr Grigorenko das Interesse der Weltöffentlichkeit, da durch dessen Popularität die bereits seit Jahren praktizierte Psychiatrisierung als Form des Staatsterrors weithin bekannt wurde. Auf zunehmenden westlichen Druck wurde Grigorenko 1974 aus der psychiatrischen Strafklinik Tschernjachowsk entlassen und in den Westen abgeschoben, wo er 1987 – geistig gesund – im Alter von 80 Jahren verstarb.

General Pjotr Grigorenko, von Jugend auf Parteimitglied, hatte ab Beginn der 1960er Jahre die kommunistische Führung kritisiert, insbesondere deren Personenkult und Privilegien. Nachdem er eine Dissidentengruppe gegründet hatte, wurde er 1964 erstmals im Serbski-Institut begutachtet, wo ihm eine »Geisteskrankheit in Form einer paranoiden Persönlichkeitsentwicklung mit Wahnvorstellungen« bescheinigt wurde. Von August 1964 bis April 1965 war er deswegen in der Leningrader Forensik-Einrichtung zwangsasyliert. Er wurde zum einfachen Soldaten degradiert und aus der Partei ausgeschlossen. Nach seiner Entlassung war er weiterhin oppositionell aktiv bis zur erneuten Festnahme 1969. Nach abermaliger psychiatrischer Untersuchung – im Gutachten ist u. a. die Rede von »Reformideen, die sich zu unkontrollierbaren Zwangsvorstellungen mit begleitender Unzurechnungsfähigkeit« ausgewachsen hätten – wurde er zur Unterbringung 1970 in oben erwähnter geschlossener Psychiatrie verurteilt. Eine spätere Überprüfung des Gutachtens durch britische und andere europäische Psychiater ergab keine schlüssigen Belege für die behauptete Geisteskrankheit.

Die sowjetischen, forensisch-psychiatrischen Sonderanstalten waren streng. Es gab Schikanen und Misshandlungen, auch die zwangsweise Verabreichung von Psycho-Medikamenten mit beträchtlichen Nebenwirkungen. Die Zwangsbehandlung erstreckte sich auf unbestimmte Zeit. Eine Aussicht auf Freilassung bestand nur, wenn die Dissidenten ihre Ansichten widerriefen und somit einen vermeintlichen Heilungsprozess erkennen ließen. Im Fall Grigorenkos wurde mehrfach die Fortsetzung der Unterbringung empfohlen. Ebenso ging es anderen russischen Intellektuellen, die dem Unterdrückungsapparat gefährlich erschienen.

Neuerdings haben russische Oppositionelle den Behörden vorgeworfen, die regimekritische 48-jährige Journalistin und Bürgerrechtlerin Larisa Arap seit dem 6. Juli 2007 widerrechtlich in eine psychiatrische Anstalt in der Nähe von Murmansk verbracht zu haben.

Auch in der DDR gab es Missbrauch von Psychiatrie aus politischen Gründen, allerdings nicht durch Wegsperren mit Hilfe von Gefälligkeitsdiagnosen, sondern durch Beeinflussung von Patienten durch parteihörige Therapeuten und durch Bruch der Schweigepflicht gegenüber dem Staatssicherheitsapparat. Über die Methoden der psychischen »Zersetzung« durch den Bespitzelungs- und Überwachungsapparat der SED wird noch berichtet werden.

Selbst Priester brachen für Terrorregimes das ansonsten strikte Beichtgeheimnis, beispielsweise der katholische Militärpfarrer Christian von Wernich zur Zeit der argentinischen Militärdiktatur in den 1990er Jahren, während der etwa 30 000 Oppositionelle ermordet wurden. Er bespitzelte als Gefängnisgeistlicher Häftlinge, beteiligte sich an Folterungen und Ermordungen »subversiver Kräfte«, deren Beseitigung er als patriotischen Akt ansah. 1996 setzte er sich nach Chile ab, wo er unter falschem Namen eine Gemeinde betreute, bis er 2003 aufgespürt, zur Rückkehr nach Argentinien genötigt und dort festgenommen wurde. Nach einem Prozess in La Plata wurde der inzwischen 69-Jährige im Oktober 2007 wegen Beteiligung an sieben Morden sowie zahlreichen Entführungen und Folterungen zu lebenslanger Haft verurteilt.

Beispiele für staatlichen bzw. ideologischen Terror mit täglicher Folter und massenhaften Liquidationen sind die stalinistischen »Säuberungen«, die Rassenpolitik der Nazi-Diktatur, die gespenstische Kommunisten- bzw. Sozialistenjagd im faschistischen Spanien unter Franco und in den Militärdiktaturen von Argentinien, Peru, Brasilien, Peru und Uruguay, vor allem jedoch in Chile unter Augusto Pinochet. Einzig mit Hilfe von Terror und Repression behaupteten sich die kommunistischen Regimes in Kambodscha unter Pol Pot und in China unter Mao Zedong.

Die Französische Revolution, als deren verheißungsvolle Auftakte die Versammlung des dritten Standes am 17. Juni 1789 im Ballhaus von Versailles und der Sturm auf das Pariser Stadtgefängnis Bastille am 14. Juli 1789 gelten, stand unter der faszinierenden Losung »Freiheit, Gleichheit, Brüderlichkeit«. Eine weitere Sternstunde war die »Erklärung der Rechte des Menschen und des Bürgers« am 26. August 1789 im Nationalkonvent nach dem Vorbild der nordamerikanischen *Bill of Rights* von 1776.

Die anfangs bejubelte Revolution verendete ab dem Sommer 1793 unter dem Würgegriff der Ausschüsse, vor allem infolge der Terrorherrschaft des Wohlfahrtsausschusses. Dieses im April 1793 ins Leben gerufene Komitee, dessen Leitung dem ehrgeizigen Robespierre (1758–1794) im Juli übertragen wurde, war für die öffentliche Sicherheit zuständig. Auch das Revolutionstribunal geriet gänzlich unter seinen Einfluss, die Geschworen wurden von ihm persönlich ausgewählt und gesteuert. Das Tribunal war ursprünglich ein vom Nationalkonvent im März 1793 gegründeter Gerichtshof für Prozesse gegen politische Täter, wurde jedoch mehr und mehr von Robespierre zu gezielten, machtpolitischen Säuberungen benutzt.

Nachdem es den radikalen Jakobinern unter Robespierres Führerschaft gelungen war, die gemäßigten Girondisten auszuschalten, bauten er und sein Komplize Saint-Just den Ausschuss Schritt für Schritt zu einem

Instrument exzessiven Terrors um. Während der jakobinischen Schreckensherrschaft wurden um 15 000 Todesurteile gefällt, insbesondere nachdem im Juli 1794 auf Robespierres Druck per Dekret den Angeklagten jegliche Rechtsbeihilfe untersagt und der Tod auf der Guillotine zur einzig möglichen Strafe erklärt wurden. Das Berufungsverfahren wurde abgeschafft. Allein in den 49 Tagen zwischen Einführung dieses Gesetzes und dem Sturz Robespierres wurden 1376 – als Banditen, Ungeheuer, wilde Tiere, Geier, Blutegel usw. beschimpfte, zumeist jedoch keinesfalls als konterrevolutionäre Elemente in Erscheinung getretene – Personen verurteilt und geköpft.

Robespierre

Der 36-jährige Jurist Maximilien de Robespierre, sein engster Mitarbeiter und Leiter der Geheimpolizei, Louis Antoine de Saint-Just, 27 Jahre alt, ebenfalls Jurist, und auch der 39-jährige Georges Couthon, Präsidenten der Nationalversammlung, wurden am Ende selbst Opfer der Französischen Revolution. Sie wurden am 7. Juli 1794 abgesetzt, in Haft genommen und wenige Tage später ohne Gerichtsverhandlung guillotiniert. Robespierre hatte sich zuvor mit einem Pistolenschuss in den Mund schwer verletzt; der querschnittsgelähmte Couthon musste auf das Schafott getragen werden.

Robespierre hatte alle seine Rivalen entmachtet und beseitigen lassen. Zu den Exekutierten zählten aber auch harmlose, völlig unpolitische Bürger aus allen Volksschichten vom fünfzehnjährigen Mädchen bis zum achtzigjährigen Greis. Während des jakobinischen Terrors waren mindestens 300 000 Personen inhaftiert, allein in Paris rund 15 000.

Von allen Revolutionären war der »unbestechliche« Robespierre der am meisten gefürchtete und rücksichtsloseste Vertreter, der sich immer wieder für Verschärfungen der ohnehin radikalen Beschlüsse einsetzte und den Terror unter Verweis auf die angeblich zahlreichen Feinde der Republik zum obersten Prinzip erhob. Er stammte aus Arras, hatte in Paris studiert und war sodann in seiner Heimatstadt als Rechtsanwalt tätig. 1789 wurde er anlässlich der Einberufung der Generalstände als Deputierter nach Versailles abgeordnet. Es gelang ihm dort, durch populistische Reden Aufmerksamkeit zu erregen und Karriere zu machen; im September 1772 wurde er Abgeordneter des Nationalkonventes.

Robespierre sah sich selbst quasi als Verkörperung der Revolution. Als gemütskalter Egoist und geschickter Taktiker wurde er zum Prototyp des staatlichen Schreibtischmörders. Im Gegensatz zu dem von ihm verehrten, umtriebigen und leidenschaftlichen Jean-Jacques Rousseau (1712–1778), den er als »Lehrer des Menschengeschlechts« bezeichnete und dessen Gebeine auf sein Betreiben hin in das Pariser Panthéon überführt wurden, war er selbst ein nüchterner Asket. Rousseau hatte in seiner 1762 erschienenen Schrift *Du contrat social* (Der Gesellschaftsvertrag) dem Staat als Repräsentanten des unantastbaren und rechtmäßigen, allgemeinen Willens die Verfügungsgewalt über seine Bürger zugesprochen. Jeder sei verpflichtet, sich im Interesse des Gemeinwohls dem Volkswillen zu unterwerfen. Rousseau schwärmte von einem sozialen, allseits fürsorgenden Gemeinwesen, dem der Einzelne seine eigenen Bedürfnisse, seine Freiheit und seinen Willen gänzlich zu opfern habe. Diese gleisnerische Fata Morgana einer kommunistischen Idealgesellschaft zerrann dreißig Jahre später ebenso im Terror der Französischen Revolution wie ihre Neuauflagen seit der russischen Oktoberrevolution von 1917.

Robespierre begriff sich als »Vollstrecker des Volkswillens« und war selbstgerecht davon besessen, vermeintliche Verräter und Konterrevolutionäre zu enttarnen und anzuklagen: Die Tugend sei ohne den Terror machtlos, dieser nichts anderes als die unmittelbare, strenge und unbeugsame Gerechtigkeit, eine »Emanation der Tugend«.

Hinter der Maske des scheinbar unbestechlich-tugendhaften, altmodisch gekleideten Kämpfers für Gleichheit und Gerechtigkeit verbargen sich jedoch – wie bei dem erwähnten Calvin – einerseits Selbstüberschätzung bis zum Größenwahn, andererseits abgrundtiefer Menschenhass und maßlose Herrschsucht.

Zwar kein revolutionärer Vordenker wie Rousseau, jedoch überzeugter Jakobiner war der pornographische Schriftsteller und Marquis Donatien Alphonse François de Sade (1740–1814), der sich 1789 der Revolution angeschlossen hatte. Er entging 1794 nur dadurch der Guillotine, dass Robespierre kurz zuvor selbst ausgeschaltet worden war. De Sade war ein Jahr zuvor wegen zu großer Milde zum Tode verurteilt worden, nachdem er als Gerichtsvorsitzender gegen die Hinrichtung seiner Schwiegereltern gestimmt hatte. Die obszönen, gewalttätigen Darstellungen von sexuellen Ausschweifungen und Misshandlungen in seinen Romanen über die Schwestern Justine und Juliette und die detaillierten Ausführungen zu einer 120 Tage lang dauernden Gewaltorgie machten ihn zu einem berühmt-berüchtigten Choreographen der Zügellosigkeit und Gewalt mit allen Attributen des durch und durch Bösen. Auf seinen Namen geht die Bezeichnung »Sadismus« nicht nur für gewalttätige Sexualpathologie, sondern überhaupt für die Lust am Quälen und Erniedrigen anderer zurück. De Sade, der ein Drittel seines Lebens in Gefängnissen bzw. der Pariser Irrenanstalt Charenton zubrachte, starb in der Anstalt, wo er – als unzurechnungsfähig beurteilt – ab 1803 zum zweiten Mal interniert war.

Ähnliche negative Persönlichkeitszüge und Charaktermerkmale zeichneten auch spätere Tyrannen und Staatsterroristen wie Hitler, Stalin, Mao und Pol Pot aus. Urheber und Dirigenten der größten Ethnozide und Massenliquidationen aller Zeiten sind sie monströse Ausgeburten des Bösen, deren psychische Beschaffenheit sich jeder rationalen Erklärung entzieht. Ihren Drang nach Macht und Herrschaft um jeden Preis teilten sie zwar mit allen Gewalttätern und gewöhnlichen Diktatoren von Dschingis Khan bis Slobodan Milošević. Darüber hinaus waren sie jedoch getrieben von der Obsession, ganze Bevölkerungsschichten, Volksgruppen oder Institutionen zu vernichten, sie physisch samt ihrer Wurzeln und Netzwerke für immer auszurotten. Gleichbleibend waren stets die Methoden der terroristischen Gewaltherrschaft: Gleichschaltung, Manipulation, Reglementierung, Repression, Verfolgung und Vernichtung.

Adolf Hitler

Hitler war ein ebenso egozentrischer wie gemütsarmer, aber auch unsteter, ja manisch getriebener Demagoge mit rhetorischen und schauspielerischen Talenten, die er in Masseninszenierungen gezielt einzusetzen wusste. Er war ein geschickter Blender und nutzte die politischen Wirren infolge der katastrophalen wirtschaftlichen Lage und tiefen Demütigung des deutschen Volkes durch den Versailler Vertrag nach Ende des Ersten Weltkrieges, um mit Unterstützung von Militär, Großindustrie, Banken und weiten Teilen des Bürgertums legal an die Macht zu kommen. Ab 1933 begann er mit der systematischen Umsetzung seiner Pläne: der Schaffung eines »Tausendjährigen Reiches« in Form einer nationalsozialistischen Diktatur, die von vornherein die Eroberung Europas unter Missachtung jeglichen Völker- und Kriegsrechts und die Vernichtung des Judentums aus rassistischen Gründen im Programm hatte. Seinen Aufstieg verdankte Hitler nicht zuletzt einer ergebenen Kamarilla aus willfährigen Helfern – oftmals gestrandeten Existenzen –, die unter ihm Karriere machen konnten. Bezüglich seiner imperialistischen Absichten und Ausrottungspläne konnte er allerdings auf die Sympathie und Unterstützung weiter Teile der Bevölkerung bauen.

In einem grotesken Maß verbanden sich in der Person Hitlers Verblendung, Selbsttäuschung, Größenwahn, Fanatismus, Kaltblütigkeit und Sentimentalität. Während der späteren Tischgespräche im Führerhauptquartier kam in weit ausholenden, nächtelangen pseudowissenschaftlichen Monologen immer deutlicher sein pathologisches Geltungsbedürfnis zum Vorschein. Die Fassade von Besonnenheit und scheinbarer Souveränität konnte schon bei nichtigen Anlässen durch plötzliche Wutanfälle unterbrochen werden, während deren Hitler – mit erhobenen Fäusten und zitternd – schreiend gestikulierte, wobei ihm seine Augen aus den Höhlen traten und die Adern an den Schläfen anschwollen.

Nachdem das ganze Ausmaß seiner Verbrechen bekannt geworden war, wurden immer wieder Mutmaßungen darüber angestellt, ob Hitler möglicherweise geistesgestört war. Abgesehen von einer beginnenden Schüttellähmung während der letzten Lebensjahre gibt es keine überzeugenden Hinweise für eine ernsthaftere Erkrankung. Seine Biografie unterscheidet sich nicht von der Abertausend anderer Menschen. Er war zwar ein schlechter Schüler, zudem eigenbrötlerisch und ängstlich, aber auch zäh, genügsam und rechthaberisch, überdies geltungsbedürftig und von sich überzeugt. Bei einem Lazarettaufenthalt im pommerschen Pasewalk erblindete er nach Bekanntgabe der deutschen Kapitulation am 11. November 1918 und wurde angeblich vom Marinepsychiater Dr. Edmund Forster mittels Hypnose kuriert. Forster soll Hitler als »hysterischen Psychopathen … ungeeignet zum Vorgesetzten« beurteilt haben – so jedenfalls Bernhard Horstmann, der sich auf entsprechende Quellen stützt. Mitwisser dieser Diagnose ließ Hitler später liquidieren; Forster beging – von der Gestapo unter Druck gesetzt – 1933 Selbstmord.

Nach heutigem psychiatrischen Sprachgebrauch wäre Hitler am ehesten als gemütsarmer Soziopath mit narzisstischen und hysterischen Zügen im Spektrum der dissozialen Persönlichkeitsstörungen anzusiedeln. Zusätzlich ist von den psychischen Auswirkungen eines vermehrten Gebrauchs von Aufputschmitteln während der letzten Jahre auszugehen, deren Auswirkungen sich mit den Symptomen einer beginnenden Parkinsonerkrankung überschnitten. Eine psychologisch nachvollziehbare, zufriedenstellende Begründung für das nach abendländisch-humanistischen Wertevorstellungen abgründig »Böse« in ihm lässt sich allerdings wie für die anderen Massenmörder nicht liefern. Interessant wären die Ergebnisse heutiger neuropsychologischer und hirnphysiologischer Untersuchungen für einen psychopathologischen Erklärungsansatz.

Geboren wurde Adolf Hitler 1889 als Sohn eines Zollbeamten in Braunau am Inn in Oberösterreich. Vom trunksüchtigen Vater misshandelt, wurde er von der Mutter abgöttisch geliebt. Nach Scheitern seiner schulischen Ausbildung in Steyr bemühte er sich zweimal vergeblich um eine Aufnahme in die Kunstakademie. Seine Erlebnisse als obdachloser Gelegenheitsarbeiter und seine Beschäftigung mit rassistisch-antisemitischen Thesen prägten seinen Hasskomplex gegen Marxismus, Judentum und Liberalismus, obgleich Familie Hitler einen jüdischen Hausarzt hatte. Hitler betrachtete Juden nicht als Menschen. In *Mein Kampf* äußerte er: »Der Jude ist wohl Rasse, aber nicht Mensch. Er kann gar nicht Mensch im Sinne des Ebenbildes Gottes, des Ewigen, sein. Der Jude ist das Ebenbild des Teufels. Das Judentum bedeutet Rassentuberkulose der Völker«. Von seiner festen Absicht, die Juden zu vernichten, rückte Hitler niemals ab: »Alles, was wir uns vornehmen, wird durchgeführt. Wir lassen uns nichts abhandeln.«

1913 übersiedelte Hitler nach München und wurde ein Jahr später Soldat. 1916 und 1918 wurde er verwundet. Nach Kriegsende kam er in Kontakt mit der Deutschen Arbeiter-Partei, die sich auf sein Betreiben in Nationalsozialistische Deutsche Arbeiterpartei (NSDAP) umbenannte. Hier tat sich Hitler als redegewandter Agitator hervor und übernahm 1921 nach seiner Entlassung aus der Reichswehr deren Führung. Nach einem misslungenen Putsch gegen die deutsche Reichsregierung und sich anschließender einjähriger Festungshaft in Landsberg entwickelte sich die neu gegründete NSDAP unter Hitlers Führung schrittweise zur stärksten Partei Deutschlands. In der Haft schrieb er seine programmatische Schrift *Mein Kampf.*

Als Führer der stärksten Partei 1933 zum Reichskanzler ernannt, schaltete er durch Verordnungen und Gesetze seine politischen Gegner nach und nach aus und schränkte die Rechte der Juden schrittweise ein. Nach dem Tod des Reichspräsidenten Hindenburg 1934 wurde er zusätzlich Staatsoberhaupt und errichtete einen zentralistischen Führerstaat in Form eines terroristischen Herrschaftssystems. Politische Gegner wurden von der Geheimpolizei (Gestapo) verfolgt, in Konzentrationslager verschleppt oder umgebracht, Parteien und Gewerkschaften aufgelöst, Verwaltung, Kultur, Wissenschaft und Kunst gleichgeschaltet, die Wirtschaft auf den geplanten Krieg eingestimmt.

Seine Eroberungsfeldzüge startete Hitler mit dem Anschluss Österreichs und des Sudetenlands 1938, gefolgt von der Errichtung des Protektorats Böhmen und Mähren und dem Angriff auf Polen 1939, mit dem er den Zweiten Weltkrieg auslöste. Mit der Besetzung großer Teile Westeuropas und dem anfangs erfolgreichen Vernichtungskrieg gegen die Sowjetunion 1941 suggerierte Hitler dem deutschen Volk die Überlegenheit der arischen Rasse. Im selben Jahr leitete er – attachiert von Joseph Goebbels – die Exekution des Judentums ein, an deren Beginn die von Goebbels betriebene Einführung des gelben Sterns stand. Der Führer habe beschlossen, »reinen Tisch zu machen«, schrieb Goebbels in sein Tagebuch, die ersten »judenfreien« Städte würden Berlin, Wien und Prag. Der SS-Führer Heinrich Himmler gab für den besetzten Osten die Parole aus, der Führer wünsche möglichst bald die Befreiung des Altreiches und des Protektorates von den Juden. Im Oktober 1941 setzten die ersten Deportationswellen und Massenermordungen ein. Nachdem auf der Wannseekonferenz am 20. Januar 1942 die Details der »Endlösung« – es ging um 11 Millionen Juden – festgelegt worden waren, wurden zunächst die polnischen Ghettos liquidiert. Adolf Eichmann ließ in einem Rundbrief an die Gestapo-Leitungen verlauten, mit der Aussiedlung der Juden nach dem Osten werde die Endlösung der Judenfrage im Altreich, in der Ostmark und im Protektorat Böhmen und Mähren in Angriff genommen. Goebbels notierte in seinem Tagebuch: »Es wird hier ein ziemlich barbarisches und nicht näher zu beschreibendes Verfahren angewandt, und von den Juden selbst bleibt nicht mehr viel übrig.« Der Holocaust kostete mindestens sechs Millionen Juden das Leben.

Bereits Anfang 1940 war das Euthanasieprogramm zur »Ausmerzung« missgebildeter Kinder und erwachsener Geistes- bzw. Erbkranker in Gang gesetzt worden. Auch nach dem offiziellen Stopp im August 1941 wurden die Tötungsaktionen in den Anstalten bis Kriegsende weitergeführt. Neben der Ermordung von etwa einem Fünftel der Kranken in den psychiatrischen Anstalten wurde die Zerstörungspolitik im Osten mit aller Brutalität nach dem Prinzip der verbrannten Erde vorangetrieben. Spezielle Einsatzgruppen wurden zur Ermordung von sowjetischen Juden, kommunistischen Funktionären und höheren Staatsbediensteten eingesetzt. Ebenso gehörte das massenhafte Sterben sowjetischer und polnischer Kriegsgefangener in den Lagern zum Vernichtungsprogramm.

Kurz vor der Einnahme Berlins durch sowjetische Truppen im April 1945 erschoss Hitler sich im Bunker der Reichskanzlei. Er machte seine Drohung wahr:»Wir werden nicht kapitulieren, niemals … Wir können untergehen, vielleicht. Aber wir werden eine Welt mitnehmen.« Hitlers Herrschaft brachte durch Staatsterror, Gefangenschaft, Holocaust, Eroberung und Zerstörung insgesamt 25 bis 30 Millionen Menschen den Tod. Der wahnwitzige Schlusssatz seines politischen Testamentes, das er wenige Stunden vor seinem Selbstmord in der Nacht zum 30. April 1945 im Bunker der Berliner Reichskanzlei diktierte, lautet:»Vor allem verpflichte ich die Führung der Nation und die Gefolgschaft zur peinlichen Einhaltung der Rassengesetze und zum unbarmherzigen Widerstand gegen den Weltvergifter aller Völker, das internationale Judentum.«

Josef Stalin

Hitlers wesensverwandter Erzfeind Stalin wurde als Josef (Jossif) Wissarionowitsch Dschugaschwili 1879 im georgischen Gori als Kind eines Schuhmachers und einer Wäscherin geboren; den Namen Stalin, d. h.»der Stählerne«, legte er sich selbst um 1912 zu. Er besuchte das Priesterseminar in Tiflis, wo man ihn 1899 wegen Beteiligung an revolutionären Aktivitäten relegierte. 1903 schloss er sich den Bolschewiken unter Wladimir I. Lenin an und organisierte Streiks und Demonstrationen; zwischen 1903 und 1917 war er deswegen mehrmals nach Sibirien verbannt. 1907 überfiel er die Reichsbankfiliale in Tiflis und erbeutete 250 000 Rubel.

Lenin berief Stalin 1912 in das Zentralkomitee der Bolschewiken. Nach erneuter, dreijähriger Verbannung kam er mit der Oktoberrevolution nach St. Petersburg und wurde Mitglied des Politbüros der Bolschewiki und Volkskommissar für Nationalitätenfragen. Mit Hilfe der Roten Armee gliederte er die von Russland abgefallenen Kaukasusvölker gewaltsam wieder in den sowjetischen Machtbereich ein. 1922 übernahm Stalin das neu geschaffene Amt des Generalsekretärs des Zentralkomitees der Partei, das er trotz Lenins testamentarischer Warnung auch nach dessen Tod im Jahr 1924 behielt. Während der nächsten fünf Jahre gelang es ihm, alle seine

Konkurrenten, vor allem Leo Trotzki, schrittweise auszuschalten, sodass er schließlich Ende der 1920er Jahre unumschränkter Diktator war; die Stadt Wolgograd wurde 1925 in Stalingrad umbenannt.

In den folgenden Jahren entledigte Stalin sich mit Hilfe des Geheimdienstes GPU, später NKWD, systematisch aller potenziellen Rivalen und herrschte ab 1927 unumschränkt in einem Terrorregime, dem bis zu seinem Tod 1953 insgesamt mindestens 20 Millionen Menschen zum Opfer fielen. Manche Schätzungen gehen sogar bis über 40 Millionen. Stalin ließ das System von Straf- und Arbeitslagern, unter dem Namen Gulag bekannt und bereits von Lenin errichtet, weiter ausbauen. Geringste Vergehen konnten als konterrevolutionäre Sabotage bestraft werden; selbst seinen Sohn aus erster Ehe ließ er hinrichten. Während des »Großen Vaterländischen Krieges« gegen Nazi-Deutschland wurden ganze Volksgruppen wie die Krimtataren, Wolgadeutschen und Armenier als potenzielle Kollaborateure komplett nach Sibirien deportiert. Die geschätzte Zahl der Gefangenen in den Lagern schwankt zwischen vier und 30 Millionen.

Vor den wiederholten Säuberungswellen war keine Volksgruppe, kein Berufsstand und keine Institution sicher. Klassengegner waren nicht nur aktive Konterrevolutionäre, sondern wechselweise ebenso bürgerliche Nationalisten, Geistliche und Kulaken wie politische Gegner und Kritiker des Systems, nach damaligem Sprachgebrauch: bäuerliche Banditen und religiöse Sektierer, nomadische Rebellen, Spekulanten, Spezialisten und Saboteure, antisowjetische Elemente, Links- und Rechtsabweichler, Trotzkisten, Renegaten, Abtrünnige und Agenten feindlicher Mächte – sämtlich Schädlinge, Feinde des Volkes und des Proletariats, hinderlich bei der Errichtung und der dauerhaften Festigung der kommunistischen Diktatur. Im Rahmen der Säuberungswellen gegen die »Klassenfeinde« wurden mindestens 1,5 Millionen Menschen umgebracht, weitere fünf Millionen starben in den sibirischen Lagern. Auf Befehl Stalins wurden zudem während des Zweiten Weltkrieges in Katyn 20 000 gefangene polnische Offiziere erschossen.

Bereits 1921 führten Bürgerkrieg und überstürzte Sozialisierung nach einer schlechten Ernte zu einer ersten großen Hungersnot, die vier bis fünf Millionen Opfer forderte. Während der zweiten, ebenfalls politisch induzierten Hungersnot infolge der forcierten Industrialisierung und Zwangskollektivierung in der Landwirtschaft ab Ende der 1920er Jahre (»Revolution von oben«) kamen 1932/33 vor allem in der Ukraine bzw. in

Südrussland sieben bis acht Millionen Menschen um; allein in Charkow wurden täglich Tausende von Verhungerten eingesammelt.

Zwischen September 1936 und Dezember 1938, der Zeit der »Großen Säuberung« (»Tschistka«) von allen »Schädlingen« in Partei, Wirtschaft, Militär, Kultur und Wissenschaft, wurden schätzungsweise eineinhalb Millionen Menschen umgebracht; fünf Prozent der Bevölkerung waren inhaftiert. Im Jahr 1935 wurde sogar die Todesstrafe für Kinder ab zwölf Jahren eingeführt.

Tatsächliche oder vermeintliche Gegner Stalins wurden in öffentlichen Schauprozessen nach grotesken, erpressten und erfolterten Geständnissen und Selbstbezichtigungen zum Tode verurteilt, fast alle früheren Parteigrößen, Funktionäre, Minister und höheren Militärs. Die Geständnisse waren wichtig, um nach außen den Anschein eines rechtmäßigen Verfahrens gegen die Volksverräter vorzutäuschen. Stalin entschied, welche Personen oder Gruppen als konterrevolutionär anzusehen waren, und dirigierte persönlich aus dem Kreml die Prozesse. Die Säuberungen liefen immer nach gleichem Muster ab, lediglich die Zielgruppen wechselten: Mal ging es gegen »Spione«, »Banditen«, »Kollaborateure«, mal gegen »Anarchisten«, »Nationalisten«, »Diversanten« oder »Sozialrevolutionäre«. Ein Netzwerk von Denunzianten und Spitzeln arbeitete der Geheimpolizei NKWD in die Hände, die wiederum Stalin eifrig bediente, aber auch selbst nicht ungeschoren davonkam.

So sicherte sich Stalin, schon ab Ende der 1920er Jahre unumschränkter Diktator, in der Folgezeit durch rücksichtslose Vernichtung seiner politischen Gegner die absolute Macht. Um seine Person entwickelte sich ein grotesker Personenkult mit kitschigen Bildern und bombastischen Lobpreisungen von Literaten und Künstlern. In fast allen Sowjetrepubliken wurden Denkmäler errichtet und Straßen oder Gebäude nach ihm benannt; Personenkult, Repression und Terror wurden geradezu Merkmale des Stalinismus, dem auch die Kommunistenführer in den westlichen Ländern huldigten, vor allem in Italien und Frankreich, sekundiert von bürgerlichen Linksintellektuellen.

Von 1949 bis 1951 stieß Stalin unter dem Einfluss seiner Verschwörungsfantasien erneut eine Säuberungswelle an, diesmal hauptsächlich gegen Geistliche, Angehörige nichtrussischer Völker und Juden gerichtet. Im Rahmen der sogenannten »Ärzteaffäre« im Jahr 1952 wurden die beschuldigten jüdischen Mediziner als »Bestien in Menschengestalt«, »Gehilfen des Imperialismus«, »heimatlose Kosmopoliten« und »Westler« gebrandmarkt, die sich gegen die sowjetische Regierung verschworen hätten. »Deserteure« und »Spione« wurden konterrevolutionärer Tätigkeit verdächtigt und verschwanden im Gulag. Eine weitere Säuberungsaktion konnte wegen Stalins überraschendem Tod nach einem Schlaganfall am 5. März 1953 in Moskau nicht mehr realisiert werden.

Säuberungen vom Ungeziefer der Konterrevolution gab es auf Geheiß Stalins auch in den kommunistischen Satellitenstaaten, die – Moskau als Vorbild vor Augen – stets stereotyp nach gleichem Muster abliefen: Nach der Inhaftierung wurden die Beschuldigten durch physische und psychische Zermürbung für den Prozess zugerichtet; die Parallelen zu den Prozessen der Inquisition sind verblüffend. Im Slánský-Prozess in der Tschechoslowakei wurden beispielsweise neben Rudolf Slánský (1901–1952), stellvertretender Ministerpräsident und verdienter Parteifunktionär, zehn weitere hochrangige kommunistische Funktionäre im November 1952 als »Anführer eines staatsfeindlichen Verschwörungszentrums« des Hochverrats beschuldigt. Die meisten waren jüdischer Abstammung. Artur London (1915–1986) war von Jugend an überzeugter tschechischer Gewerkschafter und Kommunist. Er kämpfte für die Internationalen Brigaden im Spanischen Bürgerkrieg und war zwei Jahre lang Häftling im KZ Buchenwald. Nach dem Krieg wurde er Diplomat und stellvertretender Außenminister der kommunistischen Tschechoslowakei, bis er anlässlich einer Säuberungswelle 1951 verhaftet und im sog. Slánský-Prozess als Hochverräter angeklagt wurde. Das zu einer Verurteilung notwendige Geständnis wurde mit den üblichen körperlichen und seelischen Misshandlungen während der Untersuchungshaft, die fast ein Jahr dauerte, erpresst:

»Ich gestehe meine Schuld, vom Jahre 1948 bis zum Tag meiner Festnahme in der Tschechoslowakei dem von Rudolf Slánský gebildeten und geleiteten Verschwörungszentrum gegen den Staat aktiv angehört zu haben ... Ich bekenne mich voll schuldig, als Mitglied der Verschwörung die Spionageverbindungen hergestellt, aufrechterhalten und zu diesem Zweck die diplomatische Post des Außenministeriums verwendet zu haben ... Ich war ein Glied der Spionagekette ... mit dem Ziel, den Umsturz des Regimes in der Tschechoslowakei herbeizuführen ... Um unser Ziel zu erreichen, stellten wir Ende Februar 1949 eine Liste von Kandidaten für die Funktionen der Mitglieder des Parteikomitees auf ... Unsere Versammlungen fanden oft im Büro oder in der Wohnung eines unserer

Leute statt, und wir berieten dabei über die Unterbringung unserer Anhänger, um die Stellung unseres Zentrums zu stärken.«

Schließlich – am Schluss der Selbstanklage:

»Ich habe nichts verschwiegen, weder während der Voruntersuchung noch vor Gericht. Ich habe über meine Beteiligung am Verschwörungszentrum gegen den Staat unter der Leitung Slánskýs alles gesagt, ich habe sogar gestanden, daß ich als Mitverschworener mit meinen Komplizen ... im Außenministerium eine aufrührerische Tätigkeit ausübte. Ich gehörte der Trotzkistischen Gruppe im Außenministerium an, deren Tätigkeit darauf abzielte, den Apparat dieser Behörde zu stürzen. Ich stand auch mit dem amerikanischen Agenten Noel Field in Verbindung, dem ich 1947 Spionageinformationen übermittelt habe.«

Das Schlusswort Slánskýs lautete: »Ich verdiene kein anderes Ende meines verbrecherischen Lebens als das, welches der Staatsanwalt beantragt.«[3]

Die von vornherein angeordnete Todesstrafe wurde – entgegen zuvor anderslautenden Zusagen – am 24. November 1952 verhängt und am Galgen vollstreckt. Die Asche der Hingerichteten wurde als Streugut auf einer vereisten Straße am Stadtrand von Prag verstreut. Eine Begnadigung durch den tschechoslowakischen Staatspräsidenten Clement Gottwald, einer Marionette der Moskauer Zentrale, war umgehend abgelehnt worden. Gottwald wurde nach seinem Tod 1953 ein Mausoleum erbaut.

Im Gegensatz zu Hitler war Stalin ein introvertierter, undurchsichtiger Mann, der zurückgezogen im Kreml lebte, dabei von Natur aus zutiefst misstrauisch und wachsam. An die Öffentlichkeit traute er sich nur selten; Flugreisen vermied er. Wahrscheinlich nährte gerade Stalins inszenierte Entrücktheit den Mythos vom großen Vater des Volkes, der unablässig zu dessen Wohl tätig war. Nichts war indes täuschender als sein konstruiertes Image als allwissender und allgegenwärtiger, behaglich Pfeife rauchender Landesvater, der sich Tag und Nacht um sein Volk sorgte. In Wirklichkeit war der blutrünstige Diktator eitel, machthungrig, schlau, verschlagen und heimtückisch. Je älter er wurde, desto mehr wähnte er sich von Verrat und Konspiration umgeben, wobei die Grenze zur Paranoia offenbar immer fließender wurde.

Dennoch wurde dem großen Führer – »Sonne der Völker« – wie einem

Halbgott in unzähligen Hymnen und Lobreden enthusiastisch gehuldigt; seine gigantischen Ausrottungs- und Vernichtungskampagnen zur Realisierung der einzigartigen Utopie »Kommunismus« wurden nicht nur akzeptiert, sondern als geradezu notwendige Entsorgung der Klassenfeinde und Konterrevolutionäre selbst von Künstlern und Schriftstellern wie dem französischen Philosophen Jean-Paul Sartre (1905–1980) glühend verteidigt. Vor allem nach den letzten großen Säuberungen erreichte der Personenkult unglaubliche Dimensionen. Auch westliche Linksintellektuelle sahen in Stalin eine Art Welterlöser. Die Gräueltaten wurden als quasi unvermeidbare Begleiterscheinungen, als Kollateralschäden der Großen Weltrevolution, übergangen oder entschuldigt.

Historiker verglichen Stalin gelegentlich mit einem anderen, grausamen russischen Herrscher: Zar Iwan IV. (1530–1584), unter dem Namen »der Schreckliche« in die Geschichte eingegangen. Im Gegensatz zum vorsichtig-bedächtigen Stalin war Iwan allerdings launisch und jähzornig. In einem Wutanfall erschlug er seinen Sohn und Thronerben, und als zwölfjähriger Thronfolger ließ er seinen Minister, Fürst Schujski, von Hunden zerreißen. Mit acht Jahren nach dem Gifttod seiner Mutter an die Macht gekommen, wurde er mit 17 Jahren zum ersten russischen Zaren gekrönt. Nach dem Tod einer seiner sieben Frauen im Jahr 1560 wurde er durch und durch rachsüchtig. Er vermutete überall Verräter, löschte sämtliche tatsächlichen und vermeintlichen Feinde und deren Angehörige aus, wobei er sich an der Folterung und Tötung seiner Opfer ergötzt haben soll. Seiner Leibgarde, der Opritschnina, befahl er die Ermordung tausender Adliger, Popen und Bürger, deren Besitztümer geplündert wurden. Bei einem mehrwöchigen Massaker sollen in Nowgorod 30 000 Menschen umgekommen sein.

Mao Zedong

Direkt oder indirekt verantwortlich für insgesamt mindestens 50 Millionen, nach neueren Recherchen sogar 70 Millionen Opfer ist der staatssozialistische, chinesische Massenmörder Mao Zedong.

Im Jahr 1893 als Sohn eines Bauern und Getreidehändlers in der Provinz Hunan geboren, arbeitete Mao nach einer Lehrerausbildung als Hilfsbibliothekar an der Pekinger Universitätsbibliothek, wo er 1920 marxistische Schriften kennen lernte. Eher zufällig stieß er zur Kommunistischen

Partei Chinas und wurde 1921 als Delegierter zum Parteitag entsandt, in dessen Zentralkomitee er sich zwei Jahre später hochgearbeitet hatte. In den folgenden Jahren organisierte er eine revolutionäre Bewegung unter den Bauern, musste sich 1927 jedoch nach einem niedergeschlagenen Aufstand und Verfolgung der Kommunisten mit Guerillaeinheiten in das Bergland zurückziehen, wo er 1931 die chinesische Sowjetrepublik »Jiangxi« errichtete. 1934 brach er mit seinen militärischen Einheiten zum »Langen Marsch« nach Nordwestchina auf und zwang zwei Jahre später den chinesischen Regierungschef zu einem Waffenstillstand. 1945 wurde Mao Vorsitzender der Kommunistischen Partei Chinas. Nach einem Bürgerkrieg rief er am 1. Oktober 1949 am Platz des Himmlischen Friedens die Volksrepublik China aus, deren Regierungschef er wurde, 1954 auch deren Präsident.

Anfang der 1960er Jahre kam es zu beträchtlichen Spannungen innerhalb der kommunistischen Partei, mitverursacht durch den politischen Fehlschlag des »Großen Sprungs nach vorn« von 1958 bis 1960 infolge überstürzter Industrialisierung, Militarisierung und gewaltsamer landwirtschaftlicher Kommunalisierung. Er führte in China – wie bei der Zwangskollektivierung der Bauern in Sowjetrussland – unter der offiziellen, zynischen Parole »Karg leben in einem Jahr des Überflusses« zur größten Hungersnot aller Zeiten mit 40 bis 50 Millionen Toten. Wie in der Sowjetunion gab es Vertreibungen und Deportationen. Bis zum Tod Maos wurden 15 bis 20 Millionen Städter aufs Land zwangsumgesiedelt. Vergleichbar dem sibirischen Archipel Gulag in der Sowjetunion existierte auch in China ein Netzwerk von Gefängnissen und Lagern mit Millionen »Konterrevolutionären« – etwa ein bis zwei Prozent der gesamten Bevölkerung, darunter Liu Shaoqi, ehemals Präsident der Volksrepublik. Von den Häftlingen kamen etwa 20 Millionen durch Hunger, Krankheit oder Hinrichtung um.

Um einer Schwächung seiner Stellung in der Partei entgegenzuwirken, versuchte die »Viererbande«, ein kleiner Kreis Ergebener um Mao und dessen vierte Frau Jiang Qing, eine Schauspielerin, nun mit Hilfe der von ihnen angestifteten »Großen proletarischen Kulturrevolution« von 1966 bis 1976 rücksichtslos, Maos Position zu behaupten und seinen Einfluss zu stärken. Von den aus Schülern und Studenten gebildeten, aufgehetzten und fanatisierten »Roten Garden« wurden rund sieben Millionen Menschen, darunter auch ehemalige Parteigenossen und Mitstreiter Maos, zum Opfer einer willkürlichen Lynchjustiz. Sie wurden als konterrevolutionäre

Rechtsabweichler angeprangert, als Missgeburten und Monster gedemütigt, terrorisiert und ermordet. Mao befahl die Zerstörung aller verfügbaren Kulturgüter. Bücher wurden verbrannt, fast alle Tempel zerstört, Musik – außer der neuen Mao-Hymne »Der Osten ist rot« – war verboten. Dem »Großen Vorsitzenden« schwebte eine totale Neukonstruktion der Gesellschaft um jeden Preis vor.

Mao baute systematisch einen pompösen Führerkult um seine Person als »Großer Steuermann« auf, der auch in Westeuropa viele Bewunderer hatte, vor allem an den gesellschaftswissenschaftlichen Fächern der Universitäten. Während der 1968er-Bewegung erreichte er als Ikone des antiimperialistischen Kampfes gegen die Bourgeoisie geradezu Kultstatus. *Das Kleine Rote Buch*, die Mao-Bibel, wurde in Millionen von Exemplaren verbreitet, der hochgeknöpfte Mao-Anzug wurde zum äußeren Symbol des neuen Denkens. Maos Personenkult übertraf noch den unter Stalin, der eine Zeit lang sein Vorbild war. Bis heute blieben in China Hymnen, Ergebenheitsadressen, Denkmäler und Bilder Maos weitgehend unangetastet; sein Porträt ist das meistgedruckte der Welt.

Der »Große Vorsitzende und Steuermann« war ein nur scheinbar leutseliger, tatsächlich machtgieriger und kaltherziger, nichtsdestoweniger lustvoll-genießerischer Tyrann. Im Gegensatz zu den Asketen Hitler und Stalin liebte er privat den Luxus und führte ein ausschweifendes Sexleben. Er starb 1976 hochverehrt in Peking, nachdem er bereits 1972 einen Schlaganfall erlitten hatte. Eine Abrechnung mit seiner Politik – vergleichbar der offiziellen Abkehr vom Stalinismus in Russland – gab es bislang in China nicht.

Pol Pot

Der kambodschanische Kommunistenführer Pol Pot, geboren 1925 als Saloth Sar im Zentrum Kambodschas als zweitjüngstes von neun Kindern eines Reisbauern, starb im Alter von 73 Jahren friedlich zu Hause. Pol Pot war ein Jahr Schüler in einem buddhistischen Kloster, dann – mit schwachen Leistungen – in einer modernen Schule. Mit 24 wurde er, ein Freund von Fußball, Musik und Mädchen, Schreiner. Von 1949 bis 1953 studierte er dank eines Stipendiums Radioelektronik in Paris, wo er sich einer marxistisch-stalinistischen Studentengruppe anschloss und der Kommunistischen Partei beitrat. Von 1953 bis 1963 unterrichtete er sodann als Französischlehrer an einem Gymnasium in Phnom Penh und war als Berater der Demokratischen Partei tätig.

Bereits 1946 hatte er sich der aus der Kommunistischen Partei Indochinas hervorgegangenen Kommunistischen Partei Kambodschas angeschlossen und wurde nach deren Neugründung 1960 Mitglied des Zentralkomitees, zwei Jahre später Parteisekretär. 1963 floh er aus Phnom Penh und ging in den Untergrund.

Mit Hilfe der erfolgreichen kommunistischen Guerillaorganisation Rote Khmer kontrollierte Pol Pot nach und nach ganz Kambodscha. Viele Zivilisten flüchteten in die Hauptstadt Phnom Phen, die im April 1975 von den Kommunisten eingenommen wurde. Dort zwangen die Roten Khmer die zweieinhalb Millionen Einwohner unter Androhung der Todesstrafe, die Stadt innerhalb von zwei Tagen zu verlassen, um auf dem Land zu arbeiten. In der Folgezeit errichteten sie in der »Demokratischen Republik Kampuchea« ein kommunistisches Terrorregime mit Pol Pot als »Bruder Nr. 1« an der Spitze, dem rund zwei der siebeneinhalb Millionen Kambodschaner zum Opfer fielen, davon die Hälfte durch Exekutionen, der Rest durch Zwangsarbeit auf den Feldern (»Killing Fields«), Hunger und Krankheiten. Hunderttausende flüchteten ins Ausland. Ganze Familien und Dörfer wurden restlos ausgelöscht, insbesondere auf dem Höhepunkt der kommunistischen Macht im Herbst 1977. Die Eltern durften nicht mehr mit »Vater« oder »Mutter« angeredet werden. Industrie- und Dienstleistungsbetriebe, Banken, Krankenhäuser und Schulen wurden geschlossen, das Geld wurde abgeschafft. Es gab keine Behörden und Gerichte mehr, keine Gymnasien und Universitäten. Sport und Unterhaltung waren verpönt. Überhaupt war alles nicht ausdrücklich Erlaubte verboten.

Kulturelle und religiöse Traditionen sollten restlos ausradiert werden. Schulzeugnisse, Ausweise, Fotoalben und andere persönliche Identitätsbelege wurden vernichtet, Liebesbeziehungen mit dem Tode bestraft. Der Schulunterricht wurde auf ein Minimum beschränkt. Mädchen zwischen neun und 13 Jahren, die kaum lesen konnten, wurden mit der medizinischen Versorgung der Bevölkerung betraut. Die intellektuelle Elite des Landes wurde – Maos »Große proletarische Kulturrevolution« als Vorbild – gedemütigt, misshandelt und umgebracht. Bereits eine Schulausbildung, Kenntnisse einer Fremdsprache, der Besitz eines Buches oder sogar das Tragen einer Brille genügten, um getötet zu werden. Von 20 000 Lehrern überlebten nur 5000, von ursprünglich 60 000 buddhistischen Mönchen 1000.

Die Roten Khmer überzogen das Land flächendeckend mit Umerziehungs- und Arbeitslagern. Die zur Feldarbeit gezwungenen Überlebenden aus den Städten mussten schwarze Einheitskleidung tragen. Bei Arbeitszeiten von zwölf und mehr Stunden täglich konnte jeder, der zu spät kam, wegen Verdachts auf Sabotage hingerichtet werden. Wer krank wurde, wurde der Simulation verdächtigt und bestraft. Die Verknappung an Lebensmitteln infolge der rapiden Verminderung der Reisernte 1976 wurde systematisch zur Unterdrückung und Kontrolle eingesetzt, wobei der ständige Hunger jegliche Solidarität zerstörte. Gleichzeitig entfachte Pol Pot bis 1978 eine gigantische Säuberungswelle, die auch Tausenden Parteimitgliedern den Tod brachte.

Das gewaltsame Ende gehörte bis zur Besetzung Kambodschas durch die vietnamesische Armee zum Alltag. Um Gewehrkugeln zu sparen, wurden die meisten Opfer erschlagen, aufgehängt, erstickt oder erdrosselt, manche auch bei lebendigem Leib verbrannt. Selbst Kinder blieben von Folter und Ermordung nicht verschont. Dessen ungeachtet strebte Pol Pot frühzeitig die Rekrutierung von Kindern als Soldaten oder Spione des Regimes an, da sie sich als besonders manipulierbar und willfährig erwiesen. Das Zentrum von Folter und Mord war das geheime Gefängnis von Phnom Penh in einer Schule, geleitet von Kang Kek Leu nach Pol Pots Anweisungen. Hier überlebten von mindestens 15 000 Insassen – durch ein Versehen – sieben. Nach erfolterten Fantasiegeständnissen wurden die Beschuldigten in einer Grube mit einer Eisenstange erschlagen.

Pol Pot war ein maoistisch inspirierter, paranoider Fundamentalist, der geräuschlos, aber unerbittlich und kaltblütig im Hintergrund die Fäden zog und im kleinsten Dorf durch Verbreitung einer Atmosphäre von Angst und Schrecken präsent war. Der ehemals von seinen Schülern geliebte, charmante und freundliche Lehrer, der sich für die französische Dichtung, aber auch für Robespierre begeisterte, wandelte sich zum unbarmherzigen Verfechter eines primitiven Steinzeitkommunismus.

Seine Identität blieb weitgehend im Dunklen. Pol Pot erlaubte weder offizielle Abbildungen noch biografische Hinweise auf seine Person. Angehörige seiner Familie hatten am kambodschanischen Königshof gearbeitet; sie blieben ebenso wenig von späteren Verfolgungen verschont wie die meisten seiner ältesten Weggefährten, die er trotz ihrer Bitten foltern und hinrichten ließ. Angesichts der massenhaften, unberechenbaren Liquidationen wirkte seine Anonymität umso bedrohlicher. Der Tod kam lautlos, unerwartet, heimtückisch. In der Öffentlichkeit trat der Führer so gut wie nie auf; ein erstes offizielles Foto von 1976 zeigte ihn als angeblichen Arbeiter auf einer Kautschukplantage.

Nach dem Tod Mao Zedongs im September 1976 wurden Pots Verfolgungsfantasien immer deutlicher. Er wechselte oft seinen ohnehin geheimen Aufenthaltsort, fürchtete sich vor Giftanschlägen und ließ immer wieder vermeintliche Spitzel und Verräter hinrichten. Vergleichbar den stalinistischen Säuberungsaktionen beseitigte er nach und nach alle Spitzenfunktionäre der Partei, da auch hier der Klassenfeind allgegenwärtig war. Für eine Verhaftung genügte eine Denunziation, das gewünschte Geständnis wurde unter der Folter erpresst. Einem Journalisten gegenüber gab Pol Pot als seine bedeutendste Leistung an, alle Sabotagen, Komplotte und Putschversuche gegen ihn vereitelt zu haben.

1978 war die Hälfte der Parteiführer und Parteisekretäre eliminiert, darunter der Vizepremier, dem Pol Pot selbst bei körperlichen Misshandlungen ein Bein gebrochen haben soll. Voll Heuchelei bekannte er 1981 scheinbar selbstkritisch, dass – ohne sein Wissen – von den Funktionären wohl ein zu radikaler Weg eingeschlagen worden sei; die Hauptschuld daran gab er den vietnamesischen Feinden. Neben seiner Paranoia zeigte Pol Pot auch Zeichen von Größenwahn: Wie Stalin und Mao hielt er sich sowohl auf politischem und militärischem Gebiet als auch in der Kunst für ein Genie.

Nachdem die Vietnamesen 1978 in Kambodscha einmarschiert waren und die menschenleere Hauptstadt erobert hatten, wichen die Roten Khmer in die Dschungelgebiete an der thailändischen Grenze zurück, von wo aus sie einen Guerillakrieg gegen die Volksrepublik Vietnam führten. Der kränkelnde Pol Pot wurde von dem »Schlächter« General Ta Mok aus seiner Führungsposition verdrängt und festgesetzt. Im Juli 1997 wurde er von einem »Volkstribunal« der Roten Khmer zu lebenslangem Hausarrest verurteilt. Er verstarb allem Anschein nach 1998 durch Selbstmord an einer Überdosis von Medikamenten, da er möglicherweise seine Auslieferung an die USA fürchtete, die mit einem Kriegsverbrechertribunal gedroht hatten. Auch von einer Vergiftung ist die Rede.

Wie furchterregende Monumente des Schreckens ragen diese – zu Lebzeiten von vielen vergötterten – Gestalten, wahrlich Mächte des Bösen, in die von Kriegen und Katastrophen zerrissene Landschaft des 20. Jahrhunderts.

Zusammengenommen haben allein diese vier Männer direkt als Befehlshaber oder indirekt als Planer und Anstifter etwa 130–140 Millionen Tote zu verantworten, eine gigantische Zahl an skrupellos, brutal und sinnlos geopferten, zuerst psychisch, dann physisch vernichteten Menschen. Trotz einigen Gemeinsamkeiten in ihrem rücksichtslosen Kampf um die Macht, ihrem fast religiösen Sendungsbewusstsein und ihrem Personenkult gab es deutliche Unterschiede in Temperament, Konstitution, Habitus, Auftreten, Lebensstil und Erscheinungsbild der vier Tyrannen: Während Pol Pot ein unzugänglich-verbohrter, introvertierter Theoretiker war, dem an Pomp und Luxus nichts lag, herrschte der narzisstisch-machthungrige Mao Zedong als unberechenbarer und rachsüchtiger Potentat, der Beifall und Bewunderung genoss. Stalin zeichneten eher Schläue und Hinterhältigkeit aus. Hitler war ein expansiver Egomane, der sich berufen wähnte, mit einer »Rassenelite« die Welt zu erobern. Besonderheiten ihrer Herkunft oder Entwicklung, die ihr Denken und Handeln erklären könnten, lassen sich nicht ausfindig machen. Wenig wahrscheinlich ist, dass sie im Laufe ihres Lebens eine Wandlung vom normalen Menschen zum gewissenlosen Politmonster vollzogen haben. Eher ist davon auszugehen, dass sich – wie bei allen amoralischen Psychopathen – durch passende gesellschaftliche und politische Konstellationen einschließlich ergebener Gefolgschaft starke, anlagebedingte Potenziale an Machtgier, Fanatismus und Gewissenlosigkeit entfalten konnten.

Einige Massenmörder kamen davon. Pol Pot wurde von seinen eigenen Kombattanten – aus politischem Kalkül, nicht aus Schuldbewusstsein – ohne weitere Konsequenzen aus dem Verkehr gezogen und unter Hausarrest gestellt. Der Kommandeur Ta Mok, 80, wurde 2002 festgenommen und verstarb 2006 im Krankenhaus. Gegen den genannten 66-jährigen Kaing Guelk Eav, ehemaliger Chef des Foltergefängnisses in Phnom Penh, und gegen den 80-jährigen Nuon Chea, Pol Pots Stellvertreter und Chefideologen, beide in Untersuchungshaft, laufen derzeit von Seiten des Khmer-Rouge-Tribunals in der kambodschanischen Hauptstadt Ermittlungen. Ieng Sary, der Schwager Pol Pots, ebenfalls 80, als Außenminister Nr. 3 in der Terrorhierarchie und bislang durch König Sihanouk amnestiert, wurde gemeinsam mit seiner Frau ebenfalls festgenommen. Pol Pots Nachfolger Khieu Samphan, 78, lebte zurückgezogen in einem Dschungeldorf im Südosten, ehe er 2007 inhaftiert wurde.

So bleibt nach dem deprimierenden Bankrott von Humanismus und

Religion für unser Zeitalter das Fazit, dass Massenmörder, Kriegsverbrecher und Terroristen weiterhin wie die apokalyptischen Reiter unterwegs sind, tiefe Spuren von Tod und Zerstörung hinterlassend.

Folter

Der menschliche Geist war bei Entwicklung von raffinierten Methoden und ausgeklügelten Werkzeugen, mittels derer er seinesgleichen körperliche Schmerzen und psychische Schädigungen zufügen kann, nicht weniger erfindungsreich als bei der Schaffung nützlicher technischer Errungenschaften. Auch hier trieb die Saat des Bösen giftige Blüten. Andere gezielt und kontrolliert zu peinigen, dient nicht nur der Befriedigung narzisstischer Überheblichkeit und sadistischer Gelüste, sondern – im Bereich von Machtpolitik und Staatsterror – auch der Einschüchterung, Bestrafung und Erpressung. Als klassisches Sinnbild der Folter gilt das Schicksal des von den Göttern gestraften König Tantalos, der dazu verdammt ist, in der Unterwelt immerwährenden Durst und Hunger zu erleiden. Mitten im Wasser stehend, verschwindet dieses jedes Mal, wenn er sich niederbeugt, um zu trinken. Ein plötzlicher Sturm treibt die über ihm hängenden, zum Greifen nahen Früchte fort, wenn er hungrig seine Hände danach ausstreckt.

Das Prinzip der Folter besteht in einer sukzessiven, wiederholten Zufügung von intensiven körperlichen und/oder seelischen Schmerzen bis zur Unerträglichkeit, ohne jedoch das Objekt der Tortur zu töten. Die mittelalterlichen Folterknechte waren in der Einschätzung der vitalen Belastbarkeit ihrer Opfer erfahren. Heute überwachen bisweilen korrumpierte Ärzte die abgestuft dosierten Misshandlungen.

Das Foltern beschränkte sich keineswegs auf die bereits im vorigen Kapitel beschriebenen mittelalterlichen Inquisitionsprozesse, und es verschwand nicht mit der Aufklärung. Trotz offizieller Abschaffung der Folter, in Europa zuerst 1734 in Schweden, und entgegen wiederholten völkerrechtlichen Erklärungen und Deklarationen zu den Menschenrechten, blieb sie in totalitären Systemen ein gängiges Mittel, um oppositionelle Denkweisen und ihre Verbreitung mit allen Mitteln zu unterbinden.

Bis auf den heutigen Tag wird weltweit gefoltert, laut Amnesty International 2006 in mindestens hundert Ländern, wobei folgende physische Methoden gängig sind: Elektroschocks, Schläge, Auspeitschen, Verbrennen mit Säure oder Zigaretten, tagelanges Stehen, Verhüllen des Kopfes, Herausreißen der Nägel, Zerschlagen der Hoden, Brechen der Gliedmaßen, Eintauchen in Wasser bis zum Ersticken, Aufhängen und Vergewaltigen.

Gefoltert wurde beispielsweise im Befreiungskrieg der FLN Algeriens gegen Frankreich (1954–1962), während des Kampfes gegen die Rassentrennung in Südafrika und im Vietnamkrieg (1957–1975), wobei von nordvietnamesischer Seite die qualvolle Gefangenenhaltung in extrem engen Käfigen, sog. Tigerkäfigen praktiziert wurde. Im irakischen Saddam-Regime waren Folterungen einschließlich Amputationen von Gliedmaßen an der Tagesordnung. Auch von den US-Militärs auf Guantánamo festgesetzte, des Terrorismus verdächtigte Personen wurden körperlichen Misshandlungen und mentaler Folter wie Reizüberflutung, stundenlangen Verhören, Isolation und Dunkelhaft unterzogen. Die islamische Scharia erlebt derzeit eine Renaissance; zu ihrem Strafrepertoire gehören Auspeitschen, Abhacken einer Hand, Schläge auf Fußsohlen und Beine, sogar die Steinigung. Um keine äußerlich erkennbaren, den Peiniger eventuell kompromittierenden Spuren zu hinterlassen, wird bisweilen lieber zur psychischen Folter gegriffen, die im Übrigen nicht weniger wirksam als die physische ist.

Die Erfindung grausamster Martern hatte schon im Altertum zum Ziel, Informationen zu erhalten, die nicht aus freien Stücken geliefert wurden. Nachdem durch kirchliche Erlasse im 11. Jahrhundert die Folterung von Heiden, Juden, Ketzern, Hexen – Feinden der Kirche und des Papstes – freigegeben worden war, wurde sie im Zusammenhang mit den Ketzer- und Hexenprozessen hauptsächliche Methode, um das Geständnis als wichtigstes, auf jeden Fall unerlässliches Beweismittel zu erhalten. Die »peinliche Befragung« beinhaltete ein abgestuftes Folterprogramm, das genau eingehalten wurde. Die in der bereits beschriebenen Gerichts- und Prozessordnung »Carolina« von 1532 vorgesehenen Einschränkungen hatten de facto keine Auswirkungen. Die damaligen Methoden waren hauptsächlich das Zerquetschen der Gliedmaßen durch Daumen- und Beinschrauben, das Ausrenken der Gelenke durch Aufhängen oder Überdehnung auf der Streckbank sowie das Versengen und Brennen besonders empfindlicher Hautbereiche.

Eine besondere Rolle spielt die Vergewaltigung als Kennzeichen für Demütigung und Erniedrigung des Besiegten. Neben der körperlichen Misshandlung und seelischen Traumatisierung hat sie die besondere Funktion von Machtausübung, Dominanz und Inbesitznahme des Opfers – meistens einer Frau. In dieser Hinsicht entspricht sie dem Imponier- und Potenzgehabe von Alphatieren in der freien Wildbahn, die damit ihre Vorherrschaft signalisieren.

Einerseits schwer, oft lebenslang traumatisierend, andererseits kaum je nachweisbar sind die Folgen mentaler Drangsalierungen, an denen sich gelegentlich psychologische Spezialisten beteiligen. Zur psychischen Folter gehören Überflutungen mit akustischen und Lichtreizen, Beschimpfungen und Demütigungen, Scheinhinrichtungen, Isolation, Verdunkelung und Schlafentzug während der Haft. Eine besonders perfide Variante besteht darin, das Opfer selbst zum Augenzeugen der Folter anderer herabzuwürdigen oder gar zur Mitbeteiligung zu zwingen.

Subtilere Formen psychischer Quälerei können absichtliches Verschweigen, Desinformation, falsche Versprechungen, brutale Kaltherzigkeit, unbestimmte Androhungen sein, für Anhänger einer Religionsgemeinschaft die Herabwürdigung ihrer Glaubensinhalte und -symbole.

Indoktrination und Gehirnwäsche waren eine Spezialität der Repressionsapparate kommunistischer Diktaturen, um die erwünschten, wie auch immer zustande gekommenen (Fantasie-)Geständnisse zu erhalten. Nach seiner Freilassung 1956 beschrieb der bereits erwähnte Artur London rückblickend seine Situation im Prager Gefängnis Kolodeje wie folgt:

»Der Schmerz in den Schultern und im Rücken wird immer heftiger. Die Unmöglichkeit, die Hände auszustrecken, führt zu unerträglichen Krämpfen. Ich bin nicht mehr imstande zu denken. Meine Gedanken verwirren sich. Da man mir Unterhemd, Pullover und Mantel weggenommen hat, ist mir sehr kalt ... ich habe seit dem Vortag weder getrunken noch gegessen. Ich kann nicht weiter und lege mich auf den Boden. Sofort befiehlt mir die brutale Stimme: ›Weitergehen!‹ Da ich nicht gehorche, öffnet der Wärter die Türe und stößt einige Drohungen aus. Ich weigere mich aufzustehen. Er ruft einen anderen Wärter zu Hilfe, der mich schlägt und mit Beschimpfungen überhäuft ... Ich bin erschöpft und friere erbärmlich. Der Hunger krampft mir den Magen zusammen ...

Ich klopfe an die Tür. Auf mein Verlangen bringt man mir einen Eimer. Der Wärter weigert sich, mir die Handschellen abzunehmen, und hält seine Maschinenpistole auf mich gerichtet. Stehend, mit gefesselten Händen, muss ich meine Bedürfnisse erledigen. Ich fühle mich zum Tier herabgewürdigt ... ich bin in einem Keller; einem Loch. Die Grundfläche mißt kaum vier Quadratmeter. Von den Wänden tropft es. Es ist so naß, daß meine Kleider sofort feucht werden. Da und dort gibt es Eiszapfen. Der Boden ist lehmig ... In dem Loch gibt es nichts, das einen Begriff von der Zeit erlaubt hätte. Es könnte mir so scheinen, als sei alles Leben zum Stillstand gekommen ... Jede Viertelstunde klopft der Wärter an die Tür. Dann muß ich Front gegen das Guckloch machen und mit leiser Stimme melden: ›Hier Gefangener Nr. ...‹ Die Bewegung fällt mir bei meiner ungeheuren Erschöpfung immer schwerer. Brust, Rücken, Schultern, meine Arme und Beine, mein ganzer Körper schmerzen. Ich kann nicht mehr weiter. Ich breche zusammen ... Die Tür wird aufgerissen, zwei Wärter packen mich unter den Achseln, schütteln mich, schlagen meinen Kopf gegen die Wand ... Ein dritter kommt mit einem Eimer eiskaltem Wasser. Er packt mich am Kopf und taucht ihn mehrmals in den Eimer.«

Zwischenzeitlich wurde London immer wieder in unregelmäßigen Abständen zu Verhören gerufen:

»Am Nachmittag beginnen die Verhöre von neuem. Der Kalender auf dem Tisch des Referenten gibt mir wieder an, welcher Tag es ist: Freitag. Es ist also eine zweite Woche vergangen, in der ich fast nichts getrunken oder gegessen, in der ich außer in jenen vier Stunden nicht geschlafen, stets mit gefesselten Händen gestanden habe und ununterbrochen verhört wurde ... Die Referenten werden immer gewalttätiger. Jetzt sind es zwei und auch drei gleichzeitig, die mich verhören. Wenn man mir Faustschläge versetzt, meinen Kopf gegen die Wand schlägt, verbindet man mir vorher die Augen.«[4]

Nach monatelangen Verhören war London schließlich zum »Geständnis« hergerichtet. Er unterschrieb das Schlussprotokoll, das er für den Prozess auswendig lernen musste: Er sei mit einer fremden Macht oder ausländischen Behörden in Verbindung getreten, um ihnen Staatsgeheimnisse zu enthüllen, obwohl ihm die Bewahrung dieser Geheimnisse ausdrücklich aufgetragen worden sei und zu den Pflichten seiner Funktion gehört habe. Er habe sich mit anderen Führern der Verschwörung beraten, um Mittel und Wege zu finden, die Unabhängigkeit der Republik und das Regime der Volksdemokratie zu vernichten. Er sei ein amerikanischer Spion und so fort. Die Psychologie der Zermürbung, die Entwicklung vom erbitterten Widerstand gegen die lächerlich absurden Vorwürfe bis zum detaillierten

»Geständnis« eines durch Folter und Hirnwäsche gebrochenen Menschen wurde 1969/70 unter der Regie von Constantin Costa-Gavras im gleichnamigen Film eindrucksvoll dargestellt.

Im November 1976 wurde der 26-jährige DDR-Schriftsteller und Sozialpsychologe Jürgen Fuchs wegen »Staatsverleumdung« festgenommen und im Gefängnis des Ministeriums für Staatssicherheit Berlin-Hohenschönhausen eingesperrt. Nach internationalen Protesten wurde er neun Monate später in den Westen abgeschoben. Fuchs notierte in seinen »Gedächtnisprotokollen« zur Vernehmungsatmosphäre:

»Was gibt's denn da zu glotzen? Sie sind bei der Stasi, Fuchs, und das hier ist meine Schnauze, wie der Biermann sagt. Und jetzt packen Sie aus … mit dieser konterrevolutionären Situation hier werden wir schon fertig, keine Angst, wir haben schon ganz andere Zeiten erlebt … Und jetzt kommen die Verhöre … Da können Sie flüssig schreiben, Gedächtnisprotokolle, soviel Sie wollen. Sie sind doch ein Dichter, ein richtiger Schmierfink, der in die Literaturgeschichte eingehen will. Also bitte … Jetzt sind Sie drin, wenn Sie irgendwann mal wieder herauskommen sollten, werden Sie ein anderer sein. Und was Sie dann erzählen werden, wird Ihnen doch keiner glauben. Eines werden wir auf jeden Fall erreichen, das gebe ich Ihnen schriftlich: Sie werden vor Hass sprühen. Dann ist es aus mit der Kunst und mit Ihrem Sozialismus, das kann uns nur recht sein …. Und Protokolle werden wir auch noch machen, als Beweismittel … Zeile für Zeile werden wir durchgehen, bis es Ihnen zum Halse heraushängt, bis Sie Ihr eigenes Zeug nicht mehr hören können … Natürlich ist das keine Literatur, was Sie machen, sondern Schweinerei, schlicht und einfach Schweinerei … Das ist also nach Ihrer Meinung Kunst? Wissen Sie, wie das der Staatsanwalt vor Gericht nennen wird? Verunglimpfung der Arbeiterklasse, der sozialistischen Gesellschaft … Na ja, schön, daß Sie Ihren Humor nicht verloren haben. Sie sind jetzt drei Monate hier, warten wir's ab, noch haben Sie nicht alles kennengelernt, nach sechs Monaten gibt es zum Beispiel meist eine interessante psychische Veränderung, Sie werden sehen … legen Sie sich später nicht mit uns an. Wir finden Sie überall. Auch im Westen. Autounfälle gibt es überall … Sie meinen, das ist eine Drohung, na klar, was denn sonst.«[5]

Als Jürgen Fuchs 1999 im Alter von 48 Jahren an Blutkrebs starb, tauchte der Verdacht auf, dass er durch einen Röntgenapparat unbemerkt mit

Strahlen verseucht worden sein könnte, da später ein entsprechendes Gerät hinter einem Vorhang im Gefängnis entdeckt wurde. Im Zusammenhang mit den aktenkundigen Maßnahmen der Staatssicherheit zur körperlichen und psychischen Schädigung Oppositioneller – »Zersetzung« genannt –, erscheint diese Vermutung nicht abwegig.

Nicht nur als Betroffener, sondern auch von Berufs wegen hat sich Jürgen Fuchs mit der Psychofolter auseinandergesetzt. Als für sich psychisch besonders belastend beschrieb er den willkürlich-unberechenbaren, krassen Stimmungswechsel des Vernehmers: Aus dem soeben noch freundlich-väterlichen, verständnisvollen Mann, der ihm Zigaretten anbot, Hoffnung auf baldige Entlassung machte und Grüße von den Eltern bestellte, konnte abrupt ein bösartiger Feind werden, der ihn herabsetzte, beschimpfte, provozierte und bedrohte, auch unter Herbeirufen eines brutal wirkenden »Räumungskommandos«.

Keine besondere, schon gar nicht anspruchsvollere Legitimation für seine Straftaten benötigt der gewöhnliche Kriminelle. Ihn leitet schlicht und einfach das Streben nach persönlicher Bereicherung, möglichst ohne größere Anstrengung – entweder in weicher Form durch Betrug, Fälschung oder Hehlerei oder in grober Weise durch Diebstahl, Einbruch oder Raubüberfall. Diese unterschiedlichen Methoden der Delinquenz sind persönlichkeitsgebunden; sie hängen ab von der jeweiligen Ausprägung an Intelligenz, aggressivem Potenzial, Kaltblütigkeit und Kontrollvermögen. Ein Teil der straffälligen Personen wird ausschließlich angetrieben durch aggressive und sadistische Impulse: Hooligans, Berufsrandalierer, Brandstifter, Vergewaltiger, Triebtäter.

Terrorismus

Steter Druck von oben führt zu wachsender Opposition von unten, die sich bei Zustimmung und Unterstützung durch das Volk in Form einer sich ausbreitenden Auflehnung bis zum allgemeinen Bürgerkrieg organisieren kann, sofern keine totale Gleichschaltung nach radikaler Ausrottung aller »Abweichler« erreicht wurde.

Andere Möglichkeiten eines Widerstandes gegen die Übermacht einer Diktatur bieten einzelne terroristische Aktionen, geplante und gezielte

Gewaltakte, die öffentliche Aufmerksamkeit erwecken und Stärke demonstrieren sollen. Die Übergänge zum Guerilla- oder Freiheitskampf sind fließend, allerdings vermeiden Terroristen den offenen Kampf und operieren vorzugsweise mit spektakulären Aktionen aus der Deckung. Der internationale Terrorismus arabischer und afrikanischer Herkunft verfolgt weitaus umfassendere, meist globale religiöse oder gesellschaftliche Ziele.

Im weiten Spektrum des Terrorismus finden sich alle möglichen Arten von Kämpfern: Rebellen, Partisanen, Freischärler, Guerilleros, Legionäre und Söldner, sicher auch Marodeure und gewöhnliche Straftäter, die im Windschatten revolutionärer Unternehmungen ihren kriminellen Neigungen nachgehen. Da sich außerdem der kostenintensive Terrorismus nicht nur aus normaler Arbeit und Spenden finanzieren kann, beschafft er die notwendigen Mittel aus Entführungen und Erpressungen, Raubzügen und Überfällen, zum Teil auch aus dem Drogen- und Waffenhandel. Moralische, logistische und finanzielle Unterstützung findet der internationale Terrorismus laut Veröffentlichung der US-Administration zudem von Staaten wie Kuba, Nordkorea, Libyen, Syrien, Iran, Sudan, Pakistan und Saudi-Arabien. Auch Ostblockländer wie die DDR und Rumänien gewährten Terroristen einst Unterschlupf, halfen bei der Verschleierung ihrer Identität und gaben logistische Unterstützung.

Terroristen nehmen für sich selbst – je nachdem, ob sie sich als Sozialrevolutionäre, nationalistische Freiheitskämpfer oder religiöse Fundamentalisten begreifen – das Recht in Anspruch, für eine moralische, ehrenwerte Sache zu kämpfen, für Freiheit, Recht und den wahren Glauben bzw. gegen Unterdrückung, Ausbeutung und Ungerechtigkeit. Das Ziel ist dabei nicht unbedingt der Umsturz oder eine Revolution. Vielmehr bezwecken die Aktionen meist eine außenpolitische Kursänderung des attackierten Systems oder soziale Korrekturen. Irrational denkende und fanatisch handelnde Terroristen sind allerdings eher nach psychopathologischen Kriterien zu beurteilen. Aus einer Mischung von Realitätsverlust und Überlegenheitsgefühl erwächst die irreale Vorstellung, durch Verbreitung immer größeren Schreckens anderen ihre eigenen, radikalen politischen, allerdings oft dürftigen und undifferenzierten Vorstellungen aufzuzwingen. Da verständlicherweise der erwünschte große Erfolg ausbleibt, wird die Gewaltspirale in Bewegung gehalten, wobei das Feindbild immer stereotyper, die Aktion immer spektakulärer wird. Kompromisse, gewaltlose Auseinandersetzungen und Diskussionen werden von vornherein abgelehnt, um jede Aufweichung des eigenen Standpunktes zu vermeiden und die Mordtaten zu rechtfertigen: Der Klassenfeind, der Kapitalismus, die Fremdherrschaft, der Imperialismus, der Unglaube, die Häresie – der »Große Satan« – sind notwendige Objekte, um dem implantierten Hass ein Ziel und der eigenen Überzeugung einen Halt zu geben.

Bei solchen terroristischen Gewalttätern ist von einer unberechenbaren Mischung aus Intoleranz und Fundamentalismus, missionarischem Eifer und Märtyrergesinnung auszugehen, die – aufgeladen durch Gefühle von Hass und Rache, von Größenideen und Machtrausch – eine maximale Zerstörungsdynamik akkumuliert. Das zur jeweiligen ideologischen Leitlinie erhobene Dogma wird ohne Kompromiss mit aller Schärfe verfochten, bewusst und vorsätzlich auch um den Preis vieler unschuldiger Opfer. Die völlige Negierung der traditionellen, bürgerlich-humanistischen moralischen Werte erzeugt Verwirrung und Hilflosigkeit bei den ins Visier genommenen Gesellschaften, die sich ohne Einschränkungen ihres eigenen Freiheits- und Rechtekanons dagegen nicht zur Wehr setzen können. Die erzwungenen Verhandlungen mit Geiselnehmern oder Beschneidungen von Grundrechten sind solche Beispiele eines ohnmächtigen Sich-Fügens von Staatsführungen wider bessere Einsicht.

Organisierte Revolten unterdrückter Volksgruppen hat es seit jeher gegeben, angefangen vom Aufstand der Zeloten gegen die römische Besetzung Palästinas, die zu zwei jüdischen Kriegen im 1. Jahrhundert n. Chr. führten. Im Mittelalter kämpfte der Geheimbund der Assassinen – die ersten Selbstmordattentäter – gegen die Kreuzfahrer, dann aber auch gegen deren Verbündete im eigenen Land. Zahlreichere, kleinere Aufstände mit terroristischen Anschlägen seitens anarchistischer Gruppen gab es gehäuft im Europa des 18. und 19. Jahrhunderts.

Seit der Teilung ihres Landes 1920/21 attackiert die 1919 gegründete katholisch-nationalistische IRA (»Irish Republican Army«) mit terroristischen Aktionen die britische Herrschaft in Nordirland, um eine Vereinigung mit der irischen Republik zu erreichen. Zusätzlich spielen konfessionelle Gründe eine Rolle, wodurch der seit Ende der 1960er Jahre ausgebrochene Bürgerkrieg auch mit einem heftigen protestantischen Gegenterror einherging. Die folgenden drei Jahrzehnte forderten mehr als 3000 Todesopfer.

In Nordspanien operiert seit 1959 die Untergrundorganisation ETA (»Euzkadi Ta Azkatasuna«) mit Bombenanschlägen und anderen brutalen

Terroranschlägen für einen autonomen baskischen Staat. Die blutigen Auseinandersetzungen zwischen der seit 1978 existierenden, marxistisch inspirierten PKK (»Partiya Karkeren Kurdistan«) unter Führung des seit 1999 inhaftierten Öcalan und der türkischen Zentralregierung führten vor allem in den 1990er Jahren zu Tausenden von Toten und zur Zerstörung zahlreicher kurdischer Dörfer in Anatolien.

Gegen Ende der 1960er Jahre etablierte sich mit der PFLP (»Volksfront für die Befreiung Palästinas«) bzw. dem »Schwarzen September« der palästinensische Terrorismus. Es folgte einer Welle von Flugzeugentführungen und Anschlägen, von denen das Attentat auf israelische Sportler und Funktionäre während der Olympischen Sommerspiele 1972 in München einen besonders brutalen Höchpunkt darstellte. Terroristen sehen sich als Krieger für die gerechte Sache, den wahren Glauben, den Sieg des Guten, die Freiheit des Menschen. Die palästinensischen Terrororganisationen kämpfen seit der Gründung des Staates Israel im Jahr 1948, die zur Flucht und Vertreibung von 700 000 bis 800 000 palästinensischen Arabern führte, für eine Rückkehr in ihr Heimatland.

Im Zuge der studentischen Protestbewegung bildeten sich in Deutschland zu Anfang der 1970er Jahre die »Rote-Armee-Fraktion« (RAF), der ein eigenes Kapitel gewidmet ist, die anarchistische »Bewegung 2. Juni« und die »Revolutionären Zellen«, in Italien die »Brigate Rosse«, in Frankreich die »Action Directe«, die auch untereinander Kontakt hielten. Der Topterrorist Carlos spielte hier ebenso zeitweilig die Rolle eines Paten und Verbindungsmannes zu den Terrorgruppen im Nahen Osten.

Während sich die RAF als sozial-revolutionäre, antiimperialistische Vereinigung verstand, bestimmen ethnisch-nationalistische bzw. religiöse Ziele die Aktivitäten der PLO in Palästina, der PKK in der Türkei und der ETA in Spanien, wo jeweils mit Terror politische Unabhängigkeit und Autonomie erzwungen werden sollen. In einem Dauerkonflikt befinden sich seit Jahrzehnten Israel und die palästinensischen Widerstandsvereinigungen Hisbollah (»Partei Gottes«) bzw. Hamas, die sich allerdings auch untereinander befehden.

Weitgehend religiös motiviert war demgegenüber der Anschlag der japanischen Aum-Sekte, 1984 vom 30-jährigen Guru Shoko Ashara gegründet und zuletzt rund 10 000 Anhänger in Japan und weitere 30 000 in Russland umfassend. Am 20. März 1995 setzten in Tokio gleichzeitig mehrere Mitglieder der Sekte in fünf U-Bahn-Zügen das Giftgas Sarin aus Plastiktüten frei und töteten damit zwölf Fahrgäste, 5500 wurden verletzt. Die Polizei fand später große Mengen dieses und anderer hochgiftiger Gase, die für den Tod von über vier Millionen Menschen ausgereicht hätten. Ashara wurde 2003 zum Tode verurteilt und im März 2007 gehängt.

Im »Heiligen Krieg« (Dschihad) entfaltet sich ein religiös motivierter Terror auf der Grundlage des islamischen Fundamentalismus. Nachdem die islamische Revolution im Iran 1979 erfolgreich war, wurde versucht, dieses Modell gewaltsamer Islamisierung auch auf andere, benachbarte Staaten zu übertragen. 1988/89 entwickelte sich aus einem Rekrutierungsbüro zur Anwerbung muslimischer Kämpfer in Peschawar unter maßgeblicher Beteiligung von Usama Bin Laden ein anfangs fest geknüpftes Netzwerk des militanten Islamismus mit dezentraler Organisationsstruktur.

Al-Quaida

Auch nachdem es den afghanischen Widerstandstruppen gelungen war, die Ende 1979 einmarschierten sowjetischen Truppen wieder hinauszudrängen, sammelten sich weiterhin Freiwillige hauptsächlich aus Saudi-Arabien, Ägypten, Jemen und Algerien, um sich »al-Qaida« (Basis) anzuschließen. Die grenznahen Gebiete von Pakistan wurden zum Reservoir und Rückzugsgebiet von Tausenden Gotteskriegern der Terrororganisation. Die angeworbenen Rekruten werden einerseits mit der Ideologie des Dschihad vertraut gemacht, andererseits auf ihre Eignung überprüft: Loyalität, fester Glaube, Verschwiegenheit, Ehrlichkeit, Geduld, Vorsicht, Gesundheit, Disziplin und Wille zur Selbstaufopferung sind die wichtigsten Voraussetzungen für die Schulungen und Vorbereitungen zu Terrorakten, die in speziellen Ausbildungslagern erfolgen. Unterhalb der Kommandoebene mit einem Konsultativrat gibt es Komitees und Ausschüsse für militärische Fragen, für Sicherheit, Finanzen, Religion, Propaganda und Logistik. Der Rat – das Islamkomitee – überwacht die Einhaltung der religiösen Regeln und legitimiert religiös-moralisch die Terroraktionen.

Das Handbuch für terroristische Operationen ist die 1993/94 verfasste, enzyklopädische *Declaration of Jihad Against the Country's Tyrants*, in der sowohl die notwendigen charakterlichen Eigenschaften der Glaubenskrieger wie auch die Planung und Ausführung von Bomben- und Giftanschlägen bis hin zu Geiselnahmen und Foltermethoden beschrieben sind. Wie die Büchse der Pandora enthält der 180 Seiten lange Extrakt des Bösen

Anweisungen zum Gebrauch von Sprengstoff und Waffen einschließlich der Vorbereitung auf Selbstmordattentate. Anleitungen zur Herstellung von Bomben werden auch per Video vertrieben oder im Internet angeboten. Überhaupt nutzt Al-Qaida alle Möglichkeiten der modernen Kommunikation und Werbung für ihre fanatisch-missionarischen Ziele.

Mit den afghanischen Taliban besteht seit 1999 eine enge Kooperation. Vermutlich gewährt deren Anführer Mullah Omar der Al-Qaida-Spitze, darunter Bin Laden und sein Vertreter Aiman az-Zawahiri, im Südosten des Landes Unterschlupf und Unterstützung. Die Taliban hatten sich als mächtigste Gruppe der Widerstandskämpfer gegen die russische Besatzung 1993 etabliert und versucht, die Scharia einzuführen bzw. das Land nach strengen, islamisch-fundamentalistischen Vorstellungen zu tyrannisieren, bis sie im Afghanistankrieg ab Oktober 2001 schrittweise in die jetzigen Rückzugsgebiete abgedrängt wurden. Al-Qaida-Kontakte bestehen auch zu den palästinensischen Organisationen und zur Hisbollah im Libanon.

Gekämpft wird für die gewaltsame Verbreitung des islamischen Religionsverständnisses gegen die Irrlehren der Ungläubigen und die Herrschaft der Feinde, in der Hauptsache gegen »Juden, Kreuzfahrer und deren Handlanger«. Als Verkörperung des westlichen Bösen wird in erster Linie der »Große Satan« USA angesehen. Ziel ist die Errichtung eines mächtigen muslimischen Gottesstaates, einer Art Super-Kalifat fundamentalistisch-islamischer Prägung. Hauptsächliche Mittel sind nationale und transnationale Terrorakte – meist Bombenanschläge und Selbstmordattentate. Seit 1998 wird der Kampf von einer internationalen islamischen, dezentralisierten Allianz geführt, einer lockeren Klammer für die mehr oder weniger selbstständig operierenden Terrorgruppen und Einzelkämpfer aus 50 Ländern. Etwa weltweit sieben Millionen Sympathisanten, die jährlich ein Spendenvolumen von 300 Millionen Euro einbringen, unterstützen den Terror, zu dem in den Moscheen und Koranschulen durch »Hassprediger« aufgerufen wird.

Wie bei allen gewalttätig-militanten Bewegungen dient auch hier der Glaube an die eigene Unfehlbarkeit als Rechtfertigung für Mord und Geiselnahme, eine fanatisch-kompromisslose Ideologie, die alles erlaubt, was angeblich der Sache dient. Wie weit dabei der muslimische Glaube vorgeschoben ist oder tatsächliche religiöse Überzeugung zum Kampf ansportt, mag dahingestellt bleiben, umso mehr, als der Koran offenbar unterschiedlich ausgelegt werden kann.

Eine wichtige Rolle im »Heiligen Krieg« spielen die zu Märtyrern ver-
klärten Selbstmordattentäter, die ab 1982 zunächst von der Hisbollah gegen
die israelische Besatzung im Libanon eingesetzt und dann von anderen
Terrorvereinigungen wie Al-Qaida übernommen wurden. Die hoch-
motivierten Attentäter werden wie Helden gefeiert und verehrt. Sie werden
als vorbildliche Elite betrachtet. Die Familie genießt einen hohen sozialen
Status und erhält besondere Gratifikationen, was zusätzlich moralischen Druck auf die auserwählten Suizidenten ausübt. Schätzungsweise
100 000 solcher »Krieger« sollen derzeit bereit sein, ihr Leben einzusetzen.

Vor allem Anschläge mit Autobomben oder Sprengstoffgürteln bieten
große Vorteile, zumal gegen den heimtückischen Angreifer keine wirksame
Verteidigung möglich ist. Die üblichen Regeln des Selbstschutzes werden
außer Kraft gesetzt. Mit verhältnismäßig geringem Aufwand und wenig
Kosten werden größtmögliche Schäden angerichtet: Dynamitbeladene
Autos, Rucksackbomben oder Sprengstoffgürtel, die in dichten Menschen-
ansammlungen gezündet werden, erzielen auf einfache Weise ein Maxi-
mum an Toten und Zerstörung verbunden mit einem Höchstmaß öffentlicher Aufmerksamkeit.

So wurden beispielsweise bei dem verheerenden Doppelanschlag der
Hisbollah auf das US-Hauptquartier und eine französische Kaserne am
23. Oktober 1983 in Beirut über 300 Soldaten getötet. Bereits am 18. April
waren 63 Angehörige der amerikanischen Botschaft durch eine Autobombe ermordet worden. Bisheriger Kulminationspunkt der terroristischen Kamikazeaktionen waren die Flugzeuganschläge auf die beiden
Türme des Word Trade Center am Vormittag des 11. September 2001 in
New York, die rund 3000 Menschen das Leben kosteten. Die Anschläge
waren das Ergebnis einer von langer Hand vorbereiteten Koordination
konspirativer, personeller, technischer und logistischer Aktivitäten im
»Heiligen Krieg« gegen den Unglauben. Zu diesem, die amerikanische
Nation tief traumatisierenden Geschehen wurden 2006 unter der Regie
von Paul Greengrass und Oliver Stone zwei Spielfilme produziert.

Von 1995 bis 2005 fielen insgesamt ca. 4200 Personen terroristischen
Anschlägen islamistischer Attentäter zum Opfer, nicht eingerechnet die alltäglichen Opfer im Irak. In jüngerer Zeit gab es 191 bzw. 56 Tote durch die
Zugattentate am 11. März 2004 in Madrid bzw. am 7. Juli 2005 in London,
sowie weitere 88 Tote durch Bombenanschläge am 23. Juli 2005 im ägyptischen Sharm El-Sheikh. Vereitelt bzw. fehlgeschlagen in letzter Minute

waren Anschläge mit Koffer- bzw. Autobomben in Köln, Frankfurt, London und Glasgow im Juli, August und November 2006 bzw. Juli 2007.

Sayid Qutb, der 1966 in Ägypten hingerichtete Theoretiker der »Muslimbruderschaft«, einer 1928 begründeten Vorläuferorganisation der späteren radikalen islamisch-fundamentalistischen Gruppen im Nahen Osten, schrieb in seinem Hauptwerk, den *Zeichen auf dem Weg*:

> »Gott hat nur aus einem Grund das Töten erlaubt, – wenn es kein anderes Mittel gibt –, und das ist der Dschihad. Er hat das Ziel des Gläubigen und das Ziel des Ungläubigen auf höchst klare und eindeutige Weise definiert: Diejenigen, die glauben, kämpfen für Gott. Und diejenigen, die nicht glauben, kämpfen für die Götzen. Bekämpft also die Anhänger Satans; die Gilde Satans ist gewiß nur schwach.«

Usama Bin Laden, inzwischen Leitfigur des Kampfes für einen muslimischen Weltstaat, hat den USA bereits im August 1996 offiziell den Krieg erklärt, da sie das Land mit den beiden heiligen Stätten besetzt hielten *(Declaration of War Against the Americans Occupying the Land of the Two Holy Places)*. 1998 verkündete er die *Erklärung des Heiligen Krieges gegen Juden und Kreuzfahrer (Jihad Against Jews and Crusaders)*. Es sei die Pflicht eines jeden Muslim, die Amerikaner und ihre Verbündeten zu töten und ihr Eigentum zu plündern, wo und wann immer dies möglich sei. Es handele sich um die Verteidigung gegen Aggressionen und die Vergeltung für Unrecht. Zwischen Zivilisten und Militärpersonen zu unterscheiden, sei dabei nicht notwendig.

Bin Laden, 1957 in Saudi-Arabien geboren, entstammt einem reichen Bauunternehmer-Clan. Nach dem Studium der Betriebswirtschaft, das er nicht abschloss, ging er 1984 nach Afghanistan, um mit einer Gruppe von Arabern gegen die sowjetischen Besatzer, die Ende 1979 eingerückt waren, zu kämpfen. 1988 gründete er Al-Qaida und setzte sich an die Spitze der Mudschaheddin. Nach dem Abzug der Roten Armee 1988/1989 engagierte er sich überall dort, wo sich muslimische Gruppen subversiv betätigten oder in Kämpfe mit nichtmuslimischen Truppen verwickelt waren, wie im Sudan, in Palästina, Bosnien und Tschetschenien. Aus dem Sudan, wo er sich in Khartum als Landwirt betätigte, wurde er 1996 auf Drängen der USA ausgewiesen und lebt seitdem offenbar im Schutz der Taliban als Chefideologe und Koordinator des internationalen Terror-Netzwerkes Al-

Qaida in einer abgelegenen Bergregion des afghanisch-pakistanischen Grenzgebiets, von wo aus er sich von Zeit zu Zeit per Video meldet. Der US-Kongress hat ein Kopfgeld von 50 Millionen Dollar auf ihn ausgesetzt. 25 Millionen US-Dollar werden für die Ergreifung von Aiman az-Zawahiri geboten, der Nummer Zwei in der Al-Qaida. Der 1951 geborene Ägypter, von Beruf Chirurg, war nach dreijähriger Haftzeit 1985 über Pakistan nach Afghanistan gekommen, wo er seit 1989 mit Bin Laden kooperierte. Auch er ging später in den Sudan, wurde wie Bin Laden 1996 ausgewiesen und kehrte nach Afghanistan zurück. Seit 2001 ist er Bin Ladens Vertreter, wobei er den radikalen Flügel der Al-Qaida-Bewegung repräsentiert.

Die weltweite Vernetzung von Kommunikation und Logistik führte in den 1980er Jahren zu einer Globalisierung des Terrorismus, wobei zunächst die Sowjetunion als Brutstätte, zumindest Kommandozentrale weltweit agierender Terrororganisationen angesehen wurde. Laut US-amerikanischer Sprachregelung galt sie als »Reich des Bösen«, da sie – wie Libyen und Syrien – der palästinensischen Befreiungsorganisation PLO Unterstützung bot. US-Präsident George W. Bush benannte später als »Schurkenstaaten«, die den internationalen Terrorismus finanziell und logistisch unterstützen: Libyen, Iran und Syrien.

Die Ausweitung zum internationalen Terrorismus ging mit einem geänderten Täterprofil einher: Der Täterkreis ist nicht mehr auf eine bestimmte nationale, soziale oder Ausbildungsgruppe beschränkt, sondern unter den Al-Qaida-Kadern und -Kämpfern befinden sich alle möglichen Personen vom Akademiker bis zum ungelernten Landmann. Geistliche, Ärzte und Ingenieure sind ebenso darunter wie Schüler, Studenten und einfache Arbeiter, die allenfalls eine radikale, klerikal-reaktionäre, antisemitische und antiwestliche Gesinnung verbindet.

RAF

Die bekanntesten terroristischen Vereinigungen in Westeuropa sind die nordirische IRA, die baskische ETA und die inzwischen aufgelöste »Rote Armee Fraktion« (RAF). Letztere hatte sich aus der studentischen Protestbewegung Ende der 1960er Jahre entwickelt; ihre Pendants waren die »Brigate Rosse« in Italien und die »Action Directe« in Frankreich, mit der die RAF in den 1980er Jahren zeitweilig kooperierte. Vorläufer der RAF war die »Baader-Meinhof-Gruppe«, benannt nach Andreas Baader und Ulrike

Meinhof. Zwischen 1971 und 1998 – dem Jahr ihrer Selbstauflösung – ermordeten Mitglieder der RAF 34 Personen: Polizisten, Politiker, hohe Beamte und prominente Industrielle, häufig auch deren Begleitpersonen und Leibwächter.

Andreas Baader, geboren 1943 in München, ging 1963 nach Berlin, dann mit Gudrun Ensslin nach Frankfurt. 1968 zündete er dort aus Protest gegen den Vietnam-Krieg mit drei anderen Komplizen zwei Kaufhäuser an. 1970 gelang ihm nach seiner gewaltsamen Befreiung aus dem Gefängnis, u. a. durch Ensslin und Meinhof, die Flucht in den Nahen Osten zu den palästinensischen Guerillas. Nach Banküberfällen und Bombenanschlägen aus dem Untergrund heraus wurden er, Meinhof, Ensslin und andere RAF-Mitglieder 1972 festgenommen und 1977 zu lebenslanger Haft verurteilt. Im Gefängnis Stammheim erschoss sich Andreas Baader kurze Zeit später mit einer von einem Anwalt eingeschmuggelten Pistole, nachdem die Freipressung der inhaftierten RAF-Terroristen gescheitert war.

Gudrun Ensslin (1940–1974) stammte aus einem Pfarrhaushalt auf der schwäbischen Alb und studierte in Tübingen und Berlin Germanistik und Pädagogik. 1968 zog sie mit Andreas Baader nach Frankfurt, war an den beiden Brandstiftungen beteiligt und wurde zu drei Jahren Haft verurteilt. Zusammen mit Ulrike Meinhof organisierte sie 1970 die Befreiung von Baader aus dem Gefängnis. Dieser Ausbruch war die Geburtsstunde der »Baader-Meinhof-Gruppe«. Ensslin flüchtete zusammen mit Baader, Meinhof und anderen nach Jordanien. Danach lebte sie ebenfalls in Deutschland im Untergrund und beteiligte sich an Banküberfällen und Bombenanschlägen. Nach ihrer Verurteilung erhängte sie sich im Stammheimer Gefängnis.

Ulrike Meinhof hatte dort bereits 1996 Selbstmord begangen, nachdem sie 1974 zu achtjähriger Freiheitsstrafe verurteilt worden war. 1934 in Oldenburg geboren, studierte sie u. a. Philosophie und Soziologie in Marburg und Münster. Von 1959 bis 1964 war sie bei der Zeitschrift »Konkret« tätig, zuletzt als Chefredakteurin. Sie war beteiligt an der Planung und Befreiung Baaders, ging ebenfalls zur militärischen Ausbildung in den Nahen Osten und wurde 1972 als Mitglied der selbsternannten »Rote Armee Fraktion« festgenommen.

Neben zahlreichen Sympathisanten und Helfern gab es – außer dem harten Kern von sechs Personen, zu denen auch Holger Meins, Jan-Carl Raspe und Irmgard Möller gehörten – noch zwischen 25 und 30 aktive

RAF-Mitglieder, von denen etliche inzwischen tot sind. Der 1941 geborene Filmemacher Holger Meins starb 1974 infolge eines Hungerstreiks in der Haftanstalt Wittlich. Jan-Carl Raspe, Soziologe, 1944 geboren, kam an den Folgen eines Suizidversuchs mit einer Pistole 1977 in Stammheim zu Tode. Die Germanistikstudentin Irmgard Möller, Jahrgang 1947, überlebte ihren Selbsttötungsversuch mit einer Stichwaffe 1977 in derselben Haftanstalt und wurde 1995 aus dem Gefängnis Lübeck entlassen. Die übrigen Mitglieder haben sich in alle Winde zerstreut oder befinden sich noch in Haft.

Baader wurde als provokativ, überheblich, jähzornig und gewalttätig beschrieben. Er war bereits wegen zahlreicher Verkehrsdelikte vorbestraft, ehe er durch die Brandstiftung 1968 auffällig wurde. Ensslin war mit Baader seit 1967 liiert.

Beurteilen wir fanatische, ideologisch verblendete Gesinnungstäter anders als herkömmliche Raubmörder oder Massenmörder und Serienkiller? Vermutlich sind »pragmatische« Straftaten aus Habgier, aber auch Attentate aus revolutionärer Gesinnung psychologisch verständlicher und für die Allgemeinheit nachvollziehbarer, zumindest weniger unheimlich als die perversen Quälereien sadistischer Psychopathen oder das kaltblütige Liquidationsgeschäft des Auftragsmörders – ganz zu schweigen von den Untaten der Massenmörder. Erwecken diese Abscheu, Ekel, Angst oder Grauen, nehmen wir die Verbrechen jener eher mit einem Gemisch aus Ärger, Erbitterung und Zorn wahr, selbst wenn sie brutal und zielstrebig begangen werden. Hier scheint das »Böse« berechenbarer, da es trotz allem die Handschrift des Menschen trägt und einer gewissen Logik und Konsequenz menschlicher Verhaltensweise zugeordnet werden kann. Das launenhaft-unberechenbare, scheinbar grund- und motivlose böse Tun des lächelnden Psychopathen, der in Wirklichkeit ein Herz aus Stein hat und auf nichts anderes als auf seine egomanische Bedürfnisbefriedigung orientiert ist, verunsichert, verwirrt und verstört hingegen, weil es außerhalb des Repertoires menschlicher Verhaltensweisen zu liegen scheint. In den nächsten Kapiteln werden wir dieser Frage auf den Grund gehen.

4 Mörder-Typen

Täter und ihre Motive

Keine Gewalttat gleicht der anderen. Menschen handeln böse aus unterschiedlichen Motiven und nach individuellem Muster. Ganz besonders gilt dies für Verbrechen gegen Leib und Leben, dem bösen Tun schlechthin. Wer sich aus Notwehr verteidigt und dabei jemanden schwer verletzt, wird moralisch und juristisch anders beurteilt als jemand, der bei jeder Gelegenheit eine blutige Schlägerei provoziert. Wer unter hohem Stress fahrlässig einen Verkehrsunfall verursacht, wird mit anderen Augen betrachtet als jemand, der seinen Nebenbuhler gezielt überfährt. Im Übrigen kann verdeckte Gewalt in Form psychischen Drucks wie Mobbing, Nötigung oder Erpressung verheerendere Folgen haben als eine Körperverletzung bei einer handfesten Prügelei.

Am 27. Februar 2007 erstach in der belgische Stadt Nivelles eine gemütskranke Mutter ihre fünf Kinder – vier Mädchen und einen Jungen – im Alter von drei bis 14 Jahren. Nach einem anschließenden Selbstmordversuch kam sie schwerverletzt in ein Krankenhaus. Diese verzweifelte Frau, die ihre unmündigen Kindern in der festen Überzeugung mit in den Tod nehmen wollte, sie erspare ihnen dadurch ein künftiges Leben in Elend und Leid, verdient Mitleid und Beistand statt Verachtung und Strafe. Derartige Verzweiflungstaten kommen immer wieder vor – Familientragödien, die von Außenstehenden nicht nachvollziehbar sind.

Ganz anders verhält es sich, wenn offenkundig böse Absichten und verwerfliche Motive das Handeln leiten: Herrschsucht, Habgier, Hass, Fanatismus, Rache, Eifersucht, Sadismus oder einfach Mordlust. Hier bestimmt ein soziopathisch-dissozial deformierter Charakter das verbrecherische Tun, dessen erschreckendes Ausmaß bisweilen nicht in passende Worte zu kleiden ist. Mörder ist allerdings nicht gleich Mörder; jeder Täter hinterlässt seine persönliche Handschrift. Fahnder und Profiler versuchen anhand der jeweiligen Merkmale von Straftaten – Zeitpunkt, Umgebung, Situation, Vorgehen –, ein Bild von der Täterpersönlichkeit zu gewinnen. Die Erkenntnisse der Kriminalpsychologie sind aufschlussreich: Eine grobe Typologie differenziert je nach Motivation zwischen Sexual-, Raub-, Beziehungs-, Gesinnungs- und Veranlagungstätern. Sie haben außer ihren grausigen Taten meist wenig gemein. Zwischen dem eiskalten Auftragsmörder, dem jähzornigen Affekttäter, dem fanatisierten Terroristen und dem sadistischen Triebtäter gibt es große Unterschiede.

Bezüglich der Verbrechenskonglomerate wird laut FBI zwischen Massenmördern, Spree-Killern (spree = engl. für massenhaft), Viel- und Serientätern unterschieden. Diese Kategorisierung bezieht sich auf die Anzahl und den Zeitpunkt, auf Häufungen und Sequenzen von Gewalttaten. Massenmörder, zu denen auch Amokläufer, Attentäter und Terroristen zu zählen sind, töten per definitionem vier und mehr Personen am selben Ort zur selben Zeit; Auslöser sind meistens Rachegedanken nach Kränkungserlebnissen und Frustrationen. Eine Variante des Massenmörders stellt der Spree-Killer dar, der in kurzer Zeit wie in einem Rausch mehrere Menschen an verschiedenen Orten umbringt.

Serienmörder – hauptsächlich zwanghaft-sadistisch veranlagte Triebtäter – haben laut obiger Klassifikation in der Regel drei und mehr Verbrechen an verschiedenen Orten und zu verschiedenen Zeiten begangen. Der planmäßig und kontrolliert vorgehende Serienkiller ist überwiegend nachts unterwegs und zeigt ein sexuell-aggressives, brutales Verhalten vor der Tötung seines Opfers, das er oft fesselt und dessen Leiche er anschließend versteckt. Ansonsten lebt er unauffällig, sozial angepasst und in geordneten Verhältnissen. Er verfolgt die Berichte über seine Verbrechen in den Medien und nimmt bisweilen sogar selbst Kontakt zur Polizei auf. Hingegen ist der planlos, chaotisch handelnde Serienmörder ein etwas verschrobener Außenseiter, ein Einzelgänger ohne soziale Kontakte, der unstet Wohnung und Arbeitsplatz wechselt. Er tötet nicht nach einem bestimmten Muster, benutzt keine Zwangsmittel und schafft die Leiche nicht beiseite. Meistens ist der Tatort auch der Fundort. Die öffentlichen Reaktionen bzw. Medienberichte interessieren ihn nicht weiter.

Massenhafte Tötungen von Menschen gab es zu allen Zeiten in allen Ländern, sowohl durch Einzelpersonen wie auch durch Cliquen und Clans, sogar durch staatliche Institutionen. Pogrome, Völkermorde, Genozide wurden und werden überwiegend aus religiösen bzw. ideologisch-politischen Gründen begangen, hinter denen sich allerdings oft handfeste Machtansprüche verbergen. Die bislang größten Massenmorde geschahen während des Nazi-Terrors und in den kommunistischen Diktaturen.

Massenmörder

Massenmörder erscheinen als monströse Bösewichter, die offenbar keinerlei Achtung vor dem Leben verspüren. Die hier vorgenommene Auswahl entspringt der Absicht, verschiedene Facetten zutiefst böser Menschen darzustellen.

Eines der bekanntesten Beispiele ist Charles Milles Manson, der sich seit 1969 in Haft befindet, nachdem das im Oktober 1971 über ihn und Charles Watson, Susan Atkins, Patricia Krenwinkel und Leslie van Houten gesprochene Todesurteil ein Jahr später vom Obersten Gerichtshof in Kalifornien für verfassungswidrig erklärt und in eine lebenslängliche Freiheitsstrafe umgewandelt worden war. Manson wurde 1934 unehelich von einem 16-jährigen, alkoholabhängigen Mädchen in Cincinnati geboren, wo er unter zerrütteten Lebensverhältnissen aufwuchs, teils bei Verwandten, teils in einem Heim. Bereits mit 16 Jahren wurde er wegen Diebstählen, Vergewaltigung und Zuhälterei inhaftiert. 1967 schloss er sich nach Entlassung aus der Haft in San Francisco einer Hippie-Kommune an und tingelte mit ihr als erfolgloser Musiker durchs Land. Allmählich entwickelte Manson sich zum verschrobenen Nazi-Rassisten mit satanistischen Ideen. Er gründete eine eigene Sekte, die »Manson Family«, eine bunt zusammengewürfelte Kommune etwa 20 drogenabhängiger, junger Mädchen aus desolaten sozialen Verhältnissen, mit denen er eine Ranch in Kalifornien bewohnte.

Einige von ihnen ermordeten – offenbar unter Drogeneinfluss – auf Geheiß Mansons in der Nacht vom 8. auf den 9. August 1969 in einem wahren Blutrausch unter Anleitung von Charles Watson auf dem Anwesen der Familie Polanski/Tate in Bel Air insgesamt sechs Personen, darunter auch die im achten Monat schwangere, 26-jährige Frau des bekannten Filmregisseurs Roman Polanski, die dieser ein Jahr zuvor geheiratet hatte. Tate war Fotomodell und als Filmschauspielerin 1967 durch Polanskis Film *Tanz der Vampire* berühmt geworden. Während Polanski sich zu Dreharbeiten in Europa aufhielt, brachen vier Angehörige der »Family« in das Haus ein, bewaffnet mit Messern und Pistolen. Sie trieben Tate und die dort anwesenden Besucher im Wohnzimmer zusammen. Zwei von ihnen wurden am Hals mit einem Seil derart zusammengebunden, dass sie langsam erstickten. Der ehemalige Verlobte von Tate wurde bei dem Versuch zu fliehen angeschossen und verblutete. Zwei weitere Gäste konnten zunächst ebenfalls flüchten, wurden jedoch im Vorgarten erschossen, ein zufällig im Haus anwesender Student ebenfalls. Die Täterinnen stachen sodann unzählige Male auf die 26-jährige Tate ein und töteten sie sowie – mit zahlreichen Stichen in den Bauch – auch das ungeborene Baby. Mit Tates Blut schrieben sie das Wort »PIG« an die Haustür. Am folgenden Tag töteten die Family-Mitglieder den Kaufmann und Industriellen LaBianca und seine Frau in deren Haus und schrieben mit Blut »Death to pigs«, »Rise« und »Helter Skelter« an Wände und Kühlschrank, auf LaBiancas Bauch ritzten sie das Wort »War«.

Die Massaker lösten in den USA eine regelrechte Schockwelle aus. Manson gilt seitdem in der amerikanischen Alltagssprache als Synonym für das Böse schlechthin, obgleich er keinen der Morde selbst begangen hat. Seine Aussagen vor Gericht waren verworren und weitschweifig. Er habe weder jemanden ermordet noch einen Mord empfohlen. Er erinnere sich aber daran, gesagt zu haben: »Nimm ein Messer und bringe irgend jemanden oder irgendetwas um.« Tatsächlich mache es ihn verrückt, wenn jemand Schlangen, Hunde, Katzen oder Pferde umbringe. Er esse auch nicht gerne Fleisch, so sehr sei er gegen das Töten. Er lebe in seiner Welt und sei sein eigener König in dieser Welt, ob es eine Müllhalde oder die Wüste sei. Man könne das Ich töten, den Stolz, den Willen und die Begierde eines Menschen, man könne ihn einsperren oder sein Hirn zerquetschen, aber nicht seine Seele töten. Diese sei immer da, er schaue nur in sie hinein und manchmal erschrecke ihn dies. Man sehe in ihm den Satan, der in Wirklichkeit jeder der Geschworenen selbst sei. Die Leute auf der Ranch, die »Family«, seien Menschen gewesen, die am Straßenrand gestanden hätten, weil sie von ihren Eltern rausgeschmissen worden seien oder nicht in eine Besserungsanstalt hätten gehen wollen. So habe er sein Bestes getan und sie mitgenommen auf seine Müllhalde und ihnen gesagt: »Was ihr aus Liebe tut, ist nie falsch«.

Bisher wurden alle Gnadengesuche Mansons wie die der anderen vier Verurteilten – auch auf Druck der Familie Tate – abgewiesen; Mansons Haft endet regulär im Jahr 2012.

Ein nicht minder großes Entsetzen löste der Bombenanschlag von Timothy McVeigh und Terry Nichols auf das »Alfred-Murrah-Haus«, ein Bürogebäude in Oklahoma City, am Morgen des 19. April 1995 aus. Beide sprengten mit einer Autobombe das Gebäude in die Luft, wobei 168 Menschen – darunter 19 Kinder – zu Tode kamen und weitere 600 Personen verletzt wurden. Niemand konnte damals ahnen, dass der terroristische Angriff auf das World Trade Center in New York am 11. September 2001 zu einer zwanzigfach höheren Opferzahl führen und – eine ganze Nation unter Schock setzend – zu einer tiefgreifenden und nachhaltigen, kollektiven Traumatisierung der New Yorker Bevölkerung führen würde.

Der zur Tatzeit 27-jährige McVeigh wurde 1997 zum Tode verurteilt und im Juli 2001 durch eine Giftspritze in Indiana hingerichtet. Er stammte aus dem Staat New York und lebte nach seinem Schulabschluss von Gelegenheitsjobs. 1988 trat er in die Armee ein und nahm 1991 am Zweiten Golfkrieg teil. Danach arbeitete er bei einem Sicherheitsdienst und als Waffenverkäufer. McVeigh sympathisierte mit rechtsextremen Organisationen und steigerte sich allmählich in irrationale Hassfantasien auf die amerikanische Regierung, verstärkt durch die gewaltsame Auflösung der Davidianer-Sekte im texanischen Waco im Jahr 1993. Bei dieser Aktion waren auf einer Ranch nach wochenlanger Belagerung mit Panzern und Hubschraubern 82 von 90 Sektenangehörigen samt ihrem Führer David Koresh zu Tode gekommen. McVeighs enger Freund und Mitstreiter Nichols, bei der Tat 40 Jahre alt, wurde 1998 zu lebenslanger Haft verurteilt und befindet sich seitdem im Gefängnis.

Amokläufer

Die Grenze zwischen dem Morden aus Hass, Fanatismus oder Machtrausch und der entfesselten Gewalt des typischen Amokläufers ist fließend. Der Amoklauf ist zumeist Ergebnis einer Akkumulation von persönlichen Kränkungen und Demütigungen, die sich schließlich in einem blindwütigen Hass- und Rachefeldzug entlädt. Nach einer – durchaus wochen- bis monatelangen – stillen Vorphase mit Rückzug, sozialer Desintegration, psychischer Pathologisierung und Gewaltfantasien explodiert der aggressive Aufstau in einer Zerstörungswut, für die es scheinbar kein Motiv gibt. Bei seinem Zerstörungswerk sucht (und findet) der Amokläufer häufig selbst den Tod.

Amokläufer wurden von Europäern zuerst im 18. Jahrhundert im indonesischen Kulturraum beobachtet, wo der »Amuck« (malaiisch »Wut«) verletztem Ehrgefühl entsprang. Ursprünglich bedeutete Amok den blindwütigen Angriff auf einen Gegner bei kriegerischen Auseinandersetzungen, ohne jede Rücksicht auf damit verbundene eigene Gefährdung. Amok-Massaker kommen überall dort vor, wo hoher psychosozialer Stress, gestiegene Gewaltbereitschaft und spezifische Persönlichkeitseigenschaften aggressionspotenzierend zusammenwirken. Völlig überraschend für die

Umgebung bricht im Amok das latente Vernichtungspotenzial nach einer Inkubationsphase unvermittelt und jählings hervor, wie wenn ein schlafender Drache erwacht und feuerspeiend alles niedertrampelt, was sich ihm in den Weg stellt, Entsetzen, Panik und Tod verbreitend.

In Bezug auf das Schulmassaker, das der 42-jährige Kölner Frührentner und Witwer Walter Seifert am Morgen des 11. Juli 1964 in der Volksschule Köln-Volkshoven, die er ehemals selbst besucht hatte, anrichtete, trifft dies im wahrsten Sinne des Wortes zu. Seifert marschierte mit einem Flammenwerfer, den er aus einer Pflanzenschutzspritze gebastelt hatte, sowie mit einer Lanze und einer Eisenschleuder zur Schule, schlug die Scheiben eines Klassenzimmers ein und richtete von außen einen meterlangen Feuerstrahl in den Unterrichtsraum. Die dort Anwesenden fingen sofort Feuer. Schüler, die auf den Schulhof flüchteten, wurden von Seifert draußen in Brand gesetzt. Von den 28 teilweise schwer verletzten Kindern starben acht. Zwei Lehrerinnen, die sich ihm in den Weg stellten – darunter seine frühere Klassenlehrerin –, erstach er mit der Lanze, zwei weitere verwundete er schwer.

Auf der Flucht vor der Polizei schluckte Seifert eine Kapsel mit dem hochgiftigen Pflanzengift E 605 und kam in eine Kölner Klinik, wo er am selben Abend verstarb. Seinen letzten Worten zufolge soll es sich um einen Racheakt wegen einer vermeintlich ungerechten Behandlung durch die Behörden gehandelt haben.

Seifert war Soldat im Zweiten Weltkrieg, hatte sich während der Kriegsgefangenschaft eine Tuberkuloseerkrankung zugezogen und seitdem vergebens bemüht, eine Kriegsbeschädigtenrente zu erhalten. Infolge der abschlägigen Bescheide – die Amtsärzte sahen keinen Zusammenhang zwischen Krankheit und Gefangenschaft – wurde er zunehmend kämpferischer; er fühlte sich ungerecht behandelt, bewusst zurückgesetzt und gezielt schikaniert. Er schrieb mehrere verworrene Briefe an das Gesundheitsamt, den Oberstadtdirektor und den Regierungspräsidenten und verfasste eine Abhandlung mit dem Titel *Sozialpolitik – Sozialärzte – Sozialmord*. Im April 1964 war sein langjähriges Rentenbegehren nach einem Obergutachten endgültig abgelehnt worden.

Wie Walter Seifert wähnte sich auch der 56-jährige Rentner Friedrich Leibacher aus Zug in der Schweiz als Opfer behördlicher Schikanen und Demütigungen. Leibacher betrat am Vormittag des 27. September 2001 mit einer selbstgefertigten Polizeiweste, einem Sturmgewehr, einer Pistole, einer Schrotflinte und einem Revolver das Zuger Parlamentsgebäude und schoss im Tagungssaal wild um sich. Er tötete dabei drei Regierungs- und elf Kantonsräte und verletzte fünfzehn weitere Personen, Politiker sowie einige Journalisten. Nach über 90 Schüssen suizidierte er sich mit einem Sprengsatz. Am Tatort hinterließ er einen Abschiedsbrief mit dem Titel *Tag des Zornes für die Zuger Mafia.*

Leibacher hatte bereits seit Jahren erhebliche berufliche und private Probleme. 1970 war er wegen sexueller Belästigungen, Exhibitionismus, Vermögensdelikten und Urkundenfälschung in eine psychiatrische Anstalt eingewiesen worden, nachdem ihm eine Persönlichkeitsstörung sowie Alkoholabhängigkeit und Depressionen attestiert worden waren. Nachdem er einen Angehörigen der Zürcher Verkehrsbetriebe mit einer Pistole bedroht hatte und bestraft worden war, bombardierte er seit 2001 zunehmend penetranter Anwälte, Richter, Behörden und Kantonsregierung mit Einsprüchen, Beschwerden und Strafanzeigen, da er sich zu Unrecht bestraft und vom Staat ungerecht behandelt fühlte.

Der Fall Leibacher erinnert an die Novelle *Michael Kohlhaas*, die Heinrich von Kleist (1777–1811) im Jahr 1810 veröffentlichte. Es geht dabei um einen rechtschaffenen, in seinem Ehrgefühl und Gerechtigkeitsempfinden durch den Burgvogt Wenzel von Tronka zutiefst verletzten und gedemütigten brandenburgischen Pferdehändler, der schließlich zum erbitterten Räuber, Brandstifter und Mörder wird, nachdem alle seine Bemühungen um Gerechtigkeit bei den Obrigkeiten bis hin zum Kurfürsten gescheitert sind. Während die Urheber des Unrechts davonkommen, wird Kohlhaas am Ende hingerichtet.

In Deutschland gab es während der letzten Jahre zwei Amokläufe in Schulen, die heftige Debatten über die Ursachen und Hintergründe zur Folge hatten:

Am Vormittag des 26. April 2002 begab sich der 19jährige Robert Steinhäuser – ganz in Schwarz gekleidet – mit einer Sporttasche zu seiner (ehemaligen) Schule, dem Gutenberg-Gymnasium in Erfurt. Nachdem er sich auf der Schultoilette maskiert und schwarze Handschuhe angezogen hatte, erschoss er mit einer Pistole gezielt zwölf Lehrer, eine Sekretärin, durch eine geschlossene Tür zwei Schüler und anschließend von einem Fenster aus einen Polizeibeamten; die ebenfalls mitgeführte Pumpgun setzte er nicht ein. Erst einem seiner früheren Lehrer, der sich ihm in den Weg stellte, gelang es, Steinhäuser von weiteren Aktionen abzuhalten und in einem Vorbereitungszimmer einzusperren, wo dieser sich wenig später selbst tötete. Die Waffen hatte er als Sportschütze im Erfurter Polizeisportverein legal mit einer Waffenkarte erworben.

Steinhäuser hatte seit Langem erhebliche Schulprobleme. Er hatte einen erneuten Anlauf unternommen, einen Abschluss zu erreichen. Im Herbst 2001 war er der Gutenberg-Schule verwiesen worden, nachdem er mehrfach wegen Fehlens angemahnt worden war bzw. ärztliche Atteste für Fehlzeiten gefälscht hatte. Steinhäusers Bemühungen, das Abitur an einer anderen Erfurter Schule zu machen, hatten sich nicht realisieren lassen. So machte er die Lehrer der Gutenberg-Schule für sein Scheitern verantwortlich und beschloss, sich an ihnen zu rächen. Eltern und Bekannte hatte er über seine Situation im Unklaren gelassen und vorgetäuscht, am 26. April an einer schriftlichen Abiturprüfung teilzunehmen.

Steinhäuser, ein eher verschlossener junger Mann, hatte großes Interesse an Waffen und am Schießsport. Nachdem bekannt wurde, dass er sich mit Computerspielen wie *Counter-Strike* und *Quake* beschäftigte, vermutete man hierin Mitursachen für seinen Rachefeldzug.

Auch bei dem Amoklauf des 18-jährigen Bastian B. in Emsdetten waren Frust und Vergeltung die treibenden Kräfte. Er fuhr am Morgen des 20. November 2006, bekleidet mit einem schwarzen langen Mantel, mit seinem Auto zur Geschwister-Scholl-Realschule, bewaffnet mit einem Kleinkaliber- und drei Vorderladergewehren sowie einem Sprengstoffgürtel mit drei Rohrbomben. In seinem Rucksack trug er weitere fünf Sprengsätze; in seinem Auto fand man später weitere Bomben und eine Machete. B. schoss im Pausenhof seiner ehemaligen Schule wahllos auf Personen und zündete Rauchbomben, wobei insgesamt 30 Personen verletzt wurden. Der Hausmeister wurde durch einen Bauchschuss schwer verletzt, eine Lehrerin erlitt Gesichtsverletzungen durch einen Rauchkörper. Sechs Schüler wurden ebenfalls durch Schüsse getroffen. Anschließend tötete B. sich durch einen Schuss in den Mund. Da er an seinem Körper Sprengsätze angebracht hatte, konnte der Abtransport der Leiche nur unter besonderen Sicherheitsmaßnahmen vorgenommen werden.

B. hatte seine Tat zuvor im Internet und im Tagebuch angekündigt:»Ich hasse euch. Ihr müsst alle sterben«. Gegen ihn wurde bereits wegen Verstoßes gegen das Waffengesetz ermittelt. Er hatte während seiner Schulzeit Probleme mit Mitschülern und musste zwei Klassen wiederholen. Ebenso wie Steinhäuser soll auch er begeistert *Counter-Strike* gespielt haben.

Seine Rachegelüste befriedigte der 44-jährige Thomas Hamilton am 13. März 1996 im schottischen Städtchen Dunblane mit mehreren Revolvern und Pistolen. Er tötete dort wahllos 16 Schüler und einen Lehrer der Grundschule, bevor er sich selbst erschoss. Hamilton, ein Waffennarr, wollte sich dafür revanchieren, dass er Jahre zuvor wegen offensichtlich pädophiler Neigungen als Pfadfinderführer abgesetzt worden war.

Einen anderen Akzent hatte das Schulmassaker von Littleton am 20. April 1999. An jenem Tag ermordeten die Schüler Eric Harris, 18 Jahre alt, und Dylan Klebold, 17 Jahre alt, in der Columbine High School in Jefferson County bei Denver in Colorado zwölf Mitschüler im Alter von 14 bis 18 Jahren und einen Lehrer, ehe sie ihrem Leben selbst ein Ende setzten. Tagebuchaufzeichnungen und Videobänder lassen erkennen, dass die äußerst brutalen Mordtaten von langer Hand vorbereitet waren.

Harris und Klebold waren zwar gute Schüler aus wohlhabenden Familien, hatten jedoch in der Rangordnung der Schülergruppen einen niedrigeren Platz, an deren Spitze die hoch angesehenen Schulsportler rangierten. Es ist wahrscheinlich, dass sich beide nicht genügend wahrgenommen und anerkannt fühlten und infolgedessen allmählich zunächst einen Hass auf die Mitschüler entwickelten, der sich sodann auf die gesamte Menschheit ausbreitete, wobei sie sich Hitlers Judenvernichtung zum Vorbild nahmen. Sie wollten sich rächen: »Ich sage, tötet die Menschheit«, soll Harris geäußert haben, die »Nigger, Juden, Latinos, Schwulen und verfickten Weißen«. Beide hatten ausschweifende Zerstörungsfantasien und planten die Tötung möglichst vieler Mitschüler in der Absicht, so als berühmt-berüchtigte Außenseiter in die Geschichte einzugehen, deren Taten vielleicht sogar verfilmt würden. Sie legten sich einen Vorrat von Waffen und Bomben an und veranstalteten Schießübungen im Wald; auch Computerspiele wie *Doom* sollen beliebt gewesen sein. Zunächst deponierten sie unbemerkt zwei große Propangasbomben mit Zeitzündern in der Cafeteria der Schule und warteten in ihren Autos auf die Explosion, die jedoch aufgrund eines technischen Defektes ausblieb. Daraufhin betraten sie – mit Schrotflinten, Gewehr und Maschinenpistole bewaffnet – erneut das Schulgebäude und schossen von der Schultreppe aus wahllos auf Mitschüler. Anschließend nahmen sie in der Bibliothek Schüler, die teilweise unter den Tischen Schutz gesucht hatten, gezielt unter Beschuss. Außerdem warfen sie kleine Sprengsätze unter und auf die Tische. Lediglich einem Klassenkameraden wurde nach kurzem Wortwechsel erlaubt, die Bibliothek zu verlassen.

Schließlich wollten sie in der Cafeteria ihre Bomben zur Explosion bringen. Als sie bemerkten, dass die Polizei sich anschickte, das Schulgebäude zu stürmen, kehrten sie in die Bibliothek zurück und nahmen sich dort durch Kopfschüsse selbst das Leben.

Cho Seung-Hui, ein 23-jähriger koreanischer Anglistikstudent an der Technischen Universität Blacksburg in Virginia, berief sich auf die »Märtyrer« Eric und Dylan, als er am 16. April 2007 auf dem Campus 32 Personen mit einer Pistole tötete und zwölf weitere verletzte, ehe er sich selbst erschoss. Zuvor hatte er auf einem Video in martialischer Pose wirre, hasserfüllte Botschaften an die Nachwelt hinterlassen, in denen er sich als von seiner Umgebung seelisch zerstörten Menschen darstellte, dem keine andere Wahl geblieben sei: Man habe entschieden, sein Blut zu vergießen. Er sterbe wie Jesus Christus, um Generationen schwacher und schutzloser Menschen zu inspirieren.

Der Außenseiter Seung-Hui war als auffällig schweigsam und introvertiert bekannt. Dennoch hatte es bereits ein Jahr zuvor Beschwerden über sexuelle Belästigungen gegeben, und Ende 2005 war er kurzzeitig in stationärer psychiatrischer Behandlung. Außerdem hatte er einige Theaterstücke verfasst, gekennzeichnet durch eine Fülle aggressiver Beleidigungen und Gewaltfantasien gegenüber seinen Eltern und Lehrern.

Ein anderer spektulärer Fall: Der damals 28-jährige Martin Bryant machte sich am 28. April 1996 um die Mittagszeit mit einer Sporttasche voller Waffen auf den Weg nach Port Arthur. Auf dem Weg dorthin erschoss er mit einem Gewehr zunächst ein älteres Ehepaar, anschließend mit ungewöhnlicher Kaltblütigkeit in einem Café und aus dem Auto heraus innerhalb weniger Minuten weitere 33 Personen und verletzte 19 schwer. Anschließend verschanzte er sich 18 Stunden lang in dem Haus des getöteten Ehepaars und verlangte per Funk von der Polizei einen Hubschrauber. Als die Funkverbindung abriss, zündete er das Haus an, kam jedoch nackt und schwer verletzt heraus, wurde von der Polizei festgenommen und ins Krankenhaus gebracht. Ein besonderes Motiv, außer einem Streit mit dem Ehepaar wegen eines Grundstücks, konnte der offensichtlich intelligenzgeminderte Spree-Killer nicht angeben.

Bryant war Alleinerbe von Haus und Vermögen der Millionärin Harvey, bei der er bis zu ihrem Tod gelebt hatte. Von den Nachbarn wurde er als einzelgängerischer, verschlossener Mann geschildert, der schon als Kind durch zerstörerische Impulse und fehlendes Mitgefühl aufgefallen war. Er sitzt seit 1996 in Hobart auf der australischen Insel Tasmanien in Haft, nachdem er zu 35-mal lebenslänglicher Haft und zusätzlich 777 Jahren Gefängnis ohne die Möglichkeit der Begnadigung verurteilt wurde.

Was geht vor in Amokläufern? Was für ein Mensch ist wohl der 39-jährige Mann, der am Morgen des 2. Juni 2007 in Gadgaran auf der philippinischen Insel Samar mit einer Machete von Haus zu Haus lief und zehn – auch ihm verwandte – Personen, darunter fünf Kinder, erschlug und verstümmelte? War, wie vermutet, eine psychische Erkrankung die Ursache des Amoklaufs eines 38-jährigen Mannes in dem südserbischen Ort Jabukovac am 27. Juli 2007, der unvermittelt zuerst auf seine Frau einschlug und anschließend mit einem Jagdgewehr auf der Dorfstraße willkürlich neun Passanten erschoss, ehe er auf dem Friedhof bei einem Selbstmordversuch festgenommen werden konnte?

Kann Eifersucht derartig zerstörerisch sein wie bei dem 20-jährigen Hilfssheriff, der am 7. Oktober in Crandon/Wisconsin auf einer Party seiner Ex-Freundin erschien und sie sowie fünf Schulfreunde erschoss und einen weiteren Gast schwer verletzte? Was trieb den 18-jährigen Abiturienten am 8. November 2007 in Tuusula in Finnland an, der in einer Schule acht Personen hinrichtete, ehe er sich selbst erschoss, oder den 19-Jährigen, der am 6. Dezember 2007 acht Menschen in Nebraska hinrichtete?

Die meisten Amok-Täter – ganz überwiegend jüngere Männer – sind psychisch gestört. Es handelt sich um introvertierte, stille Einzelgänger, sensitiv-empfindliche, narzisstische Personen mit erhöhter Kränkbarkeit, verminderter Frustrationstoleranz, Neigung zu Jähzorn und mangelnder Fähigkeit, auf psychosozialen Stress angemessen zu reagieren. Entwurzelung, Lebenskrisen, soziale Desintegration, Arbeitslosigkeit, Degradierung oder berufliches Versagen können zusätzlich treibende Kräfte sein. Schließlich genügen geringe Anlässe, um einen Gewaltexzess in Gang zu setzen, der in einem mehr oder weniger gezielten Töten von Bezugspersonen oder Bekannten endet. Bisweilen kündigt der Täter die Tat vorher düsterorakelhaft an und beschafft sich die Tötungswerkzeuge – gewöhnlich Messer oder Schusswaffen. Etwa die Hälfte der Täter überlebt. Ihnen ist hinterher meist nicht klar, was sie angerichtet haben; oft können sie sich an ihre blutigen Taten kaum oder überhaupt nicht erinnern.

Zum Glück werden die meisten alltäglichen Gewalt- und Mordfantasien nicht in die Tat umgesetzt, da der letzte Schritt eine hohe Hürde darstellt.

Wer hätte nicht schon einmal aus Zorn den Impuls verspürt, jemandem einen kräftigen Denkzettel zu verpassen? So bleibt es bei einem virtuellen Ausagieren wie bei dem 19-jährigen Schüler in Schleswig-Holstein, der kürzlich im Internet geäußert hatte, dass er gern einmal eine Schule stürmen und alles wegballern wolle, was ihm in den Weg komme. Er war allerdings bereits zuvor durch mehrere Sachbeschädigungen und Körperverletzungen auffällig geworden.

Serienkiller

Von allen Gewalttätern erscheinen die Serienkiller am unheimlichsten. Sie erregen wegen ihrer besonders grausamen Taten am meisten Aufmerksamkeit und entsprechen am ehesten dem Bild des seelisch schwer deformierten Psychopathen mit geradezu fundamentaler Bösartigkeit. Fehlendes Mitempfinden und Gewissenlosigkeit korrespondieren mit Egomanie, Allmachtsfantasien und Hassgefühlen. Während ihrer Kindheit waren die von einem Tötungsdrang Getriebenen selbst häufig Objekt sexuellen Missbrauchs, emotionaler Verwahrlosung oder körperlicher Misshandlungen.

Von den typischen Massenmördern unterscheiden sie sich sowohl hinsichtlich ihrer Persönlichkeit wie auch ihrer Taten. Serientäter sind – soweit sie planvoll vorgehen – meist ohne soziale Auffälligkeiten, berufstätig, durchaus gebildet, nach außen freundlich und liebenswürdig. Im Kontrast hierzu verhalten sie sich gegenüber ihrem Opfer äußerst aggressiv und gewalttätig.

Der Prototyp des Serienmörders ist »Jack the Ripper«, der zwischen August und November 1888 im Londoner East End sechs Prostituierte ermordete. Der unbekannt gebliebene Täter, dessen Identität bis heute zu vielerlei Mutmaßungen und Spekulationen Anlass gibt, sezierte die während der Nacht von ihm ermordeten jungen Frauen mit offensichtlich anatomischen Kenntnissen, nachdem er ihnen den Hals durchgeschnitten und ihren Unterleib aufgeschlitzt hatte.

Ebenfalls nie gefasst wurde der »Zodiac Killer«, der im Raum San Francisco zwischen Dezember 1968 und Oktober 1969 fünf Personen in ihren Autos erschoss oder erstach. Seine Opfer waren meist junge Paare, denen er an einsamen Plätzen auflauerte. Ein Überlebender beschrieb ihn als männliche Person mit einer schwarzen Henkerkapuze. Der Mörder sendete über Jahre hinweg verworrene Briefe an Lokalzeitungen, in denen er sich seiner Taten brüstete und weitere ankündigte; von sich selbst behauptete er, 37 Morde begangen zu haben.

Von 1974 bis 1978 verschwanden über 30 junge Frauen und Mädchen in den US-Bundesstaaten Washington, Utah, Colorado, Oregon, Idaho und Florida. Als Täter wurde schließlich 1976 Theodore (»Ted«) Robert Bundy gefasst, der bereits ein Jahr zuvor unter Verdacht geraten war. 1977 gelang ihm während eines Besuches in der juristischen Bibliothek die Flucht. Er wurde gefasst, konnte ein halbes Jahr jedoch später erneut aus dem Gefängnis fliehen und seine abscheulichen Verbrechen bis Februar 1978 fortsetzen. Bundy wurde zum Tod verurteilt und im Januar 1989 nach vielen Aufschüben auf dem elektrischen Stuhl hingerichtet, wobei er bis zuletzt alle Vorwürfe bestritt. Die Ermittlungsbehörden gingen von mindestens 35 Morden aus, beginnend mit der Tötung einer 18-jährigen Studentin auf dem Campus der Universität Seattle. Das letzte Opfer war ein zwölfjähriges Mädchen, dessen Gesicht er in den Schlamm drückte. Angeklagt wurde Bundy wegen 28 Mordtaten und fünf schweren Körperverletzungen, bestraft wurde er letztlich wegen zweier nachgewiesener Morde. Er gestand in einem Fernsehinterview einen Tag vor seiner Hinrichtung weitere Tötungsdelikte; die tatsächliche Zahl lag wahrscheinlich zwischen 40 und 60 Morden. Sein Leben wurde 1986 von Marvin J. Chomsky unter dem Titel The Deliberate Stranger (»Alptraum des Grauens«) verfilmt bzw. 2002 Gegenstand eines gleichnamigen Spielfilms unter der Regie von Matthew Bright.

Bundy, 1946 in Burlington/Vermont geboren, studierte zunächst Sinologie, später Psychologie an der Universität von Washington. Er war politisch engagiert und beeindruckte durch blendendes Aussehen, Charme, Selbstsicherheit und Eloquenz. Dadurch gelang es ihm immer wieder, Frauen zu überreden, ihn zu abgelegenen Orte zu begleiten. Dort würgte er sie bis zur Bewusstlosigkeit, vergewaltigte und erschlug sie sodann. Die zerstückelten Leichen transportierte er in weiter entfernte Gebiete, kehrte jedoch oft an den Tatort zurück, um sich an den Körperteilen in nekrophiler Weise zu vergehen und eventuelle Spuren zu beseitigen.

Einer der bekanntesten Serienmörder in den USA war Jeffrey Dahmer, genannt »The Milwaukee Monster«. Er wurde 1992 wegen 15 nachgewiesener Morde zu lebenslanger Haft verurteilt. Im November 1994 wurde er im Waschraum des Columbia-Hochsicherheitsgefängnisses von einem Mithäftling mit einer Hantel erschlagen.

Dahmer wurde 1960 geboren. Nach mehreren Umzügen ließ sich die Familie schließlich in Ohio nieder, wo sich die Eltern während seiner Schulzeit trennten. Seine Mutter war psychisch labil und erlitt mehrere Nervenzusammenbrüche. Durch seinen Vater, der als Chemiker ein wissenschaftliches Labor betrieb, erlernte Dahmer die anatomische Präparation von Tierkadavern. Der junge Dahmer entwickelte sich zu einem sehr scheuen Jungen, der immer eigenbrötlerischer wurde. Er sammelte tote Tiere vom Straßenrand oder grub sie aus, um sie zu sezieren. Der psychiatrische Gutachter stellte eine schwere Persönlichkeitsstörung fest.

Dahmer, der – bei der Armee zum Sanitäter ausgebildet – 1981 auch als Soldat in Deutschland stationiert war, wurde wegen häufiger Alkoholexzesse vorzeitig entlassen und zog 1982 zu seiner Mutter nach Milwaukee, wo er 1985 eine Arbeitsstelle in einer Schokoladenfabrik fand. Ab 1986 wurde er mehrfach wegen sexueller Belästigung bestraft, 1988 sogar zu Haftstrafen auf Bewährung verurteilt.

In seiner Wohnung in Milwaukee ermordete und zerstückelte er mindestens 17 homosexuelle Jugendliche und junge Männer. Nachdem ein Mann während einem Vergewaltigungsversuch flüchten konnte, wurde Dahmer 1991 festgenommen. Seine Opfer, meistens Schwarze, die er im einschlägigen Strichermilieu fand, betäubte er zu Hause mit Schlafmitteln, ehe er sie missbrauchte, misshandelte, fotografierte und mit einem Küchenmesser zerstückelte. Später stellte sich heraus, dass er den ersten Mord schon 1978 an einem 19-jährigen Anhalter begangen hatte.

In seiner Wohnung bewahrte er eine Tonne mit Körperteilen auf. Die Köpfe hatte er ausgekocht und die Schädel aufgehoben. Im Kühlschrank fand man mehrere Totenschädel, weitere in einem Bücherregal. Zahlreiche Fotos zeigten gefesselte junge Männer und zerstückelte Leichen. Aus experimenteller Neugier hatte er Löcher in einige Schädel der noch Lebenden gebohrt und Säure hineingegossen. Auch Dahmers Leben lieferte den Stoff für mehrere Drehbücher bzw. Verfilmungen, zuletzt 2006 für *Raising Jeffrey Dahmer* unter dem Regisseur Rich Ambler.

Marc Dutroux ist ein weithin bekannt gewordener pädophiler Sadist und Serienmörder aus Belgien, der zusammen mit seiner Frau einen Kinderpornoring betrieb und dadurch zu einem wohlhabenden Immobilienbesitzer wurde. Psychiatrische und psychologische Gutachter bezeichneten ihn später als gemütsarmen Psychopathen, der aus Machtstreben und Geldgier gehandelt habe.

Dutroux wurde 1956 in Brüssel als ältestes von fünf Kindern geboren, wuchs aber bis 1960 im Kongo auf. Beide Eltern waren Lehrer; der Vater tyrannisierte und prügelte die Familie. Dutroux verließ mit 16 Jahren das Elternhaus, betätigte sich als Strichjunge, beging Autodiebstähle und schlug sich mit Sozialhilfe durch. Er heiratete 1976, wurde jedoch sieben Jahre später wieder geschieden, nachdem er gegenüber seiner Frau wiederholt gewalttätig geworden war. Die beiden Kindern waren zuvor ins Heim gegeben worden.Vorbestraft wegen Überfällen und Drogendelikten wurde er 1986 zusammen mit seiner neuen Lebenspartnerin Michelle Martin wegen Entführung und Missbrauchs von fünf Kindern verhaftet und 1989 zu dreizehneinhalbjähriger Freiheitsstrafe verurteilt, seine Freundin, die er im Gefängnis heiratete, zu fünf Jahren. Wegen guter Führung wurde Dutroux jedoch 1992 vorzeitig entlassen. Aufgrund psychiatrischer Beurteilung erhielt er eine Erwerbsunfähigkeitsrente wegen haftbedingter seelischer Schäden. Im Dezember 1995 wurde er wegen Autodiebstählen erneut verhaftet. Bei einer Hausdurchsuchung wurden zwei in einem Kellerverlies gefangen gehaltene achtjährige Mädchen nicht bemerkt.

Zwei Monate nach seiner Freilassung im März 1996 entführte Dutroux ein zwölf- und ein 14-jähriges Mädchen. Nach polizeilichen Ermittlungen wurde er im August 1996 schließlich samt seiner Frau und einem Komplizen festgenommen. Bei der Durchsuchung seines Hauses konnten beide Mädchen aus einem Schrank im Keller des Hauses befreit werden. Dutroux hatte sie mehrfach vergewaltigt und mit einer Videokamera gefilmt. Auf seinem Anwesen fanden die Kriminalbeamten sodann die Leichen der beiden achtjährigen Mädchen, die während seiner haftbedingten Abwesenheit verhungert waren, und die eines von ihm zuvor ermordeten Komplizen. Dutroux führte sie auch zu den Gräbern zweier Mädchen, 17 und 19 Jahre alt, die er ebenfalls umgebracht hatte. 1998 gelang es ihm, aus dem Gerichtsgebäude zu flüchten, er konnte jedoch wenige Stunden später nach einem polizeilichen Großeinsatz wieder gefasst werden.

Im Juni 2004 wurde Dutroux nach viermonatigem Prozess wegen drei Giftmorden zu lebenslänglicher Freiheitsstrafe verurteilt, die er in Ittres absitzt. Seine 44 Jahre alte Mittäterin Michelle Martin, inzwischen von Dutroux geschieden, erhielt 30 Jahre Gefängnis. Die Ermittlungen und der Prozess selbst waren durch zahlreiche Pannen und Komplikationen gekennzeichnet, etliche Zeugen und Ermittler kamen unter teils mysteriösen Umständen zu Tode.

In Moskau wurde im Oktober 2007 der 33-jährige »Schachbrettmörder« Alexander Pitschuschkin zu lebenslanger Haft mit psychiatrischer Behandlung verurteilt. Er hatte als »Irrer vom Bizewskij-Park« im Süden der Stadt zwischen 1992 und 2006 mindestens 48 Menschen, meist alkoholisierte ältere Männer, mit einem Hammer erschlagen und in Abflussschächte geworfen, als ersten seinen damaligen Freund und Mitschüler. Beider Ziel war gewesen, jedes Feld eines Schachbretts mit einer Tötung zu verbinden. Wenn er nicht gefasst worden wäre, hätte er »niemals damit aufhören können«, sagte der Serienmörder bei seiner Festnahme.

Bis zu seiner Festnahme im Jahr 2001 hielt in den USA der im Staat Washington lebende, damals 52-jährige Gary L. Ridgway die Bevölkerung in Atem, nachdem über zehn Jahre lang vergeblich mit einem riesigen finanziellen und zeitlichen Aufwand von der eigens eingerichteten »Green River Task Force« nach einem Serienmörder gefahndet worden war. Ridgway war bereits 1987 ins Visier der Polizei geraten; seine Täterschaft konnte jedoch erst 2001 bewiesen werden. Er wurde 2003 wegen Mordes an mindestens 48 Prostituierten zu lebenslanger Haft verurteilt, die er im Gefängnis Walla Walla absitzt. Bekannt wurde er unter dem Namen »Green River Killer«, da er seine Opfer vornehmlich in der Nähe des gleichnamigen Flusses deponierte.

Ridgway, von Beruf Autolackierer, war per Auto stets auf der Suche nach Prostituierten, Ausreißerinnen und Tramperinnen, die er in seinen Pick-Up einlud und entweder zu sich nach Hause oder zu einem seiner Lieblingsplätze im Wald rund um den Fluss mitnahm. Nachdem er dort mit ihnen Sex hatte, erdrosselte er die Frauen, wobei er ihren Todeskampf möglichst lange hinauszog, indem er den Würgegriff zwischendurch immer wieder lockerte. Danach verging er sich meistens auch an den Getöteten. Die Leichen transportierte er mit seinem Auto in die Wälder an den Ufern und versteckte sie dort an schwer einsichtigen Plätzen. Oft kehrte er nachts zurück, um seine Opfer erneut zu schänden und zu verstümmeln. Ihren Schmuck verkaufte er auf Flohmärkten.

Laut eigenen Angaben war Ridgway, ein harmlos-freundlich auftretender Mann, getrieben von Hass auf Frauen: »Ich wollte so viele Frauen wie möglich töten, von denen ich dachte, sie seien Prostituierte. Ich dachte, ich könnte so viele töten, wie ich will, ohne erwischt zu werden«, gab er bei den Ermittlungen zu Protokoll.

Überhaupt geschehen die meisten Serienmorde im Prostituierten- und

Strichermilieu, weil zum einen dort am leichtesten an entwurzelte und gestrandete Personen heranzukommen ist, die niemand so schnell vermisst. Zum anderen scheint die promisk-sexuelle, dissoziale Atmosphäre intensive Impulse von Hass und Feindseligkeit bei labilen Psychopathen freizusetzen, aber auch das paradoxe Rachegefühl, die Welt von »überflüssigen«, zudem »unsittlichen« und »sündigen Parasiten« befreien zu müssen. Eine solche fixe Idee beherrschte beispielsweise den 32-jährigen Sergej Ryakhovsky, der zwischen 1985 und 1995 mindestens 18 Personen vom jungen Mädchen bis zum Greis auf bestialische Weise ermordete, um »die Menschheit von den Nichtsnutzen der Gesellschaft zu säubern«. Er wurde 1995 in Moskau zum Tode verurteilt.

Eine unheimliche europaweite Serie von Prostituiertenmorden seit 1999 nach jeweils ähnlichem Muster endete im November 2006 nach intensiver Fahndung mit der Festnahme des 48-jährigen LKW-Fernfahrers Volker Eckert aus Hof. Auch er war als unauffälliger und höflicher, bei seiner Arbeit pünktlicher und gewissenhafter Einzelgänger nie besonders aufgefallen. Im Nachhinein stellte sich allerdings heraus, dass ein angeblicher Suizid einer 14-jährigen Schülerin durch Erhängen 1994 in Plauen, seiner Geburtsstadt, in Wirklichkeit das Tötungswerk ihres damaligen Mitschülers Eckert war.

Wegen sechs zugegebener Mordtaten, deren Opfer er für eine Art Trophäensammlung fotografiert und denen er die Haare abgeschnitten hatte, stand die Prozesseröffnung unmittelbar bevor, als der psychopathische Täter sich am 2. Juli 2007 in seiner Bayreuther Gefängniszelle erhängte. Vermutet wurden mindestens 13 Morde.

Bisweilen berufen sich die Täter auf einen göttlichen Auftrag wie der 59-jährige Joseph Kallinger aus Philadelphia, der 1996 in Pennsylvania in einem Haftkrankenhaus an einer Herzattacke verstarb. Er war zwanzig Jahre zuvor wegen verschiedener Gräueltaten und sadistischer Morde zu lebenslanger Haft verurteilt worden. Gott habe ihn dazu ausersehen, Knaben zu töten und ihnen die Geschlechtsteile abzutrennen. Kallinger hatte sogar seinen zwölfjährigen Sohn Michael gezwungen, ihm bei den Sexualmorden zu assistieren.

Peter William Sutcliffe, der »Yorkshire Ripper«, 1981 wegen Ermordungen zahlreicher Prostituierten lebenslänglich verurteilt, behauptete ebenfalls, während seiner Arbeitszeit als Friedhofsgärtner von Gott den Auftrag erhalten zu haben, die Straßen von den »dreckigen Scheißnutten zu säubern«. Der 1956 in Pretoria wegen 15-fachen Mordes gehenkte Elifasi Msomi,»Axe Killer« genannt, weil er seine Opfer – überwiegend Kinder – mit einer Axt abschlachtete, berief sich auf Weisungen eines Geistes, der ihm Macht und Reichtum durch möglichst viel Blutvergießen versprochen habe.

Von den forensischen Sachverständigen waren jeweils zwar schwere charakterliche Abnormitäten im Sinne einer Psychopathie festgestellt worden, jedoch keine echte Wahnkrankheit oder anderweitige psychiatrische Erkrankung im engeren Sinne.

Der 20-jährige Sibirier Alexander Spesiwtsew, der 22 Morde an Straßenkindern gestanden hatte, wurde allerdings 1999 vom Gericht in Nowokusnezk nach einem psychiatrischen Gutachten für unzurechnungsfähig erklärt. Zusammen mit seiner Mutter hatte er das Fleisch der Getöteten nicht nur zubereitet und gegessen, sondern auch auf dem Markt verkauft. Er war der Meinung, dass ein paar Straßenkinder angesichts der politischen Umwälzungen mit einer Zerstörung der Demokratie wohl nicht weiter ins Gewicht fielen.

Ein berüchtigtes, historisches Beispiel eines sadistischen Monsters ist der Fall des 36-jährigen Graf Gilles de Montmorency-Laval, Baron de Rais, der im Jahr 1440 hingerichtet wurde. Der zum Marschall von Frankreich ernannte Liebhaber und Förderer der schönen Künste war ein berühmter Heerführer und Mitstreiter der Johanna von Orléans im Hundertjährigen Krieg Frankreichs gegen England. Der pädophile Graf ließ auf seinem Schloss Tiffauges bei Nantes unzählige, aus der Umgebung verschleppte Kinder foltern, verstümmeln und schließlich in schwarzen Messen rituell töten. Wegen seiner adligen Abkunft und seiner großen Verdienste wurde er erst nach längerem Zögern zunächst wegen Schwarzmagie und Häresie von der Inquisition verfolgt und sodann des Mordes an mindestens 140 Kindern einem weltlichen Gericht überantwortet, verurteilt und auf dem Scheiterhaufen verbrannt. Seine Geschichte wurde Vorlage des Märchens von *König Blaubart*, dessen junge neue Frau in einer verbotenen Kammer des Schlosses durch Zufall die Leichen ihrer getöteten Vorgängerinnen entdeckt.

Im Dezember 2007 wurde im kanadischen New Westminster nach fast einjährigem Prozess der 58-jährige Landwirt und Schweinezüchter Robert William (»Willie«) Pickton schuldig gesprochen, dem die Ermordung von mindestens 26 Frauen seit 1995 vorgeworfen wird. Die Ermittlungsbehörden gehen allerdings von erheblich mehr Tötungen aus, nachdem bis zu seiner Festnahme im Februar 2002 über 60 drogensüchtige Prostituierte – Picktons bevorzugte Opfer – aus der Stadt Vancouver verschwunden waren. Er lockte die Frauen auf seinen Hof, wo er sie erstach und zerstückelte, nachdem er mit ihnen Sex gehabt hatte. Die Leichenteile wurden teils vergraben, teils vermutlich an die Schweine verfüttert; möglicherweise wurden sie auch Besuchern oder Nachbarn zum Verzehr vorgesetzt. Pickton war bereits 1997 wegen Mordversuchs angeklagt, jedoch nicht verurteilt worden. Ein mutmaßliches Opfer hatte bereits 1995 in sein Tagebuch die Frage geschrieben, ob es vielleicht schon beobachtet werde, so wie ein Raubtier, das nur noch auf die richtige Zeit und den richtigen Ort warte, um zuzuschlagen, seine Beute beobachte.

Mordende Frauen

Nicht nur Männer sind zu Gewaltverbrechen fähig, sondern auch »böse Frauen«, wenngleich weitaus seltener. Etwa zwölf Prozent der Fälle von Mord und Totschlag werden von Frauen begangen, wobei es sich meistens um Beziehungs- bzw. Konflikttaten handelt, bei denen Enttäuschung, Hass und Eifersucht, aber auch jahrelange Misshandlungen durch den Partner die treibenden Kräfte sind, bisweilen auch Habgier, wie im unten beschriebenen Fall der Marianne Nölle.

Die deutlichsten Unterschiede zwischen den Geschlechtern liegen bei Tötungsdelikten in der Methodik: Im Gegensatz zu Männern bevorzugen Frauen eher »weiche« Tötungsarten wie Ersticken oder Vergiften – ähnlich verhält es sich bekanntlich bei Suiziden und Suizidversuchen. Da sie in der Regel den Männern körperlich unterlegen sind, nutzen sie bisweilen deren Wehrlosigkeit im Schlaf oder Alkoholrausch aus, vor allem, wenn sie sich nach jahrelangen Misshandlungen ihrer Peiniger für immer entledigen wollen. Auf ähnliche Weise räumen sie ihre arglosen Säuglinge und Kinder aus dem Weg.

Im Jahr 1993 wurde die damals 57-jährige Marianne Nölle vom Landgericht Köln zu lebenslänglicher Haft verurteilt. Das Gericht ging davon aus, dass mit hoher krimineller Energie sie zwischen 1984 und 1992 sechs Menschen aus Heimtücke und Habgier ermordet hatte. Die Ermittlungsbeamten vermuteten 17 vollendete und 18 versuchte Morde.

Frau Nölle hatte bereits seit ihrem 18. Lebensjahr ein umfangreiches Vorstrafenregister. Wegen Diebstählen, Betrügereien, Unterschlagung und Urkundenfälschung war sie mehrfach im Gefängnis. Sie war zweimal verheiratet; die erste Ehe lief sehr unglücklich. Ihr zweiter Mann war Metzger, Frau Nölle selbst arbeitete als angelernte Kranken- und Altenpflegerin. Die kinderlose Familie hatte, da gut situiert, keinerlei materielle Sorgen. Während Frau Nölle ihre Kranken versorgte, plünderte sie deren Sparbücher, fälschte Schecks und bestahl ihre Pfleglinge. Als eine ältere Patientin unerwartet gestorben war, vermissten die Angehörigen eine größere Geldsumme und zeigten Frau Möller an, die sich jedoch herauszureden suchte und von einem Darlehen sprach. Obgleich als Todesursache eine Lungenentzündung dokumentiert worden war, ergaben genauere Untersuchungen, dass die betreffende Patientin durch die tödliche Dosis eines Beruhigungsmittels zu Tode gekommen war. In Frau Nölles Wohnung fand man sodann eine größere Menge dieses Medikaments, daneben Schmuck und zahlreiche Wertgegenstände anderer Patienten. Weitere Ermittlungen ergaben, dass mehrere von Nölles Pfleglingen mit Beruhigungsmitteln umgebracht worden waren; exhumierte Leichen wiesen Spuren stark dämpfender Medikamente auf. Ein Opfer hatte kurz vor seinem Tod Frau Nölle das gesamte Vermögen vermacht. Weder zum Zeitpunkt der Gerichtsverhandlung noch später war ein Geständnis von Marianne Nölle, die in der Justizvollzugsanstalt Willich einsitzt, zu erhalten.

Der Fall erinnert an die Geschichte der Frau Gesche Gottfried in Bremen, die 1828 im Alter von 30 Jahren wegen zahlreicher Giftmorde zum Tode verurteilt und auf dem Domplatz vor Tausenden Zuschauern enthauptet wurde – in Bremen die letzte öffentliche Hinrichtung. Die Serienmörderin hatte ohne erkennbare Reue eingeräumt, 30 Menschen Gift verabreicht zu haben, von denen 16 gestorben waren. Als Begründung hatte sie sexuelle Befriedigung angegeben; allerdings hatte sie von ihrem zweiten Mann ein beträchtliches Vermögen geerbt. Frau Gottfried ermordete mit arsenhaltigem Rattengift zunächst ihre beiden Ehemänner, ihre beiden Kinder, ihre Eltern und ihren Bruder, später auch andere, nicht verwandte Personen wie z. B. alle fünf Kinder ihres Vermieters, bei dem sie als Haushälterin angestellt war. Als dieser selbst unter Magenkrämpfen zu leiden begann, ließ er die Lebensmittelproben untersuchen, die hohe Konzentrationen des todbringenden Arseniks enthielten.

Bis zu dem Verbot im Jahr 2002 wurde das hochgiftige Pflanzenschutzmittel E 605, ein Nervengift, immer wieder zum Suizid wie auch zur Fremdtötung verwendet. Im Jahr 1954 wurde vom Landgericht Mainz die damals 32-jährige Christa Lehmann aus Worms wegen Tötung ihres Ehemanns, ihres Schwiegervaters und einer Freundin mittels Gift zu lebenslänglicher Haft verurteilt. Letztere hatte versehentlich eine mit E 605 gefüllte Praline gegessen, die für ihre Mutter bestimmt war. Frau Lehmann gab als Motiv für ihre Tat einen »Drang zu töten« an.

Ein Konglomerat von Egoismus, Frust, Überforderung und sozialer Verwahrlosung ist der hauptsächliche Grund für die nicht so seltenen mütterlichen Misshandlungen und Tötungen eigener Kinder, von denen immer wieder berichtet wird. Bisweilen werden sie – nicht selten auf Druck des potenziellen Stiefvaters – aus dem Weg geräumt, weil sie einer neuen Partnerschaft im Wege stehen.

Ein Beispiel für ein besonders mitleidloses, brutales Töten ihrer eigenen Töchter bietet der Fall Theresa Knorr, die 1993 – damals 46 Jahre alt – in Sacramento wegen zweifachen Mordes, Körperverletzungen und Brandstiftungen zu lebenslänglicher Haft verurteilt wurde. Eine Entlassung vor 2027 wurde ausgeschlossen. Theresa Knorr hatte aus insgesamt vier Ehen fünf Kinder, die 1965 und 1966 geborenen Töchter Sheila und Susan, die Söhne William (1967) und Robert (1969) sowie Terry als jüngste Tochter, die 1970 auf die Welt kam.

Theresa Knorr wurde jeweils von ihren Männern verlassen, weil sie trank und die Familie vernachlässigte. Ihren zweiten Mann erschoss sie, wurde jedoch wegen behaupteter Notwehr freigesprochen. Bereits während ihrer ersten Ehe im Alter von 18 Jahren neigte sie vermehrt dem Alkohol zu. Insbesondere nach dem Scheitern ihrer erst wenige Wochen alten, vierten Ehe im Jahr 1976 ging es mit ihr immer mehr bergab. Sie trank unmäßig, verwahrloste und wurde verhaltensauffällig.

Ihre beiden älteren Töchter verprügelte sie als regelrechte Hassobjekte bei jeder Gelegenheit. Als ihre Tochter Susan in einer psychiatrischen Klinik Zuflucht suchte, wurde sie gegen ihren Willen zur Mutter zurückgebracht, nachdem diese Susans Angaben als Lügen bezeichnet hatte. Susan wurde nun mehr als zuvor misshandelt, wobei die anderen Kinder gezwungen wurden, ebenfalls auf ihre Schwester einzuschlagen. In einem ihrer Wutanfälle schoss Theresa Knorr ihrer Tochter 1982 mit einer Pistole in den Rücken. Susan wurde notdürftig verbunden, ärztliche Hilfe verweigerte ihr die Mutter. Zwei Jahre später stach Theresa Knorr mit einer Schere auf ihre Tochter ein. Nach einem Umzug an den Stadtrand im Jahr 1984 äußerte Susan erneut ihre Absicht, die Familie zu verlassen. Frau Knorr gab ihre Zustimmung unter dem Vorbehalt, die Pistolenkugel aus dem Rücken zu entfernen. Nachdem sie ihrer Tochter Psychopharmaka und Alkohol eingeflößt hatte, musste der fünfzehnjährige Robert mit einem Küchenmesser die Kugel aus dem Rücken herausschneiden. Das Mädchen wurde während der nächsten Tage schwer krank, da die Wunde sich entzündet und zu einer Blutvergiftung geführt hatte. Die Mutter klebte der stöhnenden und jammernden Susan den Mund zu, fesselte sie und brachte sie mit Hilfe ihrer Söhne William und Robert ins Auto. Sie fuhren an ein Flussufer, luden die Sterbende dort samt mit eingepackten Sachen ab, übergossen sie mit Benzin und setzten sie in Brand.

Im selben Jahr 1984 zwang Theresa Knorr ihre andere, damals zwanzigjährige Tochter Sheila zur Prostitution. Sheila konnte ihre Mutter zunächst durch die zu Hause abgelieferten Einnahmen bei Laune halten. Im Mai 1985 hielt die Mutter ihr vor, schwanger wie auch geschlechtskrank zu sein. Als Sheila dies bestritt, wurde sie immer wieder verprügelt. Im Juni 1985 schlug die Mutter sie derart zusammen, dass sie ohnmächtig wurde. Mutter und Söhne pferchten die Bewusstlose in den Badezimmerschrank, wo sie Tage später verstarb, packten Sheila samt ihren Kleidungsstücken in eine Autogepäckbox und luden sie in der Nähe des Flughafens in einem Waldstück ab, wo sie wenig später gefunden wurde, aber nicht identifiziert werden konnte. Ein Jahr später versuchte Theresa Knorr vergeblich, ihr Haus anzuzünden, um alle Spuren zu verwischen. Bekannt wurden die Morde erst 1992, als die jüngste, inzwischen verheiratete Tochter Terry zur Polizei ging. Im Rahmen der eingeleiteten Untersuchungen wurde das ganze Ausmaß der fürchterlichen Familientragödie nach und nach offenkundig. Theresa Knorr bestritt zunächst die Taten, gestand schließlich und verteidigte sich mit dem Verweis auf ihre Alkoholabhängigkeit.

Die Urheberinnen brutaler Kindesvernachlässigungen, -misshandlungen und -tötungen sind überwiegend Frauen – meist überforderte, desorganisierte und verzweifelte Mütter. Egoismus, Gleichgültigkeit, Ungeduld und Frustration stehen einer natürlichen, liebevollen Zuwendung zum störenden, lästigen Kind entgegen.

Fast allwöchentlich sind in den Zeitungen Meldungen wie diese zu lesen:

Zwischen 1993 und 1999 tötete eine junge Mutter in Mühltroff/Plauen drei Babys und deponierte sie in der Tiefkühltruhe. Zwischen 1994 und 1998 verbrannte eine thüringische Familie fünf ihrer neugeborenen Kinder in der Heizungsanlage. Zwischen 1988 und 1999 tötete eine 39-jährige Frau in Brieskow-Finkenheerd neun Neugeborene und vergrub sie anschließend im Garten. Im Juni 1999 ließ eine 33-jährige Frau in Brandenburg ihr Baby im Keller verhungern. Im selben Monat entdeckte die Polizei in Frankfurt/Oder die Leichen von zwei verdursteten Kindern. Im Januar 2002 wurde in einer Berliner Wohnung die Leiche eines zweijährigen Jungen gefunden, der ebenfalls verdurstet war. Eine Mutter trat im April 2004 in Erfurt ihren zweijährigen Sohn zu Tode, weil er nicht einschlafen wollte. Im Oktober 2006 fanden in Bremen Polizeibeamte die Leiche des zweijährigen Kevin im Kühlschrank der Wohnung. Er war stark unterernährt und wies zahlreiche Körperverletzungen auf. In Sömmerda entdeckten Polizeibeamte im Dezember 2006 ein verdurstetes Baby, das die 19-jährige Mutter tagelang allein gelassen hatte. In Rostock wurde die kleine Lea wiederholt mit kochendem Wasser übergossen und gezwungen, Putzmittel zu trinken, um von der Unfallversicherung Geld zu kassieren. Im November 2007 starb die fünfjährige Lea-Sophie in Schwerin an Unterernährung.

Im Übrigen wird in den Medien regelmäßig nur über gröbere Misshandlungen berichtet. Subtile Quälereien und emotionale Vernachlässigung, deren Folgen meistens viel zu spät außerhalb eines pathologischen Familienmilieus mit »Broken-Home-Verhältnissen« entdeckt werden, werden nur selten in der Öffentlichkeit bekannt. Die geschundenen Kinder sind von schweren Traumatisierungen und einem so hass- und gewaltbestimmten Weltbild geprägt, dass sie zeitlebens resignativ-depressive oder feindselig-misstrauische Verhaltensweisen zeigen oder sogar selbst gewalttätig werden.

Bisweilen finden sich auch Frau und Mann in einer familiären Symbiose von Sadismus und Mordlust zusammen: Das Ehepaar Myra Hindley und Ian Brady wurde 1966 vom Schwurgericht Chester/Manchester zu mehrfach lebenslänglichen Gefängnisstrafen verurteilt. Als Beweismittel lagen dem Gericht u. a. von dem Mörderpaar selbst angefertigte Fotos und Tonbänder über ihre Gräueltaten vor; auf einem Band ist die Stimme eines zehnjährigen Mädchens zu hören, das um sein Leben fleht. Erst zwanzig Jahre später gestanden beide auch die Tötung weiterer Jugendlicher, die seit 1963 als vermisst galten, deren Ermordung dem Gericht aber zuvor nicht bekannt war.

Myra, 1942 geboren und streng katholisch erzogen, war bereits als Kind eine Außenseiterin. Sie hatte verschiedene Jobs, ehe sie eine Arbeit als Sekretärin in einem Fabrikbüro bekam, wo sie 1960 den 24-jährigen Ian kennen lernte. Er war bei Pflegeeltern aufgewachsen, die ihn wegen seiner guten Intelligenz auf die höhere Schule schickten. Schon damals fiel der jugendliche Ian Brady durch Tierquälereien und Gewalttätigkeiten gegenüber Mitschülern auf. Wegen Einbrüchen und Diebstählen musste er eine zweijährige Haftstrafe absitzen, danach kam er als Buchhalter in die Fabrik, wo er Myra kennen lernte. Myra und Ian quälten, vergewaltigten und töteten gemeinsam in ihrem Haus fünf Kinder und Jugendliche zwischen zehn und siebzehn Jahren. Ihre Leichen vergruben sie im Moor. Zu ihrer Verhaftung führte der Versuch, den 17-jährigen Schwager von Myra als Mittäter zu gewinnen. Als dieser im Oktober 1965 mit ansehen musste, wie Ian einen Jugendlichen folterte und mit einer Axt erschlug, wandte er sich an die Polizei. Myra Hindley verstarb 2002 im Gefängnis.

Ärzte als Mörder

Mordende Mediziner schockieren besonders, da von ihnen Lebensrettung und Fürsorge erwartet werden. Der in Ulster tätige englische Arzt Dr. Robert Clements brachte zwischen 1920 und 1947 nacheinander alle seine vier Ehefrauen durch Verabreichung tödlicher Morphiumdosen um. Auf die Totenscheine, die er selbst ausstellte, dokumentierte er »Schlafkrankheit«, »Leukämie«, »Herzleiden« oder »Krebs«. Die Leichen hatte er kurz nach der Tötung verbrennen lassen. Dr. Clements selbst nahm sich das Leben, als die Ermittlungen aufgenommen wurden, und beklagte sich in einem Abschiedsbrief darüber, dass er die teuflischen Beschuldigungen gegen ihn nicht länger ertragen könne.

Auf besonders infame Weise mordete der französische Arzt Dr. Marcel Petiot. Er bot während der deutschen Besatzung ab 1942 Verfolgten gegen Zahlung von 25 000 Francs oder 2000 US-Dollar an, ihnen die Flucht nach Südamerika oder England zu ermöglichen. Die Interessenten kamen – unter Auflage höchster Verschwiegenheit – in seine Praxis, wo sie entweder mit Cyanid »schutzgeimpft« oder in einem speziell hergerichteten Raum vergast wurden. Ihre Leichen beförderte Dr. Petiot in die Seine oder verätzte sie in ungelöschtem Kalk. Als ihm die Gestapo und die Pariser Polizeibehörden auf die Schliche kamen, entzog er sich dem Zugriff und tauchte in der französischen Armee unter, wo er als Hauptmann für die Spionageabwehr zuständig war. Erst nach Kriegsende wurde man seiner habhaft; 1946 wurde er vor Gericht gestellt und wegen 27 nachgewiesener Morde guillotiniert. Er selbst sprach von 63 »Feinden, Kollaborateuren und deutschen Agenten«, die er getötet habe. Die Gerichtspsychiater hatten ihn als geistig gesund, jedoch in »moralischer Hinsicht retardiert« beurteilt.

Im Juni 1996 stieß die Polizei bei der Aufklärung rätselhafter Morde an Prostituierten, deren Leichenteile in Berlin und Umgebung gefunden worden waren, auf die Spur des von Stuttgart nach Berlin übergesiedelten 53-jährigen Arztes Dr. Gerd Wenzinger, dem wegen Sexualdelikten die Approbation entzogen worden war. Wenzinger war ein in der Berliner Künstlerszene verkehrender Lebemann und Dandy, der das Luxusleben eines Bohemiens führte. Bei seinen Nachbarn hatte er einen guten Ruf als freundlicher und zuvorkommender, hilfsbereiter Mann. Bei Durchsuchung seiner Wohnung fand die Polizei ein Videoband, auf dem die Folterung, Tötung und Zerstückelung einer als vermisst gemeldeten jungen Frau zu sehen war. Wenzinger selbst hatte sich inzwischen nach Brasilien abgesetzt, war allerdings dort festgenommen worden, weil in seinem Besitz zahlreiche ähnliche Bänder mit Aufzeichnungen von misshandelten bzw. verschwundenen Frauen entdeckt worden waren. Im Juni 1997 erhängte er sich in seiner Zelle, nachdem einer Auslieferung nach Deutschland zugestimmt worden war. Eine genauere Aufklärung konnte daher nicht erreicht werden.

Ein besonders monströses Ausmaß nahm die Mordserie des Dr. Harold Shipman an, ein für den staatlichen englischen Gesundheitsdienst »National Health« arbeitender praktischer Arzt. Shipman, zum Zeitpunkt der Verurteilung 46 Jahre alt, wurde im Jahr 2000 mit fünfzehnmal lebenslänglicher Haft bestraft, nachdem ihm 25 Tötungen nachgewiesen werden konnten. Wegen »besonderer Niederträchtigkeit« wurde eine vorzeitige Entlassung ausgeschlossen. Nach und nach stellte sich jedoch heraus, dass Shipman zwischen 1974 und 1998 bei Hausbesuchen in Manchester fast 300 meist gesunde Frauen im Alter zwischen 43 und 103 Jahren durch Morphium- und Heroininjektionen zu Tode gebracht hatte. Die Anzahl der bekannt gewordenen Opfer des »Dr. Death« genannten Täters stieg von Untersuchung zu Untersuchung. Als offizielle Todesursache hatte er stets Thrombosen, Lungenentzündungen, Schlaganfälle oder Altersschwäche angegeben. Aufgefallen war, dass einige der Patientinnen noch kurz vor ihrem Tod Shipman testamentarisch mit beträchtlichem Geldvermögen bedacht hatten. Als ein staatlicher Untersuchungsausschuss den näheren Umständen der Verbrechen genauer nachging, wuchs die Zahl der vermutlich ermordeten Patientinnen auf rund 250 Personen. Shipman selbst, der sich als »Herr über Leben und Tod« begriff, prahlte gegenüber einem Mithäftling, dass er insgesamt wohl mehr als 500 seiner Patienten umgebracht hätte. Er nahm sich Anfang 2004 im Gefängnis von Wakefield durch Erhängen das Leben.

Kannibalen

Als ultimative Form sittlicher Verwahrlosung gilt in der zivilisierten Welt der Kannibalismus, das Verspeisen der eigenen Artgenossen aus pervers-sexueller Gier oder aus purer Mordlust, äußerst selten aus Hunger in Extremsituationen – diese Hemmschwelle ist noch höher als die zu töten.

Im Rheinland und nördlichen Ruhrgebiet gab es in den 1960er und -70er Jahren eine Serie von Morden, als deren Urheber schließlich Joachim Kroll, der »Menschenfresser von Duisburg«, per Zufall entdeckt wurde, weil menschliche Eingeweide und Hautreste – von ihm als Reste geschlachteter Karnickel ausgegeben – die Haustoilette verstopft hatten. Bei seiner Festnahme 1976 gestand er, 14 Mädchen und Frauen im Alter zwischen vier und 60 Jahren umgebracht und von ihnen gegessen zu haben. Er habe wissen wollen, »wie ein Mensch schmeckt«. Bemerkenswert war, dass Kroll bereits als Jugendlicher durch das Schlachten und Ausweiden von Tieren sexuell erregt wurde; solche Verknüpfungen zwischen dem Töten und sexueller Erregung werden bei Serienmördern immer wieder beobachtet.

Kroll zerteilte seine Opfer und kochte sie längere Zeit in Salzwasser, nachdem sie ihm beim ersten Probieren zu zäh geblieben waren. Die restlichen Leichenteile hob er auf. In seiner Wohnung fand man eine Gefriertruhe mit in Plastiktüten abgepackten Resten; in einem Kochtopf schwamm die Hand eines Mädchens in einer Brühe. Dem »Ruhrkannibalen« wurden mindestens acht vollendete und ein versuchter Mord nachgewiesen. Er wurde 1982 zu neunmal lebenslänglich verurteilt und starb im Juli 1991 in der Justizvollzugsanstalt Rheinbach an einem Herzinfarkt. Kroll war 1933 wurde in Oberschlesien geboren. Nach fünfjährigem Schulbesuch hatte er als Knecht auf einem Bauernhof gearbeitet, wo bereits seine sodomitischen Neigungen aufgefallen waren. Nach Kriegsende war die Familie nach Bottrop gekommen. 1960 war Kroll nach Duisburg gezogen, wo er zuletzt als Wärter in der Waschkaue eines Hüttenwerks gearbeitet hatte. Er galt als verschroben und geistig unbeholfen.

Der in der Nachkriegszeit in Polen hingerichtete Cypka, dessen Vorname unbekannt ist, soll in der Zeit bis 1950 in Stettin mehr als 30 Menschen ermordet und zu Wurst verarbeitet haben, die er auf dem Schwarzmarkt verkaufte. Die Polizei fand in der Wohnung des gelernten Fleischers frische Leichenteile, im Garten dazu Knochenreste von mindestens 30 verschiedenen Personen.

Am 21. Dezember 1924 erhängte sich im schlesischen Münsterberg der 64-jährige Karl Denke im Gefängnis, nachdem bei einer Wohnungsdurchsuchung neben Hunderten von Zähnen und Knochen ein Bottich voller Leichenteile und Töpfe mit frisch gekochtem und gepökeltem Menschenfleisch gefunden worden waren. Denke – als »Papa Denke« der gutmütigjoviale, beliebte und hilfsbereite Nachbar von nebenan und eine Zeit lang aktives Mitglied der evangelischen Gemeinde – hatte sich offenbar bereits seit Jahren fast ausschließlich vom Fleisch Getöteter ernährt oder es auf dem Breslauer Wochenmarkt verkauft. Penibel hatte er Namen und Gewicht von 31 ermordeten Männern und Frauen – meistens Landstreicher – notiert. Ähnlich verhielt es sich vermutlich bei dem Fleischer und Würstchenverkäufer Carl Großmann in Berlin, in dessen Friedrichshainer Wohnung im August 1921 die Überreste von mindestens drei Frauenleichen entdeckt wurden. Auch Großmann erhängte sich im Juli 1922 in seiner Zelle, bevor das Gerichtsverfahren abgeschlossen wurde.

Beide gehörten wohl zu den psychisch schwerer gestörten, geradezu besessenen Kannibalen wie Ilshat Kuzikow in St. Petersburg, der in seiner Wohnung 1995 die zerstückelten Körper mehrerer vermisster Personen aufbewahrte: Knochen in einem Kochtopf, Blut in Sprudelflaschen, zudem gepökeltes und eingelegtes Fleisch. Der 37-jährige Täter wurde 1997 in eine psychiatrische Klinik eingewiesen.

Mit Hilfe seiner Mutter Ludmilla ermordete der 27-jährige Sascha Spesiwtsew in der sibirischen Stadt Nowokusnezk mindestens 19 Mädchen, von deren Fleisch Mutter und Sohn sich und ihren Hund ernährten. In ihrer Wohnung wurden mehrere Kübel mit verwesten menschlichen Organen sowie ein schwer verletztes Opfer gefunden, das noch einige Angaben zu den Lebensverhältnissen der Familie machen konnte, ehe es selbst starb. Spesiwtsew wurde 1999 zunächst zum Tode verurteilt, dann wegen Unzurechnungsfähigkeit in einer forensisch-psychiatrischen Einrichtung untergebracht, seine Mutter erhielt eine lebenslängliche Haftstrafe.

Zu erwähnen wäre noch der ukrainische Sport- und Russischlehrer Andrej Tschikatilo, der als besonders mordwütiger Serienkiller 1992 im Alter von 58 Jahren in Rostow am Don per Genickschuss hingerichtet wurde. Tschikatilo hatte 1990 bei seiner Festnahme 55 Morde seit 1978 eingeräumt. Nachgewiesen wurden ihm 53 Mordtaten, eine weitaus höhere Zahl wurde vermutet. So gut wie alle seine Opfer waren Mädchen, junge Frauen und einige Jungen im Alter zwischen neun und 22 Jahren, die er jeweils in Anfällen von Blutrausch auf ungewöhnlich grausame Weise umgebracht und verstümmelt hatte. So hatte er ihnen die Augen ausgestochen und die Bäuche ausgeweidet. Einigen hatte er Lippen und Genitalien abgebissen, um sich dadurch sexuell zu erregen. Dem Psychiater, der ihn zu seinem Geständnis bewog, gab er als Grund Impotenz und fehlenden Respekt seiner Umgebung ihm gegenüber an. Von der Schule war er nach sexuellen Übergriffen verwiesen worden und hatte deswegen zuletzt in einer Fabrik arbeiten müssen. Tschikatilo war verheiratet und hatte zwei Kinder. Wegen sexueller Probleme mit seiner Frau hatte er Sex mit Prostituierten und obdachlosen Frauen in seiner Laube am Stadtrand. Die russische Horrorgeschichte wurde 1995 in Amerika unter dem Titel *Citizen X* verfilmt.

Der Fall des Armin Meiwes erregte während der letzten Jahre beträchtliches Aufsehen. Der in den Medien als »Kannibale von Rotenburg« bezeichnete, 1961 geborene Meiwes wurde am 9. Mai 2006 im Rahmen einer Revisionsverhandlung wegen Mordes und Störung der Totenruhe zu lebenslanger Haft verurteilt. Bereits seit 1999 hatte er versucht, über das Internet Kontakt zu Menschen mit kannibalistischen Bedürfnissen aufzunehmen. Im Februar 2001 machte er die Bekanntschaft mit dem vier Jahre älteren Bernd Jürgen Brandes, einem Ingenieur aus Berlin. Sie trafen sich am 9. März 2001 im Wohnhaus von Meiwes in Rotenburg, wo dieser seinem Besucher zunächst den Penis abschnitt, ihn dann tötete und nach und nach verspeiste. Meiwes verteidigte sich damit, dass dies dem ausdrücklichen Wunsch seines Opfers entsprochen habe.

Die kannibalistischen Mörder haben einen berüchtigten, historischen Vorläufer:

Zu Anfang des 15. Jahrhunderts verschwanden jahrzehntelang Reisende an der schottischen Südwestküste. Grund dafür waren die Mordtaten der Sippe Alexander Sawney Bean, die an einer schwer zugänglichen Stelle in einer Höhle hauste, mit insgesamt 14 Kindern und 32 Enkelkindern. Die Sippe verschleppte und tötete angeblich über 1000 Personen, um sie zu berauben und sich von deren Fleisch zu ernähren. Soldaten fanden in der Höhle außer Leichenteilen Kisten voller Kleidungsstücke und Wertsachen der Opfer. Die gesamte Großfamilie wurde im Jahr 1435 in Leith hingerichtet – die Frauen verbrannt, den Männern zuvor die Gliedmaßen abgeschlagen.

»Banalität des Bösen«: Adolf Eichmann

Die jüdische Philosophin, Politologin und Schriftstellerin Hannah Arendt (1906–1975), die 1961 für die Zeitschrift *The New Yorker* aus Jerusalem über den Prozess gegen Adolf Eichmann berichtete, charakterisierte das Ungeheuerliche seines Tuns als »Banalität des Bösen«. Gemeint war damit die nicht nachvollziehbare Diskrepanz zwischen Eichmanns enormem Einsatz als Räumungsbeauftragter und Deportationsexperte bei der »Lösung der Judenfrage« in Nazi-Deutschland einerseits und seiner Selbsteinschätzung sowie seinem Auftreten als unauffälliger, höflicher und korrekter Mensch vor Gericht andererseits.

Eichmann, 1906 in Solingen geboren und mit der Familie 1914 nach Linz/Österreich umgezogen, hatte weder einen Schulabschluss noch eine Berufsausbildung. Er arbeitete als angelernter Verkäufer und Vertreter, ehe er 1934 als eifriges NSDAP-Mitglied zum Sicherheitsdienst der SS kam. 1938 baute er in Wien die »Zentralstelle für jüdische Auswanderung« auf, ein Jahr später die in Prag – in Wirklichkeit Organisationen zur rücksichtslosen Vertreibung jüdischer Bürger ins Ausland. Er machte als zuverlässiger und ideenreicher Spezialist im Range eines SS-Obersturmbannführers Karriere: 1939/40 wurde er mit der Leitung des Referates »Auswanderung und Räumung« im Berliner Reichssicherheitshauptamt (RSHA) betraut. Eichmann war dort für die Deportation aller Juden in Deutschland und den besetzten Gebieten zuständig, d. h. für die auf der Wannseekonferenz im Januar 1942 beschlossene »Endlösung der Judenfrage«, wo er das Protokoll führte. Seinen Angaben zufolge ging es am Konferenztisch um nichts anderes als ums »Eliminieren und Vernichten« von rund 11 Millionen Juden, in der Tarnsprache der Mörder um »Behandlungen« und »Maßnahmen«.

Eichmann oblag die gesamte Koordination der Enteignungen, Wohnungsräumungen und Transporte der Millionen Juden, die bis Kriegsende in den Vernichtungslagern ermordet wurden. Ab 1941 bereiste er selbst einige dieser Lager, als erstes das KZ Auschwitz.

1944 wurde Eichmann nach Budapest versetzt, um von dort aus die Deportationen ungarischer Juden nach Auschwitz zu organisieren. Die zur Deportation aus Ungarn vorgesehenen Menschenmassen ließen bei Eichmann trotz aller eingespielten Logistik Besorgnisse hinsichtlich möglicher »Transportschwierigkeiten« und »beschränkter Aufnahmemöglichkeiten« aufkommen, beflügelten ihn jedoch gleichzeitig zu verstärktem Einsatz. Der Reichsführer-SS Heinrich Himmler gewährte Eichmann auf dessen Bitten hin Sonderzüge, um das Deportationssoll pünktlich erfüllen zu können. Obgleich die Rote Armee nur noch wenige hundert Kilometer von Budapest entfernt war, schaffte Eichmann es, von April bis Juni 1944, d. h. innerhalb von drei Monaten, noch 435 000 Juden von dort abtransportieren zu lassen. Bis zu Himmlers Verbot weiterer Deportationen im August 1944 kämpfte er zäh und verbissen um den Abtransport jedes einzelnen Juden.

Eichmann war nach Kriegsende über Umwege als »Ricardo Clement« nach Argentinien geflüchtet, wo er vom israelischen Geheimdienst aufgespürt, 1960 in Buenos Aires festgesetzt und in einer handstreichartigen Aktion nach Haifa transportiert wurde. Nach dem Schuldspruch im Jahr 1962 wurde der »Verwaltungsmassenmörder« gehängt und verbrannt, seine Asche über dem Meer verstreut.

Hannah Arendt bezeichnete Eichmann als einen angepassten Erfüllungsgehilfen und wichtigtuerischen Technokraten mit »mörderischer Ordnungsliebe«, zudem als einen Mann ohne Grundsätze, schwach und feige, einen »Hanswurst«. Im Übrigen versage das Wort und scheitere das Denken, die Absurditäten in der Person Eichmanns näher zu beschreiben, geschweige denn zu erklären. Das besonders Paradoxe war, dass Eichmann hauptsächlich von bürokratischem Ehrgeiz und dem Bedürfnis nach Anerkennung geleitet wurde, ansonsten offensichtlich jedoch kein Motiv für sein verbrecherisches Handeln hatte. Jedenfalls zeigte er – im Gegensatz zu vielen anderen Nazi-Mördern – keinerlei Züge von Sadismus oder einem Drang zur Zerstörung und Vernichtung. Er versicherte immer wieder glaubhaft, dass er persönlich keinen einzigen Juden gehasst habe, und wies auf seine fast freundschaftlichen Kontakte zu den Judenräten hin, und er sah sich nicht ohne Stolz als Idealisten im Verwaltungsapparat. Weitschweifig und larmoyant verteidigte Eichmann sich damit, ausschließlich auf Befehl gehandelt zu haben. Hitlers Wort sei für ihn Gesetz gewesen. Sein Organisationstalent sei den Opfern zugute gekommen und habe ihr Schicksal sogar erleichtert. Es sei in deren Interesse gewesen, dass bei der »Umsiedlung« Ruhe und Ordnung geherrscht hätten. Durch eine »forcierte Auswanderung« habe er sogar Hunderttausenden von Juden das Leben gerettet.

Zeichen von Reue waren nicht erkennbar; allerdings bot Eichmann demonstrativ als Zeichen seiner Verantwortlichkeit an, sich öffentlich zu suizidieren. Die tieferen Gründe für seine groteske Doppelgesichtigkeit – biedermännische Korrektheit und Freundlichkeit auf der einen Seite, mitleidslos-berechnende Kaltblütigkeit auf der anderen – bleiben letzten Endes im Dunkeln. Am ehesten bieten sich als Erklärungen eine weitgehende Aufspaltung der Gefühlswelt unter dem Einfluss einer Leitideologie an, die eine strenge Trennung zwischen Menschen und Nichtmenschen – in diesem Fall zwischen Nichtjuden und Juden – zum Inhalt hatte. Davon abgesehen förderte die Gratifikation für Eichmanns Fleiß und Zuverlässigkeit in Form von Beachtung und Belobigung, sodann einer beachtlichen Karriere, zweifellos dessen mörderischen Ehrgeiz, Eifer und Einsatz.

Der vom 11. April bis zum 11. Dezember 1961 dauernde Strafprozess endete mit dem Todesurteil, bestätigt am 29. Mai 1962 durch die Berufungskammer; drei Tage später wurde das Urteil vollstreckt.

Arendt, die selbst von den Nazis verfolgt worden war, handelte sich mit ihrer Charakterisierung Eichmanns – gemeint war das beschriebene Nebeneinander von Trivialität und Massenmord, eben die »Banalität des Bösen« – gerade von jüdischer Seite massive Kritik ein. Man warf ihr vor, Eichmanns Taten zu verharmlosen, sogar das Böse zu ästhetisieren. Arendt ließ bei anderer Gelegenheit allerdings keinen Zweifel daran, dass die moralische und politische Indifferenz, das »Wegschauen« ohne eigenes Urteil, dem Bösen mehr als alles andere in die Hände spiele.

Psychologische Beobachtungen an anderen Nazi-Schreibtischtätern wie auch Ärzten in den KZ-Lagern hatten schon zuvor zu ähnlichen Ergebnissen geführt. Von psychiatrischen und psychologischen Experten war deren Verhalten teilweise als Ausdruck einer tiefgreifenden Abspaltung von Gefühlen im Sinne einer Dissoziation erklärt worden, teilweise als Ergebnis der propagandistisch induzierten und unterhaltenen Autosuggestion, es handele sich bei den Juden nicht um Menschen, sondern um schädliches Ungeziefer, das zu vernichten sei.

Beunruhigend erscheint in diesem Zusammenhang die Manipulierbarkeit menschlichen Handelns und Verhaltens überhaupt. Die aufsehenerregenden Bestrafungsexperimente des amerikanischen Psychologen Stanley Milgram im Jahr 1962 an der Yale-Universität in New Haven führten zu dem deprimierenden Ergebnis, dass rund zwei Drittel der 40 Probanden – normale, psychisch unauffällige amerikanische Bürger – in blindem Gehorsam dem Befehl des Versuchsleiters folgten, ihnen fremden Personen mittels simulierter Elektroschocks (scheinbar) heftige Schmerzen zuzufügen. Die Mehrzahl war unter sozialem Druck in Form von Anweisungen und Befehlen bereit, Mitmenschen mit Stromstößen zu quälen.

Wiederholungen dieses Settings an der kalifornischen Stanford-Universität durch den Psychologen Philip Zimbardo im Jahr 1971 bestätigten im Prinzip die niederschmetternden Resultate Milgrams: in einem nachgebauten Gefängnis, das sich in Wirklichkeit im Keller der Universität befand, wurden Versuchspersonen mit Wärterfunktion dazu gebracht, Schein-Häftlinge zu schikanieren, vor allem, wenn sie sich unbeobachtet glaubten. Jeweils drei »Gefangene« waren in einer Zelle untergebracht; zusätzlich gab es eine Dunkelzelle für aufsässige Häftlinge. Alle mussten nummerierte, grobe Kittel ohne Unterwäsche und eine Fußkette tragen. Die »Wärter« traten mit Khakiuniformen, Schlagstock und verspiegelter Sonnenbrille besonders martialisch auf. Als wegen der schikanösen Haftbedingungen am zweiten Tag eine Revolte unter den Gefangenen ausbrach, wurden diese brutal misshandelt. Die Situation eskalierte, sodass der Versuch bereits nach sechs Tagen abgebrochen werden musste, der Hälfte der ursprünglich vorgesehenen Zeitspanne. Der Kölner Schriftsteller Mario Giordano schrieb über das »Stanford-Prison-Experiment« das Buch *Black Box*, das zur Vorlage für den 2001 gedrehten, preisgekrönten Film *Das Experiment* unter der Regie von Oliver Hirschbiegel wurde.

Trotz aller Kritik an den künstlichen Bedingungen der Untersuchungsmethoden ist die bedrückende Erkenntnis nicht zu übersehen, dass die meisten Menschen offenbar bereit sind, sich unter bestimmten Umständen eher einer strengen Autorität unterzuordnen und deren Willkürbefehlen nachzukommen, als ihrem eigenen Gewissen zu folgen. Obiger Film illustriert eindrucksvoll die Ratlosigkeit bezüglich solcher menschlicher Eigenschaften, die in konfliktlosen Situationen bzw. in Friedenszeiten nur deswegen nicht oder nur selten sichtbar werden, weil sie nicht besonders auf die Probe gestellt werden.

5 Hintergründe des Bösen

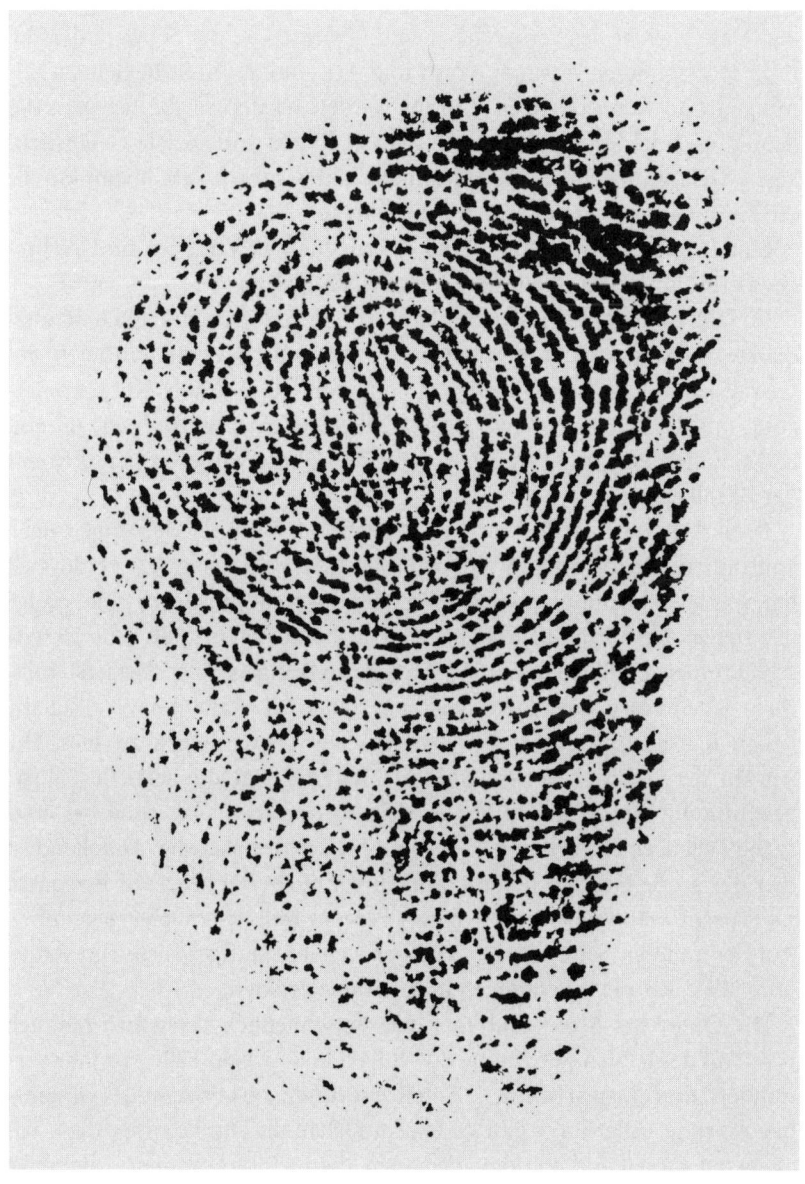

Kriminalstatistik

Im Strafgesetz wird unter einem Verbrecher der Straftäter verstanden, jemand, der gegen das Gesetz verstoßen und sich somit schuldig gemacht hat. Das Gewicht des Verbrechens wird gemessen an der Schwere der Tat, insbesondere deren Ausmaß, Form und Art, und an ihren Begleiterscheinungen und Konsequenzen. Daraus werden wiederum die Schwere der Schuld und die Strafzumessung festgelegt. Typus und soziale Gefährlichkeit – Gelegenheitstäter oder Neigungstäter? – liefern Anhaltspunkte für die Kriminalprognose über den Delinquenten.

Eine ungefähre Vorstellung über das Ausmaß an Vergehen und Verbrechen ermöglicht die alljährliche Kriminalstatistik:

Im Jahr 2006 gab es in Deutschland – ohne Verkehrs- und Staatsschutzdelikte – insgesamt rund 6 300 000 Straftaten. Hiervon entfielen auf Gewaltdelikte wie Mord, Totschlag, Vergewaltigung, Raub, Körperverletzung und Geiselnahme etwa 215 500 Fälle. Bei einer Einwohnerzahl von 82 Millionen entspricht dieser Anteil einer Quote von etwa 0,26 Prozent der Bevölkerung.

Bemerkenswert ist, dass sich die Anzahl der Körperverletzungen nach kontinuierlichem Anstieg während der letzten zehn Jahre fast verdoppelt hat, was nach kriminologischer Einschätzung nicht nur durch eine infolge des neuen Gewaltschutzgesetzes vom 1. Januar 2002 gestiegene Bereitschaft, innerfamiliäre Gewalt zur Anzeige zu bringen, zu erklären ist. Vielmehr scheint insgesamt die Gewaltbereitschaft – vor allem in gesellschaftlichen Randgruppen bzw. bei Jugendlichen – angestiegen zu sein. Die Anzahl der bekannt gewordenen Straftaten gegen die sexuelle Selbstbestimmung einschließlich Vergewaltigungsversuchen lag 2006 bei etwa 17 200 Fällen, entsprechend ca. 0,02 Prozent der Bevölkerung. Auffallend ist hier der große Geschlechtsunterschied, vor allem bei jüngeren Personen: 7,5 Prozent männlichen standen 92,5 Prozent weibliche Opfer gegenüber. Auf der anderen Seite wurden Männer weitaus häufiger Ziele von Raubüberfällen, Körperverletzungen und Tötungsdelikten.

Die Quote bei Mord und Totschlag einschließlich Versuchen hat sich während der letzten Jahrzehnte auf zuletzt knapp 2500 Fälle pro Jahr vermindert, dies entspricht einem Anteil von rund 0,003 Prozent der Gesamtbevölkerung. Allerdings gibt es eine unbekannte Dunkelziffer, da – vor allem bei älteren oder kranken Personen, die zu Tode kommen – nicht alle

Vorfälle (z. B. aktive Sterbehilfe) aufgedeckt werden. Diese Raten haben sich während der letzten Jahre – im Gegensatz zur Häufigkeit der Gewaltdelikte – nicht wesentlich verändert. Vergleichsweise wird in den USA in Relation zur Einwohnerzahl etwa fünfmal häufiger gemordet.

Obgleich die Gewaltkriminalität – bezogen auf die gesamte Zahl der registrierten Straftaten – im Unterschied zu den Eigentumsdelikten quantitativ kaum ins Gewicht fällt, verbirgt sich hinter diesen nüchternen Zahlen ein ungeheures Maß an Angst, Schmerz und Leid. Die Überlebenden sind ein Leben lang beschädigt. Sie werden von Depressionen, Ängsten, Schlafstörungen und Alpträumen heimgesucht. Symptome, die zum Krankheitsbild der posttraumatischen Belastungsstörung gehören und als Begleiterscheinungen und Folgen existenzieller seelischer Erschütterung bekannt sind. Außerdem verbleiben nicht selten auch körperliche Folgen. Angehörige und Bezugspersonen leiden zudem mit; sie sind hilflos, wütend und verstört.

Böse ist der Mensch, der in verwerflicher Absicht rücksichtslos die Belange anderer missachtet. Je genauer und gründlicher die böse Tat geplant und vorbereitet wird, je gezielter die Folgen einkalkuliert, der Ablauf kontrolliert und die Spuren beseitigt werden, desto höher ist das Maß an krimineller Energie, die als Gradmesser für das Böse im Täter genommen werden kann.

Schon die trivialen Missetaten, die kleinen Geschwister des Bösen – Gehässigkeiten und Grobheiten, Intrigen und Schikanen, Lügereien und Betrügereien – beeinträchtigen Lebensgefühl und Solidarität. Sie wirken meist viel verletzender, als es nach außen scheint. Die gedemütigten Opfer alltäglichen Mobbings oder zermürbender Intrigen werden nicht nur seelisch, sondern auch körperlich krank. Neben Depressivität, Ängstlichkeit und Arbeitsstörungen können sich psychosomatische Beschwerden wie Kopfweh, Magenbeschwerden, Kreislaufprobleme, Erschöpfungsgefühl und Schlafstörungen einstellen.

Was nun macht den bösen Menschen eigentlich aus, wie tritt er in Erscheinung, was treibt ihn um?

Das böse Tun kann sich auf ebenso vielfältige Weise äußern, wie es Charaktere und Persönlichkeitsstrukturen gibt. Mal tritt es als aufsehenerregende Gewalttat spektakulär in Erscheinung, mal als rücksichtslose Bereicherung auf Kosten anderer, dann wiederum äußert es sich dezent und auf subtile Weise in maliziöser, hinterhältiger Boshaftigkeit. Trotz der von

Natur aus nicht üppigen Ausstattung des Homo sapiens mit Altruismus und Mitgefühl hat zum Glück noch lange nicht jeder das Zeug zum wirklich bösen Menschen; dazu macht ihn erst eine brisante Mixtur von deformiertem Wertesystem, krimineller Energie und einem eklatanten Mangel an Mitempfinden – Merkmale, die den gemütsarmen Psychopathen bzw. die dissoziale Persönlichkeit kennzeichnen.

Es gibt mit schwersten psychischen Abnormitäten behaftete Menschen, triebhafte Serienkiller zum Beispiel, die ihrer pervers mörderischen Obsessionen nicht Herr werden. Viele von ihnen berichten den ermittelnden Kriminalbeamten, von einem regelrechten Tötungsdrang beherrscht worden zu sein. Nichts habe sie davon abhalten können, ihre entsetzlichen Fantasien in die Tat umzusetzen. Manche Täter scheinen bei der Festnahme regelrecht erleichtert, dass ihrem Morden endlich Einhalt geboten wird.

Obgleich allenfalls ein Prozent aller Tötungsdelikte auf das Konto der Serienmörder geht, beschäftigen sie mehr als alle anderen Verbrecher als »Monstren in Menschengestalt« die Fantasien der Mitbürger und nähren die Ängste vor dem abgründigen, fassbaren Bösen.

Über ihre Persönlichkeit gibt es mehr Spekulationen als gesicherte Erkenntnisse. Favorisierte psychologische These ist die einer grenzenlosen Egozentrik, eines »malignen Narzissmus«, eines Hungers nach exzessiver Profilierung, der niemals gestillt werden kann. Das rauschhafte, ritualisierte Foltern und Töten lässt in der Tat einen immer aufs Neue quälenden Drang nach Maximalerlebnissen durch grenzenloses Beherrschen anderer vermuten, nach verzweifelten Versuchen, die stets drohenden Abstürze in eine innere Leere durch intensive Gefühlsreize aufzufangen.

Aggressionshypothesen

Am Anfang aller Zeiten stand das unvorstellbar energiereiche Potenzial »Gewalt«: In einem jede Fantasie übersteigenden Ausbruch jäh entfesselter Energie wurden die Elementarbausteine des Universums in winzigen Bruchteilen von Sekunden ins Nichts geschleudert. Gleichzeitig traten die ordnenden Naturgesetze in Kraft, die den Kosmos seitdem unter fortwährenden Explosionen und Implosionen von Milliarden Galaxien dirigieren. Wenn sich am Ende gemäß dem Gesetz der Entropie alle Gewalt erschöpft hat, wird das Weltall vielleicht wieder zurück in den unergründlichen Ursprung fallen, ehe im Nullpunkt zur Nullzeit – sich immerwährend wiederholend – ein neuer Geburtszyklus beginnt. Auch die Erde unterliegt mit ihren lebendigen und toten Bestandteilen im Rhythmus von zerteilender und konstruktiver Gewalt, von Desintegration und Synthese, von Zerfall und Aufbau aufgrund fortwährender Einwirkungen den immer gleichen physikalischen und chemischen Prozessen.

Im natürlichen Lebensraum unseres Planeten entstehen durch Menschenhand andere Arten von Gewalt; sie sind ebenfalls wertfrei, jedenfalls nicht von vornherein destruktiv. Regelnde Gewalt ist beispielsweise erforderlich zur Aufrechterhaltung von sozialer Ordnung und zur Ausübung von Sanktionen bei Übertreten der gesellschaftlichen Normen und Gesetze. Der gute Staat macht vom Gewaltmonopol, der legitimierten, kontrollierenden und kontrollierten Regierungsgewalt, zum Wohle seiner Bürger angemessen und gerecht Gebrauch. Für den Menschen schlimme Folgen hat – wie oben gezeigt – die böse Gewalt, die zur Befriedigung verwerflicher Absichten und zur Verwirklichung finsterer Pläne missbraucht wird.

Diese unheilvolle, hässliche Gewalt hat viele Gesichter: Es gibt sie nicht nur direkt und offen in Form aller möglichen physischen und/oder psychischen Aggressionshandlungen, sondern auch indirekt bzw. verdeckt als Ungerechtigkeit, Ressentiment, Unterdrückung, Ausbeutung, Desinformation, Manipulation, Täuschung oder Betrug.

Im Zusammenhang mit dem »Bösen« in der Welt, das einzelnen Personen ebenso wie ganzen Völkern widerfährt, ist in Anbetracht der verheerenden Auswirkungen von Mord, Terror und Krieg die zerstörerische Gewalt von besonderem Interesse. Beim Menschen ist sie primäres Kennzeichen von Aggressivität, einem Potenzial aggressiv-gereizter Gestimmtheit, das sich individuell oder kollektiv als offene Aggression, d. h. als feindseliges oder schädigendes Verhalten gegenüber Personen oder Sachen manifestieren kann. Gehemmte bzw. verdeckte Aggressivität zeigt sich hingegen eher in destruktiven Fantasien und Vorstellungen, aber auch in Vorwurfshaltung und »stiller Wut«, in Misstrauen, Verärgerung, Intoleranz, Mitleidslosigkeit, Arroganz, Hassgefühl, Hinterlist oder Heimtücke. Forensisch-psychologisch von Bedeutung ist die Unterscheidung zwischen proaktiver, aktiver und reaktiver Aggression, d. h. zwischen geplantem, spontanem und provoziertem Aggressionsverhalten. Ersteres wird in der Regel am strengsten geahndet, wenn es als Straftat in Erscheinung getreten ist und vor Gericht verhandelt wird; bei Letzterem werden oft schuldmindernd tatbegünstigende Faktoren berücksichtigt.

Zu den Ursprüngen und Entstehungsbedingungen von Aggressivität gibt es verschiedene Hypothesen: Aus verhaltensbiologischer Sicht entspringt aggressives Verhalten einem angeborenen Instinkt, der als konstituierender Bestandteil des Verhaltensrepertoires aller Lebewesen unentbehrlich zur Selbstverteidigung, Fortpflanzung und Arterhaltung ist. Einsichtig ist, dass der allgegenwärtige, kreatürliche Kampf um das Überleben in der Natur ein gewisses Maß an Aggressivität bis zur Beseitigung des Rivalen erfordert, um die Angriffs- und Verteidigungsfähigkeit für die Jagd nach Beute oder die Abwehr des Feindes wirkungsvoll einsetzen zu können. Im Laufe der Evolution überlebten unter dem Druck der Selektion die durchsetzungsfähigeren, d. h. stärkeren, schnelleren, gesünderen und zäheren Lebewesen, da sie die Ressourcen an Nahrung, Wasser und Waffen am ehesten sicherstellten. Dies galt auch für die Hominiden und Frühmenschen, bis die ersten sozialen Arrangements wie Arbeits- und Aufgabenteilung in Abhängigkeit von individueller Leistungsfähigkeit die Bedeutung der individuellen aggressiven Kräftepotenziale relativierten, weil sie sich als vorteilhaft für das Überleben der Sippe erwiesen.

So notwendig Aggressivität auf der einen Seite ist, so wichtig ist auf der anderen Seite innerhalb von Lebensgemeinschaften deren Kontrolle in Form von Hierarchisierung und Rollenverteilung im sozialen Netzwerk. Das Zusammenleben wird im Tierreich so organisiert, dass einigen erfahrenen Leittieren diejenige Autorität zukommt, die vorhanden sein muss, um die Existenz der Herde oder des Rudels zu sichern. Je nach Stärke und Intelligenz erhält jedes Tier in der Gemeinschaft den Platz in der Rangordnung, der dessen Bedürfnissen einigermaßen gerecht wird und mehr oder weniger friedlich besetzt werden kann. Eine Aggressionshemmung – als angeborene Verhaltensautomatik auf einen Schlüsselreiz – bewahrt vor überflüssigen Kämpfen und verhindert den Zerfall des für die gesamte Gruppe notwendigen Zusammenhalts. Die angeborene Tötungshemmung, die bei Mensch und Tier allenfalls zur Selbstverteidigung außer Kraft gesetzt wird, ermöglicht eine sozioökonomisch und ökologisch nützliche Gruppenbildung auch unter den kontraproduktiven Einflüssen von Aggressionsimpulsen mit kämpferischen Gesten einzelner Mitglieder der Horde. Vereinzelte Ausnahmen wie die Tötung potenzieller Rivalen innerhalb des eigenen Rudels – wie beispielsweise bei einzelnen Raubtieren und Affenarten praktiziert – dienen der ökonomischen und reproduktiven Absicherung des männlichen Alpha-Tieres, das dem Drang folgt, seine Gene möglichst breit und ungehindert weiterzugeben.

Auslösereize für eine Aggressionshemmung sind auch beim Menschen noch in ritualisierten Höflichkeitsgesten erkennbar, die ehemals als Demutsgebärden die Funktion einer Angriffsblockade hatten. Hierzu gehören die Verbeugung und Kopfneigung, das Niederknien und Vorzeigen empfindlicher, verwundbarer Körperteile wie Handflächen, Halsseiten oder Kehle. Allerdings scheint bei manchen Menschen – z. B. Mördern und Gewalttätern – eine wirksame Blockade von Tötungsimpulsen aufgrund angeborener oder erworbener hirnphysiologischer Besonderheiten zu fehlen bzw. unterentwickelt zu sein.

Diese natürliche Regulierung des Aggressionstriebs wurde von der evolutionären Wandlung unserer tierischen Ahnen über den Homo erectus vor vielleicht zwei Millionen Jahren zum Homo sapiens vor etwa 150 000 Jahren überholt. Intelligenz, sprachliche Verständigung und technische Fertigkeiten der Frühmenschen gingen mit rapiden, umwälzenden soziokulturellen Veränderungen einher, hinter denen die Adaptation ihrer Triebe und Instinkte mehr und mehr zurückblieb. Es fanden sich Mittel und Wege, die Tötungsblockade auszuhebeln, beispielsweise durch gemeinschaftliches Töten oder Berufung auf wichtige Autoritäten. Außerdem wurde durch die Erfindung künstlicher Waffen das Gleichgewicht zwischen Tötungshandlung und Tötungshemmung mehr und mehr destabilisiert. Menschliche Findigkeit veränderte innerhalb von einigen Hunderttausend Jahren den Faustkeil und Jagdspeer zu Streitaxt und Armbrust, die nicht nur das technische Töten ökonomisierten, sondern auch die ursprüngliche psychologische Barriere aufgrund körperlicher Nähe demontierten.

Durch den Gebrauch von Schusswaffen, Raketenwerfern und Bombenflugzeugen wird die Tötungshemmung aufgrund fehlender Wahrnehmung eines sich ergebenden Feindes, der die Waffe fallen lässt und sich mit erhobenen Händen stellt, vollends unterlaufen. Die unmittelbaren Auswirkungen der Tötungsabsicht werden nicht mehr leibhaftig erlebt, sodass die oben geschilderten Auslösereize zur Tötungsblockade entfallen. Die Verwüstungen von Granaten, Bomben oder Torpedos lassen sich allenfalls noch anhand von Luftaufnahmen einschätzen. Der einzelne Tote – ein verstümmelter, verbrannter, erschlagener oder erschossener Mensch mit einem Gesicht – gerät in den modernen Kriegen nicht mehr ins Blickfeld des Kämpfers.

Die Menschheit wird seit Beginn ihrer Existenz von der für sie immer gefährlicher werdenden Strömung der soziokulturellen Evolution mitgezogen, die sie bis an die Grenzen ihrer Auslöschung brachte, indem der zum Überleben notwendige Aggressionstrieb aus der natürlichen Kontrolle geriet. Die zur Selbstverteidigung, Sicherung der Nahrungsreserven und der Fortpflanzung notwendigen, genetisch programmierten Kampf- und Verteidigungsinstinkte wurden durch neuere »Errungenschaften« überlagert, die zum individuellen Überleben und zur Arterhaltung nicht notwendig waren wie etwa Habgier, Besitzstreben, Hass, Neid, Hinterhältigkeit und Rachsucht. Homo sapiens wurde sich selbst zum Feind: »Homo homini lupus« – der Mensch dem Menschen ein Wolf – formulierte nicht ganz zutreffend der englische Philosoph Thomas Hobbes (1588–1679) in Anlehnung an den römischen Dichter Plautus (250–184 v. Chr.), da Wölfe untereinander keineswegs ein Verhalten in diesem Sinne zeigen.

Die tiefenpsychologische Hypothese einer triebbedingten, persönlichkeitsspezifischen Aggressivität und Destruktivität geht auf die Freud-Schüler Alfred Adler (1870–1937) und Sabina Spielrein (1885–1942) zurück. Sie wurde von Sigmund Freud (1856–1939) in seiner 1920 vorgelegten Schrift *Jenseits des Lustprinzips* zum Todes- bzw. Destruktionstrieb umformuliert: »So ist denn alles, was Ihr Sünde, Zerstörung, kurz das Böse nennt, mein eigentliches Element«, zitierte er in diesem Zusammenhang Mephisto aus Goethes *Faust*. Der Ethologe Konrad Lorenz verarbeitete in den 1960er Jahren die Freudianische These von einer angeborenen, zerstörerischen Neigung mit seinen Beobachtungen an Tieren zu einem evolutionär-genetischen Aggressivitätskonzept. Neuere evolutionsbiologische Hypothesen gehen gar von einem genetisch verankerten »Mordprogramm« aus, das – wenn auch unterdrückt – bis heute in den Köpfen der Menschen steckt.

Im Gegensatz hierzu verzichten lern- und soziopsychologische Ansätze auf die Annahme eines naturgegebenen Aggressionstriebes und erklären aggressives Verhalten einerseits – wie die amerikanischen Psychologen um John Dollard (1900–1980) – als Folge von Verärgerung und Frustration, andererseits – wie der kanadische Psychologe Albert Bandura – als Effekt erlernten bzw. interpretativ-reaktiven Verhaltens. Ihnen zufolge können in zweifacher Hinsicht Lerneffekte wirksam werden: Zum einen werden aggressive Verhaltensweisen, die sich wiederholt als erfolgreich zur Durchsetzung bestimmter Ziele erwiesen haben, erneut eingesetzt – »Lernen am Erfolg«. Zum anderen spielen Vorbilder aus Elternhaus, Freundeskreis und Schule zur Lösung von Konflikten eine prägende Rolle. In jüngster Zeit wird beispielsweise ein aggressionsstimulierender Einfluss von Gewaltdarstellungen in den Medien und in Computerspielen angenommen.

Des Weiteren könnte die unterschiedliche Rollenverteilung zwischen Mann und Frau in den patriarchalisch geprägten Gesellschaften für die Entwicklung aggressiven Verhaltens von Bedeutung sein. Auf die Schöpfungsgeschichte, der zufolge Gott als ersten Menschen Adam, dann als seine »Gehilfin«, quasi als Zugabe, Eva schuf, beriefen sich immerhin so einflussreiche Kirchenlehrer wie der genannte Scholastiker Thomas von Aquin, die der Frau nicht nur einen untergeordneten Rang und minderen Wert zuerkannten, sondern sie darüber hinaus – siehe voriges Kapitel – sowohl als stets gefährdete Sünderin wie auch gefährliche Verführerin betrachteten.

Für alle genannten Entstehungstheorien lassen sich Belege heranziehen, deren Relevanz von der Einstellung des jeweiligen Betrachters abhängt. Höchstwahrscheinlich sind sowohl angeborene wie auch erworbene Faktoren bei der Entstehung von Aggressivität wirksam. Die überholte Anlage-Umwelt-Kontroverse ist in der letzten Zeit allerdings durch neuere Erkenntnisse der Hirnforschung zugunsten der biologischen Hypothese wieder belebt worden.

Psychologische Forschungen in Schweden und England haben erkennen lassen, dass körperlich-aggressives Verhalten eher soziobiologisch, eine antisoziale Lebensgestaltung eher lerntheoretisch erklärt werden könnte. Auf die neurophysiologischen Beiträge zur Soziopathie wird an anderer Stelle eingegangen. Erlerntes Verhalten ist entgegen dem Wunschdenken totalitärer Staatsführer allerdings nicht vererbbar – selbst der schlaue Stalin ließ sich vom seinerzeit führenden, hochdekorierten sowjetischen Biologen Trofim Lyssenko (1898–1976), der solches zu beweisen vorgab, täuschen. Eine Herauszüchtung neuer Eigenschaften aufgrund eines natürlichen Selektionsdrucks, die ohnehin Hunderttausende von Jahren beanspruchen würde, ist beim Menschen nicht zu erwarten.

Obwohl die von jungen Frauen und Mädchen ausgeübten Handgreiflichkeiten während der letzten Jahrzehnte zugenommen haben, wird gewalttätiges Verhalten weitaus häufiger von Männern gezeigt. Weibliche Serienkiller sind ebenso selten wie Amokläuferinnen. Der hauptsächliche Grund ist genetischer bzw. hormoneller Natur: Wahrscheinlich infolge einer evolutionären »Panne« besitzt der Mann statt einem zweiten X-Chromosom ein Y-Chromosom, das für die Produktion des aggressions- und kampffördernden Sexualhormons Testosteron verantwortlich ist. Zum anderen dient das Hormon Oxytocin, das beispielsweise bei der Mutter vermehrt nach der Geburt ausgeschüttet wird, auch einer wünschenswerten Regulation des Sozial- und Bindungsverhaltens. Für zusätzliche erzieherische Einflüsse spricht der neuerdings zu beobachtende Anstieg typisch »männlicher« Attitüden von Mädchen und jungen Frauen bei Streitereien. Vermutlich spielt auch das evolutionäre Programm einer Sicherung des eigenen Genpools durch Ausschaltung möglichst vieler Rivalen bei dem Wettlauf um die attraktivsten, hohe Fruchtbarkeit versprechenden Weibchen eine Rolle.

Auffallend ist, dass weit überdurchschnittlich häufig weibliche Prostituierte Opfer von Serienmördern werden. Abgesehen von triebbedingten Gründen kommen als Ursachen wahrscheinlich die leichte Verfügbarkeit, Anonymität und das fehlende soziale Netzwerk dieser Personen in Frage, die dem Killer die Jagd, Tötung und Beseitigung der Spuren erleichtern, wahrscheinlich auch Gefühle von Verachtung und Hass.

Eine spezifisch menschliche Variante der Aggressivität ist Feindseligkeit, die Mutter des Hasses. Der Hass wiederum, quasi ein aus dem Himmelreich der Liebesidole verstoßener Luzifer, definiert und sucht den Feind, macht ihn sichtbar und markiert die Zielrichtung der Aggression. Wegen seiner besonders intensiven Gefühlsaufladung wird er in Verbindung mit einer destruktiven Ideologie zur gefährlichsten Eigenschaft des Menschen. Zu allen Zeiten wussten Demagogen und Scharfmacher dies zu nutzen, um Gefolgsleute für ihre Ideen zu rekrutieren und sie für die Verfolgung und Vernichtung anderer Personen oder Völker zu instrumentalisieren, angefangen von den unaufhörlichen Appellen des römischen Senators Marcus Porcius Cato (234–149 v. Chr.), Karthago in einem neuen Krieg endlich zu zerstören, bis hin zu den aktuellen Aufrufen islamistischer Agitatoren, Ungläubige zu töten und sich deren Besitz anzueignen. Hierzu werden Katheder und Kanzeln ebenso missbraucht wie die Massenmedien und das Internet.

Feindseligkeit, Hass und Gewalt sind untrennbar miteinander verbunden: Selbst der scheinbar kühlste Gewaltherrscher bezieht seine Energie zur Unterdrückung und Vernichtung nicht nur aus persönlichen Machtansprüchen, sondern auch aus seinen eigenen Untiefen von Ressentiments, Groll und Abscheu, derer er sich wahrscheinlich gar nicht bewusst ist.

Gewissen

Der böse Mensch handelt gewissenlos, weil er sich nicht dem allgemeinen Wertesystem der Zivilgesellschaft verpflichtet fühlt, sondern stattdessen seinen eigenen egozentrischen Zielen folgt. Üblicherweise befinden sich das Gewissen als Integral der persönlichen Moralvorstellungen und das äußere Rechtssystem als Verkörperung sozialer Regeln im Einklang. Als Leitlinien gelten die staatlichen Gesetze, in denen der Anspruch auf Unversehrtheit, Freiheit und Besitz strafbewehrt ist. Die jeweiligen Strafgesetzbücher beinhalten hierzu eine Fülle von Paragraphen, in denen detailliert die Rechtsverstöße definiert und die jeweiligen Sanktionen festgelegt sind, die bei Übertretungen der Rechtsnormen zu erwarten sind. Wahrnehmung und Akzeptanz dieses Regelwerks werden üblicherweise – mehr oder weniger synchron mit der Entwicklung der inneren Richtschnur, dem Gewissen – im Laufe der Sozialisation erreicht, die aus juristischer Sicht im Jugendalter abgeschlossen ist. Strafmündig ist man ab dem 18. Lebensjahr, eingeschränkt bereits ab dem 14. Lebensjahr. Vorausgesetzt wird dabei eine normale geistige Entwicklung; hiervon abweichende Besonderheiten werden innerhalb des vorgegebenen Strafrahmens bei eventuellen Gesetzesverstößen berücksichtigt.

Zum inneren Wächter, Mahner und Ratgeber formt sich während dieser Entwicklungsphase jene hypothetische Instanz im Menschen, die Gewissen genannt wird. Dieser »Moralsinn« vermittelt ein – selbstkritisches – Bewusstsein für sozial erwünschte oder unerwünschte, »böse« Verhaltensweisen, überprüft Entscheidungen bezüglich ihrer ethischen Vertretbarkeit und sozialen Akzeptanz und richtet sie an dem geltenden Rechtssystem aus. Als korrigierendes Gefühl wacht die Scham.

Der große Einfluss dieses Lernprozesses von Geburt an ist evident. Fehlende oder negative Vorbilder, ungünstiges häusliches Milieu, Broken-Home-Verhältnisse, Dauerkonflikte im Elternhaus oder in der Schule, Einfluss von Alkohol oder Drogen erschweren oder verhindern das ungestörte Hineinwachsen in die Gesellschaft, deren Kommunikationsgebräuche und Interaktionsregeln dann nicht oder nur unzulänglich angenommen und internalisiert werden. Soziopathisch veranlagten Personen wie Adolf Hitler fehlt dieser »Moralsinn«. Otto Dietrich, als Staatssekretär und Nazi-Reichspressechef ein enger Mitarbeiter Hitlers, bescheinigte diesem in seinen 1955 herausgekommenen Erinnerungen den Mangel jeglichen Gefühls für die Unterscheidung von Gut und Böse; er habe überhaupt kein inneres Organ für die Notwendigkeit eines moralischen Gesetzes im Zusammenleben der Menschen besessen.

Gewissenloses, böses Handeln beruht auf den genannten zivilisatorischen Egoismen: Gier und Herrschsucht, Selbstüberschätzung und Rücksichtslosigkeit, Missgunst und Grausamkeit. Sie kennzeichnen nicht nur den einzelnen Verbrecher, sondern auch die in staatlichem oder sonstwie begründetem Auftrag tätigen Ideologen, Vordenker, Planer und Brandstifter, die Theoretiker und Schreibtischtäter. Eine Gewöhnung an und Abstumpfung gegen das Böse machen die Handlanger und Erfüllungsgehilfen der Anführer zu unentbehrlichen Vollstreckern der jeweils ins Auge gefassten bösen Pläne. So können ideologische Verblendung und Verbohrtheit, aufgeladen mit Intoleranz und Fanatismus, zu dem blindwütigen, maßlosen Hass führen, der die militanten Weltbeglücker zu unerbittlichen Scharfrichtern macht.

Das Gewissen entwickelt sich während der Kindheit durch Übernahme von Normen und Verhaltensregeln der Umwelt, in erster Linie der Familie und des Elternhauses, sodann weiterer sozialer Systeme wie Kindergarten, Schule, Jugendorganisationen und Jugendgruppen. Die schon durch das alltägliche Verhalten anderer fortlaufend vermittelten Moralvorstellungen werden – nach Abgleichung und Überprüfung – an ein eigenes Wertesystem adaptiert; es entwickelt sich eine autonome, personale Ordnung, die durch Gefühle von Scham, Schuld und Reue ein Übertreten der internalisierten moralischen Leitlinien signalisiert.

Der schon mehrfach zitierte Begründer der psychoanalytischen Lehre Sigmund Freud, Schöpfer eines umfassenden theoretischen Systems zu den Gesetzmäßigkeiten psychischer Vorgänge, setzte in der Instanzenlehre seiner Strukturpsychologie das Gewissen dem »Über-Ich« gleich. Ihm komme die Aufgabe zu, die triebdynamischen Handlungsimpulse aus den unbewussten Tiefen des »Es« – wie der Reiter sein Ross – zu zügeln, d. h.

zu lenken und notfalls zu korrigieren. Gewissen wird hier aufgefasst als verinnerlichte Übernahme elterlicher und gesellschaftlicher Autorität, die während der Reifung zum Erwachsenen als Prinzip moralischen Verhaltens akzeptiert und gefestigt wird. Allerdings meinte Freud auch, das »Über-Ich« könne »hypermoralisch« und dadurch so grausam wie das »Es« werden.

Immanuel Kant (1724–1804), der nicht nur die Philosophie der Aufklärung zum Abschluss brachte, sondern in Königsberg auch Psychologie und Naturwissenschaften lehrte – von ihm stammt im Übrigen der Begriff des »radikalen Bösen« –, formulierte in seiner 1785 veröffentlichten *Grundlegung zur Metaphysik der Sitten* den berühmten »kategorischen Imperativ« als ethische Maxime. Demzufolge sei das eigene Handeln stets so zu gestalten, dass es jederzeit zur Grundlage eines allgemeinen Gesetzes gemacht werden könne.

Die Unterscheidung zwischen »Gut« und »Böse« beginnt in der frühen Kindheit – in der Regel ab dem 2. bis 3. Lebensjahr – und wird während der Entwicklung des Menschen weiter qualitativ und quantitativ ausdifferenziert. Sitten und Gebräuche der Eltern werden übernommen, soziale Spielregeln akzeptiert. Es liegt auf der Hand, dass ein in dieser Hinsicht missglückter Reifungsprozess zu einer verzerrten Verankerung ethischer Vorstellungen und somit zu einem defizitären oder zumindest deformierten Gewissen mit moralischer Verwahrlosung und Schamlosigkeit bis zur Depravation führen kann. Mit Abschluss der Pubertät ist die Einsicht in die Notwendigkeit von Recht und Ordnung, von Verantwortlichkeit und Pflichterfüllung gefestigt; eine Orientierung an höchstrangigen Gütern wie den Menschenrechten aus ethischer Überzeugung wäre somit ein Zeichen sittlicher Reife. Wieweit – vergleichbar dem Erlernen der Sprache oder anderer Fähigkeiten und Fertigkeiten – auch hier anlagebedingte, im Gehirn verankerte »Moralkapazitäten« sich förderlich oder hemmend auswirken, ist derzeit Gegenstand sozio- und neurobiologischer Debatten. Aus evolutionsbiologischer Sicht wären angeborene Verhaltensmuster für Altruismus und Wohltätigkeit dem elementaren Prinzip der Selbsterhaltung insofern nützlich, als sie die eigene Gruppe als Garant für gegenseitigen Schutz und familiärer Hilfe stärkten – Eigenschaften, die wahrscheinlich zu jenen evolutionären Errungenschaften gehören, die den sozial Kompetenteren Vorteile verschafften.

Während der millionenjährigen Menschheitsgeschichte gerieten nach Überschreiten der Schwelle vom Anthropoiden zum Homo sapiens unter dem Einfluss sozialen Lernens die ehemals starren, angeborenen Verhaltensschablonen – Reflexe, Triebimpulse, Instinkte – allmählich unter die Regie von Disziplin und sozialer Verantwortung. Die informellen Regelwerke sozialer Verbindlichkeiten und die kodifizierten gesetzlichen Normen wurden verfeinert und ausdifferenziert und an einem für die Gemeinschaft verbindlichen Kodex erwünschter Sitten und Gebräuche justiert. So konstituieren bis heute im Idealfall sowohl individuelle Verhaltensflexibilität als auch kollektive Sozialisation die Grundbedingungen eines möglichst reibungsarmen, zumindest erträglichen menschlichen Zusammenlebens.

Die moralischen Standards werden jedoch immer wieder missachtet, ja bewusst übertreten. Das Spektrum böser Taten reicht von den Unarten und schlechten Angewohnheiten – den »lässlichen Sünden« – bis hin zu den perfidesten Schandtaten und brutalsten Verbrechen, die den durch und durch bösen Menschen ausmachen.

Was kann – abgesehen von krankheitsbedingten, mentalen Deformationen, die bei Straftaten der forensische Psychiater und Psychologe abklären und beurteilen muss – zu einer solchen Erblindung des Gewissens führen, zur Unterdrückung und Außerkraftsetzung des inneren moralischen Navigationsytems? Welche Menschen werden am ehesten zu »Unmenschen«, zu Protagonisten des »radikal Bösen«? Die Frage, wer und warum jemand auf die schiefe Bahn gerät, ist nicht nur von hohem moralphilosophischen, psychologischen und juristischen Interesse, sondern auch wegen der Frage nach friedlichen, sozial verträglichen und toleranten Gesellschaftsformen von größter Bedeutung.

Tötungshemmung

Nach heutigem Kenntnisstand lassen sich die beschriebenen schweren moralischen Deformationen nicht befriedigend erklären. Aus ethologischer bzw. evolutionssoziologischer Sicht ist es einem psychisch normalen Menschen unter den üblichen Lebensbedingungen nicht ohne weiteres möglich, die angeborene Tötungshemmung zu überwinden, auch nicht im Zustand schwerer Erregung oder unter Alkoholeinfluss. Die im Laufe der

Evolution entwickelte instinktive Tötungshemmung (Beißhemmung) setzt dem naturgegebenen Aggressionsinstinkt und Tötungsimpuls normalerweise sichere Grenzen.

Bei höher entwickelten Tieren blockiert die »Demutsgebärde« als angeborener Auslösereiz den aggressiven Impuls eines Angreifers aus derselben Familie bzw. Art. Die hierzu notwendigen zentralnervösen Programme in Form universeller Auslöseschemata (AAS) sind im Gehirn angelegt. Nur in seltenen Fällen können äußere Einflüsse, etwa psychosoziale Stressoren, derart destabilisierend wirken, dass der massive Sperrriegel der evolutiven Aggressionskontrolle gesprengt wird. Ansonsten kann allenfalls der lebenserhaltende Reflex zur Selbstverteidigung in einer lebensbedrohlichen Notwehrsituation Anlass und Impuls zu einem Tötungsdelikt werden. Von möglichen Zusammenhängen zwischen »moralischem Verhalten« und den neuronalen Netzwerken, die beim Menschen als Träger für soziale Wahrnehmung, Gefühlskontrolle und Urteilsbildung fungieren, wird später die Rede sein.

Während im Raubüberfall, Angriffskrieg oder Eifersuchtsdrama noch phylogenetische Relikte tierischer Instinkthandlungen erkennbar werden – Kampf um die Beute, das Revier oder den Geschlechtspartner –, bestimmen bei Auftragsmördern, Triebtätern oder terroristischen Fanatikern zivilisatorische Errungenschaften das Geschehen: entfesselte Habgier oder ein aus Narzissmus und Machtfantasien gespeister Drang nach sadistischem Lustgefühl oder eine explosive Mischung von Demütigung, Rache und Hass, getränkt mit religiösem oder politischem Fanatismus.

Eine wiederum andere Situation liegt vor, wenn zu Anpassung und Gehorsamkeit erzogenen Menschen von übergeordneten Personen – Anführern, Oberhäuptern, Machthabern – zu töten befohlen wird. Durch eine ausreichend ideologische Vorbereitung, durch die Indoktrination mit Kennzeichnung eines griffigen Feindbildes kann – verknüpft mit der angsterzeugenden Suggestion, drohende Gefahr abwehren zu müssen – für einen solchen »Ausnahmezustand« die Tötungshemmung gelockert, ja ausgehebelt werden. Entscheidend ist die Abgabe der Verantwortung quasi »nach oben«, was vor allem anfangs der eigenen Rechtfertigung dient.

Infolge von Gewöhnung und Gruppendruck wird die Hemmschwelle dann immer niedriger, die Stimme des Gewissens immer leiser, bis sie schließlich ganz verstummt. Inzwischen kann auch mittels virtueller Darstellungen von kriegerischen Auseinandersetzungen bei der militärischen

Ausbildung – vergleichbar den Ego-Shooter-Computerspielen – die Hemmung zu töten »abtrainiert« werden.

Pogrome, ethnische »Säuberungen« und terroristische Aktionen sind Belege dafür, wie durch Bedrohungsszenarien und Hetzpropaganda künstlich und systematisch Hass und Wut auf den »bösen Feind«, den heimtückischen Gegner, die fremde Rasse erzeugt werden können. Kriegerische Auseinandersetzungen und Völkermorde sind nur durch Instrumentalisierung und geschickte Kanalisierung von Ängsten und anderen Emotionen möglich. Das bislang erschreckendste Beispiel einer Anstiftung zum entfesselten Morden war die vom Nazi-Regime gleichzeitig mit pseudowissenschaftlicher Begründung und systematischer Entwürdigung einhergehende Vorbereitung des Holocaust.

Die psychologischen Methoden der Gehirnwäsche, d. h. einer zielgerichteten mentalen Umprogrammierung in eine gewünschte Richtung, werden in totalitären Herrschaftssystemen und terroristischen Vereinigungen regelmäßig eingesetzt, um Mitglieder zu rekrutieren und sie als willfährige Helfer bei der Stange zu halten. Entscheidend ist die systematische Vermittlung und stabile Implementierung einer möglichst unkomplizierten und plakativen Ideologie.

Die Journalistin Dorothee Frank referiert in ihrem Buch *Menschen töten* die Angaben eines inhaftierten, ehemaligen Angehörigen der palästinensischen Terrororganisation »Schwarzer September« bzw. »Fatah Revolutionärer Rat«, die 1974 von Abu Nidal gegründet worden war und mit einer Reihe von Anschlägen in Italien und Österreich die Friedensverhandlungen Yassir Arafats mit Israel in den 1980er Jahren erfolgreich torpedierte:

»In der Abu-Nidal-Organisation war ich zuerst Bodyguard des Chefs und habe Büroarbeit gemacht. Es gibt Leute, die haben nur Gewalt, Gewalt, Gewalt im Kopf. Ich nicht. Aber 1982 kam Krieg, das war nicht die Zeit für Büroarbeit, deshalb habe ich gekämpft. Später bin ich der Spezialeinheit beigetreten. Einer Sondergruppe von Abu Nidal. Wir bekamen eine Ausbildung für solche Aktionen. Ich habe mich freiwillig für die Aktion am Flughafen gemeldet, niemand hat mich gezwungen... Der Chef hat mich gefragt, ob ich Schulden habe bei meiner Familie – die bezahlen für dich. Und jeden Tag, bevor wir zu der Aktion aufbrachen, fragten sie: wer fürchtet sich... Aber ich habe mein Ziel gewusst. Sterben für mein Land war das Ziel. Da brauchte ich keine Angst zu haben.«

Einmal angeworbene Mitglieder durften die Organisationen nicht mehr verlassen. Berichten zufolge habe Abu Nidal – stets Verrat in den eigenen Reihen witternd – etliche seiner Leute foltern und grausam hinrichten lassen.

Menschen neigen dazu, eigene – tatsächliche oder vermeintliche – Kränkungen und Benachteiligungen in aggressiver Form an anderen abzureagieren. Solche Beobachtungen sind Belege für die bereits beschriebene Hypothese, dass Aggressivität durch Frustrationen erzeugt wird. Andere Motive für die alltäglichen Boshaftigkeiten sind vielleicht Schadenfreude, Eifersüchtelei, Verärgerung, Gehässigkeit, Neidgefühl, kleinlicher Geiz – dispositionelle, aber auch zivilisatorisch bedingte Charaktermängel. Diese Untugenden gibt es, seitdem der Urmensch dazu befähigt wurde, böse oder gut zu handeln, und im Kampf gegen seine Lasterhaftigkeit mal mehr, mal weniger erfolgreich ist. Infolge der medialen Informationsfülle treten die moralischen Defizite der Zivilgesellschaft deutlicher denn je hervor: selbstsüchtiger Narzissmus, offene Habgier, soziale Gleichgültigkeit und ungehemmtes Streben nach Macht.

Die Grenze von der alltäglichen menschlichen Schwäche, der Fehlbarkeit und den Lastern zur wirklich bösen Tat am Mitmenschen wird überschritten, wenn physische Gewalt schuldhaft, das heißt absichtlich, geplant und aus verwerflichen Motiven ausgeübt wird. Das Spektrum der Gewalttätigkeit kann sich dabei von der gefährlichen handgreiflichen Auseinandersetzung über Freiheitsberaubung und Geiselnahme bis hin zur extremsten Form der Gewalt, der Auslöschung menschlichen Lebens, erstrecken.

Es ist erstaunlich, mit welch intelligenter Zielstrebigkeit, beharrlicher Energie und brutaler Härte Überfälle, Entführungen, Vergewaltigungen und Morde vorbereitet und durchgeführt werden. Nicht weniger frappierend ist dabei die immer wieder beobachtete Aura von Charme und Leutseligkeit bestialischer Serienmörder oder blutrünstiger Tyrannen, die bedenkenlos Todesurteile fällen und Exekutionsbefehle unterschreiben. Manchmal erweist sich sogar der nette Nachbar von nebenan als sadistischer Mörder und Vergewaltiger; der bereits skizzierte Kannibale »Papa Denke« aus Münsterberg ist hierfür ein eindrucksvolles Beispiel.

Das abgründig Böse hinter dieser Fassade von Jovialität und Hilfsbereitschaft, von Freundlichkeit und Beflissenheit, verstört zutiefst. Bisweilen kann ein solches Doppelleben für lange Zeit unbemerkt bleiben. Umso heftiger und entsetzter sind die öffentlichen Reaktionen nach der Aufdeckung jahrelanger Gräueltaten, vor allem dann, wenn sie von Menschen begangen werden, die als Garanten für Sicherheit und Leben hohes Ansehen genießen. Im Folgenden einige Beispiele.

Psychopathie

Unter den Gewalttätern gibt es einen sehr hohen Anteil an persönlichkeitsgestörten Personen, vor allem solcher vom sogenannten dissozialen und emotional-instabilen bzw. Borderline-Typus, seltener vom schizoiden Typ. Sie zeigen von Kindheit und Jugend an Verhaltensauffälligkeiten wie Unbeständigkeit, Faulheit, Lügenhaftigkeit, Stehlen, Fortlaufen, Tierquälerei, Prügeleien und Vandalismus; sie schwänzen die Schule und treiben sich stattdessen in der Stadt herum, haben meist frühzeitig sexuelle Erfahrungen und neigen zum Nikotin-, Alkohol- oder Drogenkonsum. Da sie sich nicht an die gesellschaftlichen Normen anpassen können, kommen sie immer wieder mit dem Gesetz in Konflikt. Infolge verminderter, machohafter Frustrationstoleranz ist bei Jungen die Schwelle zu gewalttätigem Verhalten abgesenkt. Bestrafungen einschließlich Freiheitsentzügen haben meist keine erzieherische Wirkung, weil die Bereitschaft und Fähigkeit jener Personengruppen zu Einsicht und sozialem Lernen vermindert sind.

Insgesamt liegen bei etwa 10 bis 15 Prozent der Bevölkerung Störungen der Persönlichkeit überhaupt vor, jedoch haben die oben erwähnten dissozialen Auffälligkeiten insofern besondere Bedeutung, als sie bei mindestens drei Viertel aller Gewalttäter anzutreffen sind.

Bei emotional labilen Personen stehen eher Impulshandlungen und Launenhaftigkeit mit rasch wechselnden Gefühlen im Vordergrund. Die Selbstkontrolle ist gemindert; vor allem wenn enthemmende Mittel wie Alkohol oder Drogen im Spiel sind. Bei dem komplexeren Bild der Borderline-Störung handelt es sich um eine Mischung aus emotionaler Instabilität mit gestörtem Selbstbild und lebensplanerischer Konfusion. Doch auch Dissozialität, Drogenmissbrauch und selbstschädigendes Verhalten bis hin zu Suizidversuchen bzw. bis zum Suizid gehören zum Krankheitsbild.

Auffallend bei der schizoiden Persönlichkeitsstruktur sind demgegenüber emotional kühle, kaum erkennbare Gefühlsregungen und eine Tendenz zu Gleichgültigkeit, Eigenbrötlerei und Isolierung. Auch hier werden gesellschaftliche Normen und Regeln oft nur mangelhaft erkannt und für die eigene Person umgesetzt, woraus häufig ein exzentrisch-absonderliches Sozialverhalten resultiert. Aufgrund fehlender krimineller Energie geraten schizoide Personen allerdings viel seltener mit dem Gesetz in Konflikt.

Vor allem bei Menschen, die den schwersten aller Gesetzesbrüche begehen, nämlich einen anderen Menschen zu töten, sind psychische Besonderheiten in Form einer sogenannten antisozialen Persönlichkeit zu finden. Eine entsprechende Veranlagung soll bei drei bis fünf Prozent der Bevölkerung vorliegen. In den klassischen antisozialen Charakterdeformationen dieser Persönlichkeitsstörung – Soziopathie bzw. Dissozialität genannt – präsentiert sich das personifizierte »Böse«, der böse Mensch, am deutlichsten. Nach klinisch-psychopathologischen Kategorien sind hier die Leitsymptome Verantwortungslosigkeit, fehlendes Mitempfinden, geringe Frustrationstoleranz und Egoismus.

Verbinden sich solcherart Eigenschaften mit hoher Intelligenz, Rücksichtslosigkeit und Machtgier, resultiert daraus der Persönlichkeitstypus vom Schlage eines römischen Caesaren oder eines napoleonischen Imperators, deren Ruhm an der Zahl ihrer Schlachten und Toten gemessen wird.

Über Napoleon macht sich Raskolnikow, selbst aus Größenfantasien zum Mörder gewordene Hauptfigur in Dostojewskijs Roman *Schuld und Sühne*, folgende Gedanken:

»Nein, diese von Art Menschen war aus anderem Holz geschnitzt. Wer zum Herrscher geschaffen ist, wem alles erlaubt ist, der zerstört Toulon, der richtet ein Gemetzel in Paris an, der überläßt in Ägypten eine ganze Armee ihrem Schicksal, der läßt eine halbe Million Menschen beim Marsch auf Moskau zugrunde gehen und verscheucht den Gedanken daran mit einem einzigen Witzwort in Wilna. Und nach seinem Tode errichtet man ihm Denkmäler, das heißt, man billigt alles, was er getan hat. Nein, diese Art von Menschen ist nicht aus Fleisch und Blut geschaffen, sondern aus Erz!«

Dissoziale bzw. antisoziale Alltags-Psychopathen weisen laut der seit den 1990er Jahren gebräuchlichen sogenannten Psychopathie-Checkliste folgende Charaktereigenschaften auf: von ihrer Jugend an Allmachtsfantasien und ein übersteigertes Selbstwertgefühl, vermehrte Impulsivität und Aggressivität bei allerdings wenig nachhaltigen, oberflächlichen Gefühlen.

Schon früh zeigen sie Verhaltensstörungen bei Missachtung sozialer Regeln und mangelhafter Bindungsfähigkeit. Ihr Lebensstil ist sowohl manipulativ als auch parasitär; es mangelt ihnen an Scham und Schuldbewusstsein, an Verantwortungsgefühl, Mitempfinden, Disziplin, Zuverlässigkeit, Beständigkeit und realistischen Lebenszielen. Gewissensregungen, Einsicht, Reue, Scham- und Schuldgefühl fehlen oder sind allenfalls rudimentär und selektiv erkennbar. Andererseits können sie aus einer Laune heraus oder aus Berechnung routiniert Charme und Liebenswürdigkeit an den Tag legen.

Kriminologen und forensischen Gutachtern fällt immer wieder der frappierende Kontrast zwischen dem gewalttätigen, rücksichtslosen und kaltblütigen Verhalten anderen gegenüber und einem larmoyanten Selbstmitleid auf, wobei eine deutliche Neigung besteht, die Ursachen für das eigene schuldhafte Verhalten anderen zuzuschieben bzw. in besonderen äußeren, misslichen Lebensumständen bzw. schweren Schicksalsschlägen zu suchen.

Der dissoziale/antisoziale Persönlichkeitstypus ist in der Statistik gewaltgeprägter Kriminalität weitaus am häufigsten vertreten. Er kommt bei Männern vier bis fünf Mal häufiger als bei Frauen vor. Ein klassisches Paradebeispiel hierfür ist der berühmt-berüchtigte Bankräuber John Dillinger, der 1934 im Alter von 31 Jahren in Chicago von einem FBI-Beamten erschossen wurde. Dillinger galt bis dahin als Amerikas »Staatsfeind Nr. 1«, nachdem er mit seiner Bande nicht nur mehrfache Überfälle auf Banken und Waffendepots begangen hatte, sondern wiederholt aus dem Gefängnis ausgebrochen war. Die kriminelle Legende *Dillinger* wurde 1991 von dem US-Regisseur Rupert Wainwright verfilmt.

Ein Beispiel ungewöhnlichen, gemeinsamen psychopathisch-gefühlskalten und depravierten Verhaltens, das von besonderem Menschenhass und Feindseligkeit geleitet war, spiegelt die Kriminalgeschichte des Ehepaares Frederic und Rosemary West – 52 und 39 Jahre alt – aus der englischen Stadt Glocester wider. Die Wests, seit Längerem dort ansässig, galten als unauffällige Familie, die seit Anfang der 1990er Jahre preiswert möblierte Zimmer an jugendliche Tramper vermietete. Gleichzeitig bot Frau West in Zeitschriften erotische und sexuelle Dienste in der gemeinsamen Wohnung an. Neben unzähligen Vergewaltigungen von Jugendlichen, die sich dort einquartiert hatten, wurde nach und nach bekannt, dass die Vermieter Mädchen und junge Frauen in ihr Haus gelockt, sie dort tagelang auf grausamste Weise gefoltert und schließlich getötet hatten. Als die Kriminalpolizei aufgrund eines anonymen Anrufs die Wohnung durchsuchte, fand sie die – vergrabenen und eingemauerten – Überreste von zwölf zerstückelten und enthaupteten weiblichen Leichen, unter ihnen auch Frederic Wests erste Frau sowie seine beiden Töchter aus erster Ehe, die bereits seit 1987 spurlos verschwunden waren. Bei einigen waren die Köpfe fest umwickelt; die Luftzufuhr war – zur Verlängerung des Leidens – zuvor lediglich durch eine dünne Nasensonde aufrechterhalten worden. Die Polizei entdeckte in einem Schließfach Fotos von weiteren grauenvollen Verbrechen sowie ein Tonband, auf dem die Angstschreie eines zu Tode gefolterten Mädchens aufgezeichnet waren. 1992 wurde Frederic West wegen einer Vergewaltigung festgenommen, nach weiteren Ermittlungen 1994 auch Rose. Beide wurden wegen vielfachen Mordes angeklagt. Nachdem ihr Mann sich am Neujahrstag 1995 in seiner Zelle erhängt hatte, schob Rose West alle Schuld auf ihn. Dennoch erhielt sie eine lebenslange Haftstrafe, die in der Revision auf 25 Jahre reduziert wurde.

Die Suche nach dem Ursprung des Bösen im Menschen konzentriert sich im Bereich der Humanwissenschaften auf die Frage nach den möglichen medizinisch-psychiatrischen und psychologischen bzw. neurobiologischen und neuro-psychologischen Auslösern und Entstehungsbedingungen krimineller Verhaltens. Die Vermutungen über genetische, angeborene oder früh erworbene Ursachen für die Entwicklung zum offensichtlich mitleidslosen Serientäter, zum berechnenden Massenmörder aus machtpolitischen Gründen oder zum eiskalten Profikiller beinhalten jeweils unterschiedliche Ansätze. Alle Hypothesen spiegeln lediglich Teilbereiche eines integrativen, bio-psychosozialen Modells wider, die naturgemäß unterschiedliche Akzente setzen. Als empirisch gesichert kann Folgendes gelten:

Bislang neuropsychologisch bzw. mittels bildgebender Verfahren beobachtete Anomalien bestimmter Hirnstrukturen bei impulsiven Gewalttätern legen zum einen die Annahme einer mangelnden oder fehlenden Unterdrückung von Aggressionsimpulsen aus dem limbischen System nahe, die normalerweise erfolgreich vom orbitofrontalen Kortex ausgeübt wird, einem oberhalb der Augen liegenden Stirnhirnbereich. Enthemmende Mittel wie Alkohol, Drogen oder Tranquilizer können diese wichtigen Bremsaktivitäten zusätzlich schwächen und dadurch vor allem die Auswirkungen reaktiver Aggressivität in Form provozierter Gewalttaten begünstigen.

Zum anderen scheinen – beispielsweise bei den kaltblütig-berechnenden und planmäßig vorgehenden proaktiven und aktiven Berufsverbrechern – Defizite im zerebralen Netzwerk der sog. Spiegelneuronen vorzuliegen, spezieller Nervenzellen, die für das Vermögen zu Empathie, Mitempfinden und Schuldgefühl zuständig sind. Gefühlsarmen, gewalttätigen Soziopathen mangelt es an Intuition, d. h. infolge mangelhafter Decodierung und Interpretation des Ausdrucksverhaltens anderer an der Fähigkeit, sich in die seelische Verfassung ihres Opfers hineinzuversetzen. Ebenso defizitär sind antizipatorische Bedenken und Skrupel bezüglich der Tat und ihrer Auswirkungen.

Darüber hinaus gibt es Hinweise auf einen Zusammenhang zwischen einer gestörten Impuls- und Gefühlskontrolle und einem erniedrigten Blutspiegel des Botenstoffes Serotonin, wahrscheinlich infolge verminderter Produktion dieses Neurohormons in den dorsalen Raphekernen des Stammhirns, einer Nervenzellansammlung im Übergangsbereich zwischen Mittelhirn und verlängertem Rückenmark.

Seit Längerem ist bekannt, dass Serotonin bei der Regulierung von Gefühlsqualitäten eine wichtige Rolle spielt. Es gilt als »Glückshormon«. Ein erhöhter Serotoninspiegel vermittelt Zufriedenheit, Optimismus und Hochstimmung, ein erniedrigter geht offensichtlich einher mit erhöhter Ängstlichkeit, Depressivität und einer Neigung zu Gereiztheit mit Aggressivität. Bei impulsiv-aggressiven Gewalttätern scheint die gefühlharmonisierende Wirkung von Serotonin auf die beschriebenen frontalen Projektionsfelder defizitär, teils infolge verminderter Zahl der biochemischen Rezeptoren, teils aufgrund verstärkten Abbaus von Serotonin durch das Neuroenzym Monoaminooxidase (MAO). Zumindest gibt es Korrelationen zwischen einer Erhöhung von Serotonin-Abbauprodukten im Nervenwasser und stärkeren Ausprägungen aggressiver Verhaltensweisen. Beispiele sind etwa jähzornige Affektdurchbrüche bei Erregtheit, Wutanfälle schon bei geringsten Anlässen bzw. Amokläufe nach Kränkungen.

Forschungen nach möglicherweise in den Erbanlagen liegenden Ursachen für diese Anomalien ergaben bisher keine klaren Ergebnisse. In den 1960er und 1990er Jahren glaubte man den genetischen Ort für die erhöhte Aktivität von Monoaminooxidase bei Mitgliedern einer Familie gefunden zu haben, in der gehäuft Gewaltdelikte beobachtet worden waren. Spätere Kontrolluntersuchungen haben allerdings die Existenz eines »Aggressivität-Gens« nicht bestätigen können.

Umgekehrt korreliert aggressives, insbesondere impulsiv-erlebnishungriges Verhalten (»sensation seeking«) mit einer Erhöhung des Neurotransmitters Dopamin, der allerdings auf der anderen Seite auch Gefühle von Befriedigung bis zum rauschhaften Glückserleben – ähnlich dem, wenn man unter Alkohol oder Drogen steht – hervorruft.

Als Beispiel extremer Aggressivität gelten die Gewalttaten des im Hochsicherheitsgefängnis Dannemora im Staat New York einsitzenden, dort zum Islam konvertierten Richard Lyle Timmons. Im Jahr 1997 tötete der damals 33-jährige in New York seinen Stiefsohn, seine 29-jährige Frau Annita und seine beiden Söhne. Am 8. Juni jenes Jahres, eine Woche nach seiner Entlassung aus dem Gefängnis, schlug er spätabends – wie bereits häufiger zuvor – auf seine Frau ein, bis sein dreizehnjähriger Stiefsohn Sharonne auftauchte. Timmons fühlte sich überrascht und erstach ihn. Sharonne hatte zuvor den Notruf gewählt, wodurch die Polizei minutenlang die Schreie und Schlaggeräusche mit anhören konnte. Nachdem er seine Frau mit einem Handbeil erschlagen hatte, zerhackte er den kleinen, siebenjährigen Aaron, den er aus seinem Versteck unter dem Bett hervorgezerrt hatte. Er trennte dann die Köpfe beider ab, den seiner Frau postierte er auf dem Ehebett. Dann ritzte er sich die Pulsadern auf und beschmierte die Wände mit Blut. Anschließend ging er ins Bad, um sich zu duschen, bis die Polizei ihn nach gewaltsamem Öffnen der Tür festnahm.

Bereits im Sommer 1996 hatte der wegen Körperverletzung vorbestrafte Timmons in einem Blutrausch das Gesicht seiner Frau zertrümmert und sie zwei Tage schwerverletzt in der Wohnung eingeschlossen. Auch später schlug er sie immer wieder massiv, einmal stieß er sie mit dem Kopf durch eine Türscheibe. Seine Frau hatte sich jedoch beim Prozess geweigert, gegen ihn auszusagen, und ihm sogar einen Anwalt besorgt. Obgleich Timmons sich während des Prozesses auf einen Erinnerungsverlust berief, wurde er zu zweimal lebenslänglicher Haftstrafe verurteilt.

Ergebnisse der Hirnforschung

Hypothesen zu Hirnanomalien bei Verbrechern und Mördern gibt es seit dem Beginn der neuzeitlichen empirischen Hirnforschung vor etwa 200 Jahren. Zu Ende des 18. Jahrhunderts erstellte der Arzt Franz Josef Gall (1758–1828), ausgehend von der – inzwischen längst gesicherten – Theorie einer Lokalisation psychischer Vorgänge und Eigenschaften in bestimmten

Hirnregionen, eine Topographie der Schädeloberfläche. Auf dieser »Landkarte« waren alle möglichen Charaktereigenschaften detailliert verschiedenen Kopfregionen zugeordnet, beispielsweise der »Würge- oder Mordsinn« einem Bereich oberhalb der Ohren. Gall ging allerdings fälschlicherweise davon aus, dass die Ausformung der Schädelknochen von Besonderheiten der Hirnanatomie bedingt werde. Bemerkenswert ist, dass nach heutigem Kenntnisstand Regionen des Schläfenlappens tatsächlich eine zentrale Rolle bei der Prozessverarbeitung von Emotionen spielen.

Der italienische Psychiater und Kriminalanthropologe Cesare Lombroso (1836–1910), der als erster wissenschaftliche Untersuchungen an Verbrechern vornahm, ging solchen Spekulationen mittels genaueren Vermessungen des Kopfes nach. Er gelangte allerdings zu ziemlich abwegigen Ergebnissen: So waren zum Beispiel zusammengewachsene Augenbrauen für ihn ein Beweis krimineller Veranlagung, die er wiederum als Begleiterscheinung einer unheilbaren Degeneration ansah.

Die im Prinzip richtigen hirnpathologischen Ansätze führten damals mangels brauchbarer Untersuchungstechniken zu falschen Schlussfolgerungen. Die Leistungen des Hirnorgans korrelieren nur selten mit der äußeren Schädelform. Heutige Untersuchungsmethoden wie die funktionelle Kernspintomografie, die differenzierte Einblicke in das Gehirn ermöglichen, lieferten inzwischen eine Fülle von Hinweisen auf die engen Zusammenhänge zwischen Hirnfunktion und psychischer Leistung.

Lombroso begutachtete 1873 den kannibalistischen Serienmörder Vincente Verzeni aus Rom, der mindestens zwölf junge Frauen vergewaltigt, ermordet und verstümmelt hatte, wobei er deren Blut getrunken und Fleisch gegessen hatte. Beim Erdrosseln seiner Opfer erlebte er jedes Mal einen Orgasmus. Verzeni wurde aufgrund einer Anzeige seiner Cousine gefasst, nachdem er sie zu erwürgen versucht hatte. Lombroso diagnostizierte bei ihm eine Kombination von Schwachsinn und Sexualpsychopathie. Er beurteilte den 24-jährigen Mörder als nicht zurechnungsfähig und empfahl eine lebenslange Verwahrung.

Als wissenschaftliche Fundgrube erwies sich der weltweit bekannt gewordene Fall Phineas Cage, dem im Sommer 1848 beim Bau einer Eisenbahntrasse durch Vermont in den USA infolge einer Explosion eine über einen Meter lange und rund drei Zentimeter dicke Eisenstange schräg durch den Kopf getrieben wurde – mit Eintritt an der linken Wange und Austritt auf der rechten Scheitelseite. Cage überlebte nicht nur diese schwere Verletzung, sondern erholte sich dank guter Versorgung innerhalb weniger Monate, sodass er ein halbes Jahr später seine Arbeit wieder aufnehmen wollte. Er stellte sich jedoch heraus, dass er sich in seinem Wesen verändert hatte. Der bis dahin pünktliche, umsichtige und fleißige Vorarbeiter wurde gereizt und ungeduldig, unpünktlich und unzuverlässig, bummelte und reiste ziellos durch das Land. Nachdem ihn sein früherer Arbeitgeber nicht wieder fest einstellte, verrichtete er Gelegenheitsarbeiten, bis er schließlich auf einem Bauernhof eine Anstellung fand. Cage verstarb 1860; während der letzten Lebensjahre litt er unter epileptischen Anfällen.

Ein anderes Beispiel ist die massive Persönlichkeitsveränderung des Briefträgers Josef Ludy nach einem Unfall mit schweren Hirnverletzungen als Jugendlicher. Ludy beging ab seinem 19. Lebensjahr außer drei Morden zahlreiche Mordversuche und Sexualverbrechen, an die er sich nur bruchstückhaft erinnern konnte. Bei der Gerichtsverhandlung 1972 in Mannheim wurde daher seine Steuerungsfähigkeit zu den Tatzeiten infolge einer hirnorganischen Wesensänderung als erheblich eingeschränkt beurteilt.

Vor allem aufgrund zahlreicher Hirnschädigungen infolge Kriegseinwirkungen wurden solche Verhaltensänderungen immer häufiger beobachtet, bisweilen begleitet von Einbußen der intellektuellen Leistungsfähigkeit. Leitsymptomatik blieb jedoch bei frontalen Schädigungen eine Affektlabilität mit einem Wechsel zwischen unangemessener Aufgeräumtheit und jähen Wutausbrüchen, auch traten zuvor nicht bestehende, delinquente Verhaltensweisen wie Stehlen, sexuelle Übergriffe und Körperverletzungen auf. Ähnliche Beobachtungen wurden später an psychiatrischen Patienten gemacht, bei denen zur Linderung von quälenden Zwangsgedanken oder unbeeinflussbaren psychotischen Symptomen eine Durchtrennung von Nervenbahnen im Stirnhirn oberhalb der Augen vorgenommen wurde. Die sehr grobschlächtige Behandlungsmethode – Leukotomie genannt – musste bald aufgegeben werden, weil sich massive Persönlichkeitsänderungen einstellten: Die Patienten wurden teils apathisch und interesselos, teils distanzlos, übergriffig und unbeherrscht.

Dieses »Frontalhirnsyndrom« in Form einer posttraumatischen Wesensänderung verstärkte die Vermutungen, dass den vorderen Hirnabschnitten eine besondere Bedeutung bei der Kontrolle des Verhaltens zukommt. In der Tat zeigen neuere Untersuchungen des Gehirns straffällig gewordener Psychopathen, die unfähig sind, die Konsequenzen ihrer Handlungen im Voraus zu reflektieren und ihr Verhalten darauf einzustellen, dass bei etwa einem Fünftel das Hirnvolumen im Stirnbereich vermindert ist. Hierin sind – reduktionistisch betrachtet – möglicherweise die neuroanatomischen Grundlagen der Gewissensfunktionen zu suchen.

Darüber hinaus gibt es Hinweise darauf, dass bei Gewalttätern auch Normabweichungen in den Hirnregionen vorliegen, in denen die hauptsächlichen Steuerungszentren zur Einschätzung von Gefühlen anderer und deren Verknüpfung mit dem eigenen Verhalten liegen, nämlich im Schläfenhirn sowie weiteren, subkortikalen Strukturen wie dem Hypothalamus und Mandelkern (Amygdala).

Während offensichtlich im Frontalhirn die Anlagen zu Einsichtsfähigkeit und Selbstkritik mit antizipatorischem Denken zu verorten sind, sind Teile des Schläfenhirns für sozial erwünschtes Verhalten zuständig. Durch bildgebende Untersuchungsverfahren waren bei den gewalttätigen Psychopathen signifikante mikrostrukturelle Veränderungen der Hirnsubstanz im Bereich der oberen Windung des rechten Schläfenlappens nachweisbar. Da es inzwischen empirische Belege dafür gibt, dass hier die besonderen Zentren zur Analyse, Verarbeitung, Steuerung und Verknüpfung von Emotionen und sozialem Handeln zu lokalisieren sind, liegt ein Kausalzusammenhang zwischen diesen Anomalien und einer mangelhaften Fähigkeit zu Mitempfinden und Mitleid als wesentlichen Bestandteilen einfühlsamer zwischenmenschlicher Kommunikation nahe. Hier drängen sich Parallelen zu den Spekulationen über einen angeborenen »Moralsinn«, einer Art biologischer Matrix für das Gewissen auf. Konkurriert am Ende gar ein »Mördersinn« im Schläfenhirn mit einem »Moralsinn« im Stirnhirn um die ethische Führerschaft im fragilen Haus der Seele? Aus evolutionsbiologischer Sicht wäre eine solche Annahme mit der Hypothese vereinbar, dass zivilisiertes Verhalten aus der stabilen Balance zwischen Tötungsdrang und Tötungshemmung resultiert.

Genauere Überprüfungen erbrachten Hinweise darauf, dass – wahrscheinlich infolge der beschriebenen anatomischen Anomalien – auch die hirnphysiologischen Funktionen bei Gewalttätern verändert sind. Im Gegensatz zu Gewohnheitsverbrechern – Serienkillern, Auftragsmördern, psychosozial depravierten, rückfälligen Kriminellen – scheinen Personen mit einer Neigung zu jähzornigen, blindwütigen Aggressionshandlungen bei erhöhter Reizbarkeit und Frustrationsintoleranz einen vergleichsweise niedrigeren Zuckerstoffwechsel im Frontalhirn zu haben. Die dadurch bedingte Funktionsschwäche korrespondiert wahrscheinlich mit ihrer

192

beeinträchtigten Impulskontrolle nach emotionaler Stimulation bzw. Provokation. Die Verhaltensmuster aktiv-gewalttätiger, jedoch umsichtig und professionell vorgehender Serienmörder waren nicht mit derartigen Veränderungen assoziiert. Jedoch hatten alle Mörder Hirnstoffwechseldefizite in den oben beschriebenen Schläfenbereichen bzw. im Hypothalamus und Mandelkern an der Innenseite der Schläfenlappen, einer zentralen Koordinationsstelle für die empfindungsmäßige Decodierung und emotionelle Bewertung von wahrgenommenen Ereignissen und Situationen.

Kurz gefasst bedeutet dies: Menschen, die ihre eigenen Ansprüche mehr oder weniger rücksichtslos – auch durch die Tötung anderer – durchsetzen und deren Egoismus den Empfindungen und Belangen anderer keinen Raum lässt, haben wahrscheinlich Anomalien derjenigen Hirnfunktionen, die zu Mitempfinden, Gefühlskontrolle und sozialer Kompetenz befähigen. Alles in allem bestätigt der heutige Forschungsstand somit im Grunde – wenngleich wesentlich differenzierter – die seit langem vermutete herausragende Bedeutung bestimmter Bereiche der Großhirnrinde nicht nur für die Intelligenz bzw. kognitive Leistungsfähigkeit, sondern auch für einfühlendes Verständnis und soziales, moralisches Verhalten.

Ungeklärt ist die Frage, ob hier bereits angeborene Defekte vorliegen, oder ob – vielleicht sogar unbemerkt gebliebene – Erkrankungen der Mutter während der Schwangerschaft für diese neuroanatomischen und/oder neurophysiologischen Abweichungen verantwortlich sind. Dass bestimmte Infektionen, aber auch Medikamente, Drogen oder komplizierte, lang dauernde Geburtsverläufe aufgrund mangelhafter Sauerstoffversorgung zu Schädigungen des kindlichen Gehirns mit den Folgen intellektueller Defizite und psychomotorischer Beeinträchtigungen führen können, ist seit Längerem bekannt. Neuerdings wird diskutiert, ob auch toxische Einwirkungen von Stresshormonen auf das Kind während der Schwangerschaft oder in einer besonders störbaren frühkindlichen Entwicklungsphase als Ursachen für antisoziales, delinquentes Verhalten infrage kommen. Psychosoziale Stressoren wie Vernachlässigung, Misshandlungen und Missbrauch, beispielsweise in zerrütteten Familien mit häuslicher Gewalt oder emotionalen Wechselbädern führen möglicherweise nicht nur zu psychischen Traumatisierungen im engeren Sinn, sondern auch zu direkten, substantiellen Schädigungen des Zentralnervensystems.

Die hirnanatomischen und -funktionellen Unterschiede zwischen den affekt- und triebgesteuerten Gewalttätern einerseits und den kaltblütig und geplant vorgehenden Verbrechern andererseits wären demnach zusammengefasst folgende: Während bei den vernunftgesteuerten, kognitiv gut organisierten Berufsverbrechern – den eigentlichen Soziopathen wie Auftragsmördern, Einbrechern, Profikillern – die kontrollierenden übergeordneten Stirnhirnfunktionen allem Anschein nach intakt sind, scheinen bei den affektgesteuerten, reaktiv-aggressiven Tätern wie Amokläufern und Eifersuchtstätern, aber auch den klassischen Psychopathen – Serienkillern und Lustmördern – neben den Anomalien der Schläfenlappen und subkortikalen Funktionen zusätzlich auch die steuernden Einflüsse auf überschießend-dranghafte Gewaltimpulse defizitär.

Diese Kategorie der Psychopathen ließ zumindest im Vergleich zur Normalbevölkerung auch bei der experimentellen Wahrnehmung grausamer oder angsteinjagender Situationen wesentlich weniger bis gar nicht messbare Aktivitäten in den Bereichen erkennen, die für das Wahrnehmen und Bewerten von Emotionen verantwortlich sind. Beispielsweise wies diese Personengruppe keine oder nur geringe Aktivitäten auf visuelle Reize in den Hirnrealen auf, die normalerweise spürbare Gefühlsreaktionen auslösen. Darüber hinaus hatten sie auch seltener emotionsgeprägte Träume.

In Konsequenz bedeutet dies, dass die Gruppe der gemütsarmen Gewohnheits- und Wiederholungstäter, d. h. der kriminellen Soziopathen, nach heutigem Kenntnisstand kaum erfolgversprechende Ansätze für edukative Korrekturen oder therapeutische Einwirkungsmöglichkeiten bietet, die auf eine echte, tiefgreifende Veränderung der gemeingefährlichen Gewohnheiten infolge von Einsicht und Reflexion abzielen. Hier würden allenfalls klare und strikte Verhaltensregeln mit unnachgiebigen Sanktionen bei Übertreten sozialer Normen dazu beitragen, die Rechte anderer zu schützen, notfalls durch Separierung von der Gemeinschaft. Hingegen könnten Impulsivtäter durch affektentlastende Interventionen und psychosoziale Trainings – im Einzelfall mit Hilfe einer psychostabilisierenden Medikation – durchaus dazu befähigt werden, ihre Aggressionen unter Ausschöpfung ihrer Steuerungskapazitäten in den Griff zu bekommen.

Eine Sonderstellung nehmen Überzeugungstäter wie Terroristen, Attentäter oder andere blindwütige Zeloten ein, die von Hassgefühlen und Rachegedanken angetrieben werden, um ihre ideologisch verfestigten Pläne und Absichten zu realisieren. Sie wären – wenn überhaupt – am ehesten über eine Korrektur ihrer fixen Ideen durch eine beharrliche mentale Einflussnahme im Sinne einer kognitiven Umstrukturierung zu erreichen. Nach Herauslösung aus ihrem indoktrinierenden Milieu unter gleichzeitiger Erschließung neuer Sichtweisen und alternativer Lösungen gäbe es dann durchaus Chancen für eine Abkehr von Gewalt und Terror. Dorothee Frank berichtet von einem solchen Gesinnungswandel eines palästinensischen Terroristen, den sie für ihr Buch *Menschen töten* im Gefängnis interviewte:

»Jetzt in Gefangenschaft habe ich andere Gedanken. Jetzt ist die Welt anders ... Jetzt, wo ich Zivilist bin, kann ich keinen Israeli auf der Straße töten, nur weil er Israeli ist. Es ist jetzt eine andere Welt. Hier haben wir auch einen Israeli, einen Gefangenen. Wir arbeiten zusammen. Wir sitzen zusammen. Wir reden zusammen. Wir reden auch über das Palästinenser-Problem. Wir erzählen einander von unseren Familien, wir betrachten einander als Menschen hier.«

Fast zehnmal soviel Männer wie Frauen begehen Gewalttaten wie Mord, Totschlag, schwere Körperverletzung oder Vergewaltigung – ausgenommen Kindesmisshandlungen und familiäre Handgreiflichkeiten aufgrund partnerschaftlicher Konflikte. Frauen bevorzugen indirekte, verdeckte Aggressionen in Form von Gehässigkeiten, Intrigen und Denunziation. Da das männliche Sexualhormon Testosteron nicht nur sexuelle Fantasie, Erregbarkeit, Appetenz und Neugier stimuliert, sondern auch Gewaltbereitschaft, Feindseligkeit und aggressives Verhalten fördert, wird bei rückfälligen Triebtätern oftmals die Anwendung von Antiandrogenen angeordnet, Medikamenten, die den Testosteronspiegel im Blut senken.

Zur Entwicklung von Einsichtsfähigkeit und Steuerungsvermögen für ein akzeptables, zumindest gesetzeskonformes Verhalten sind sowohl eine adäquate Sozialisation mit stabiler Internalisierung sozialer Regeln als auch eine normale Funktionstüchtigkeit des Gehirns notwendig. Viele psychische Störungen können mit strafbarem Verhalten einhergehen, so eine schizophrene oder manische Psychose, Alkohol- und Drogenkonsum, Intelligenzminderung oder Demenz. Auf den Einfluss von Hirnschädigungen wurde bereits eingegangen.

Schon die oben beschriebenen Hinweise auf Beeinträchtigungen der Hirnfunktion bei Gewalttätern führen zwangsläufig zu der Frage, inwieweit diese für ihr delinquentes Verhalten verantwortlich gemacht werden können, mit anderen Worten, ob sie in der Lage waren, das Unrecht ihrer Tat einzusehen und danach zu handeln. Mit dieser zentralen Frage werden forensische Psychiater und Psychologen immer wieder konfrontiert, wenn Gewaltverbrechen vor Gericht verhandelt werden. Kommen die Forensiker zu dem Schluss, dass – krankheitsbedingt – aufgrund verminderter Einsichtsfähigkeit oder mangelnden Steuerungsvermögens die Kriterien für eine verminderte Schuldfähigkeit vorliegen, ist richterlich zu entscheiden, ob und wieweit der Angeklagte überhaupt für sein Handeln verantwortlich gemacht und bestraft werden kann oder ob alternativ eine Unterbringung in einem gesicherten psychiatrischen Krankenhaus infrage kommt.

Als Paradebeispiel des paranoiden, amoklaufenden Massenmörders, das bis heute in jedem psychiatrischen Lehrbuch erwähnt wird, gilt Ernst August Wagner, ein 1874 bei Ludwigsburg geborener Lehrer. Er ging als »Hauptlehrer Wagner« in die psychiatrische Literatur ein. Am 4. September 1913 setzte er seine jahrelang gehegten Mordpläne endgültig in die Tat um. Frühmorgens tötete er zunächst mit einem Totschläger und einem Messer seine Frau und seine vier Kinder. Anschließend fuhr er – mit einer Pistole und Munition im Rucksack – mit dem Fahrrad nach Stuttgart, von dort aus mit dem Zug weiter nach Mühlhausen. Hier legte er mehrere Brände und erschoss die Personen, die vor den Flammen flüchteten. Er tötete auf diese Weise zwölf weitere Menschen, acht wurden schwer verletzt, ehe er überwältigt und ins Gefängnis nach Heilbronn gebracht werden konnte. In seinem Haus fanden die Ermittler Wagners Tagebuch mit detaillierten Plänen für seine Mordtaten. So hatte er vor, von Mühlhausen aus weiterzufahren nach Ludwigsburg, wo er die Familie seiner Schwester auslöschen, das dortige Schloss in Brand setzen und sich anschließend im Bett des Herzogs Carl Eugen selbst umbringen wollte.

Die vom Landgericht Heilbronn beauftragten forensischen Gutachter diagnostizierten einen Verfolgungswahn und beurteilten Wagner als unzurechnungsfähig. Psychodynamische Quelle für Wagners Verfolgungsideen waren sodomitische Handlungen an einer Kuh, von ihm über zehn Jahre zuvor in Mühlhausen begangen, bei denen er sich beobachtet und in der Folgezeit durch üble Nachrede gedemütigt glaubte. Wagner kam 1914 in die Heilanstalt Winnenthal, in der er 1938 an Lungentuberkulose starb. In der Anstalt schrieb er mehrere Dramen, die er dem Nationaltheater in Mannheim anbot. In sämtlichen Texten ging es um das Thema »Wahn«, mit dem Wagner sich lebenslang beschäftigte. Seinen eigenen Wahn – psychiatrisch betrachtet ein sensitiver Beziehungswahn – behielt er zeitlebens bei.

Das tagtäglich in der Gerichtspraxis verhandelte Schuldproblem führt zwangsläufig zu der Frage nach der Determiniertheit menschlichen Verhaltens. Abgesehen von den bereits referierten wissenschaftlichen Beobachtungen an Gewalttätern haben neurophysiologische und neuropsychologische Untersuchungen während der letzten Jahre zu der Erkenntnis geführt, dass es eine Willensfreiheit im Sinne idealistischer Philosophie nicht gibt. Schon der englische Philosoph Hobbes äußerte die Ansicht, dass nicht der Wille, sondern allenfalls das Handeln insoweit frei sei, wie es der Natur des Menschen entspringe, also seinen Bedürfnissen Rechnung trage. Die menschliche Natur werde davon angetrieben, sich zu erhalten und sich Genuss zu verschaffen. Ohne staatliche Aufsicht und Kontrolle käme es zu einem Krieg aller gegen alle.

Letztlich »bestimmt« somit das Gehirn, an dessen quantitative und qualitative Leistungsfähigkeit unzweifelbar sämtliche psychische Funktionen gebunden sind, wie Entscheidungen ausfallen. Unklar ist bis heute die Frage, auf welcher Grundlage und unter welchen Einflüssen ein hypothetisches »Ich-Zentrum«, sozusagen die wie auch immer organisierte Repräsentation aller miteinander kommunizierenden zerebralen Netzwerke, »entscheidet«. Dabei ist zu bedenken, dass die meisten Informationen – im Grunde nichts anderes als codierte bio-elektrische Signale im Leitungssystem der Nervenbahnen, die den Spalt zu angrenzenden Nervenfasern jeweils biochemisch überbrücken – ablaufen, ohne die Schwelle zum Bewusstsein zu überschreiten. Trotzdem sind Menschen subjektiv sicher, dass sie einen bewussten, freien, eigenständigen persönlichen Entschluss fassen, bisweilen nach längerem Nachdenken über das Für und Wider der inneren Argumente, manchmal eher spontan. Es bleibt ihnen verschlossen, dass letzten Endes vermutlich ein Gemisch aus Instinkten, Bedürfnissen, Impulsen und Zwängen, d. h. inneren Reizen und äußeren Eindrücken, die scheinbar unabhängige Entscheidung herbeigeführt hat.

Radikal heruntergebrochen auf die molekulare Ebene der Hirntätigkeit, besagen die neurobiologischen Erkenntnisse nichts anderes, als dass physikalisch-chemische Regulationsprozesse über einen Ausgleich von unterschiedlichen elektrischen Ladungen bzw. pH-Werten stets auf eine basale Homöostase, d. h. einen Spannungsausgleich ausgerichtet sind. Welch blinder »Wille« Atome und Ionen dirigiert, ist ein Mysterium des Lebens.

Aus dieser – wenngleich reduktionistischen – Perspektive wäre auch das kriminelle, sozial unerwünschte und schädliche Verhalten eines Straftäters nichts anderes als Ausdruck einer komplizierten Hirnmaschinerie à la »L'homme machine« des französischen Arztphilosophen Julien O. Lamettrie (1709–1751), die stereotyp ihren eigenen, dem Bewusstsein nicht zugänglichen Steuerungsprogrammen folgt.

Den Protagonisten einer solchen monistisch-materialistischen Sichtweise wird vorgehalten, ein zu dürftiges Menschenbild zu definieren, das der Komplexität menschlichen Denkens, Erlebens und Verhaltens nicht ausreichend Rechnung trage. In der Tat bedeutet diese Sicht, sich von einem Konzept menschlicher Existenz zu verabschieden, das die »Krone der Schöpfung« als unabhängigen, schöpferischen und kreativen Geist beinhaltet; eine plausible rationale Widerlegung der hierzu vorliegenden empirisch-wissenschaftlichen Resultate ist diese Anschauung allerdings nicht. Gleichwohl räumt auch die moderne Hirnforschung ein, dass bislang viel zu wenig über die Qualitäten von Bewusstsein, Icherleben und Willensvorgängen bekannt ist, um zur menschlichen Entscheidungsfreiheit weiterführende Aussagen zu treffen.

Den Hintergrund dieser Diskussion bildet das uralte Qualia-Problem, die philosophische Debatte über die Wechselbeziehungen zwischen Substrat und Funktion, d. h. zwischen Leib und Seele, zwischen Materie und Geist. Trotz aller wissenschaftlicher Fortschritte ist nicht erkennbar, wie die Verknüpfungen zwischen diesen beiden so grundverschiedenen Qualitäten im Gehirn und Nervensystem zustande kommen.

Hirnforscher, Philosophen und Juristen einigen sich einstweilen auf den gemeinsamen Nenner, dass die Gemeinschaft sich im Interesse aller bemühen muss, »böse Menschen«, die als notorische, einsichtslose und unbelehrbare Gewalttäter und Zerstörer in Erscheinung treten, unter Kontrolle zu halten. Falls jemand Anspruch auf einen Platz in der menschlichen Gesellschaft erhebt, muss er im Fall eines »Regelverstoßes« mit Sanktionen rechnen. Einsicht, Reue und Buße sind notwendige Beiträge zur sozialen Integration. Eine bloße Berufung auf die schlechten Lebensbedingungen, die Frustrationen und Kränkungen, die Überforderungen und Enttäuschungen, die Belastungen und negativen Erfahrungen eines mühevollen Daseins reichen nicht aus, um Egoismus, Verantwortungslosigkeit und Straftaten zu entschuldigen. Die Abschiebung von Verantwortung und Schuld auf andere ist kein Weg zu Umkehr und Besserung, kein echter Beginn einer Resozialisierung.

6 Faszination des Bösen

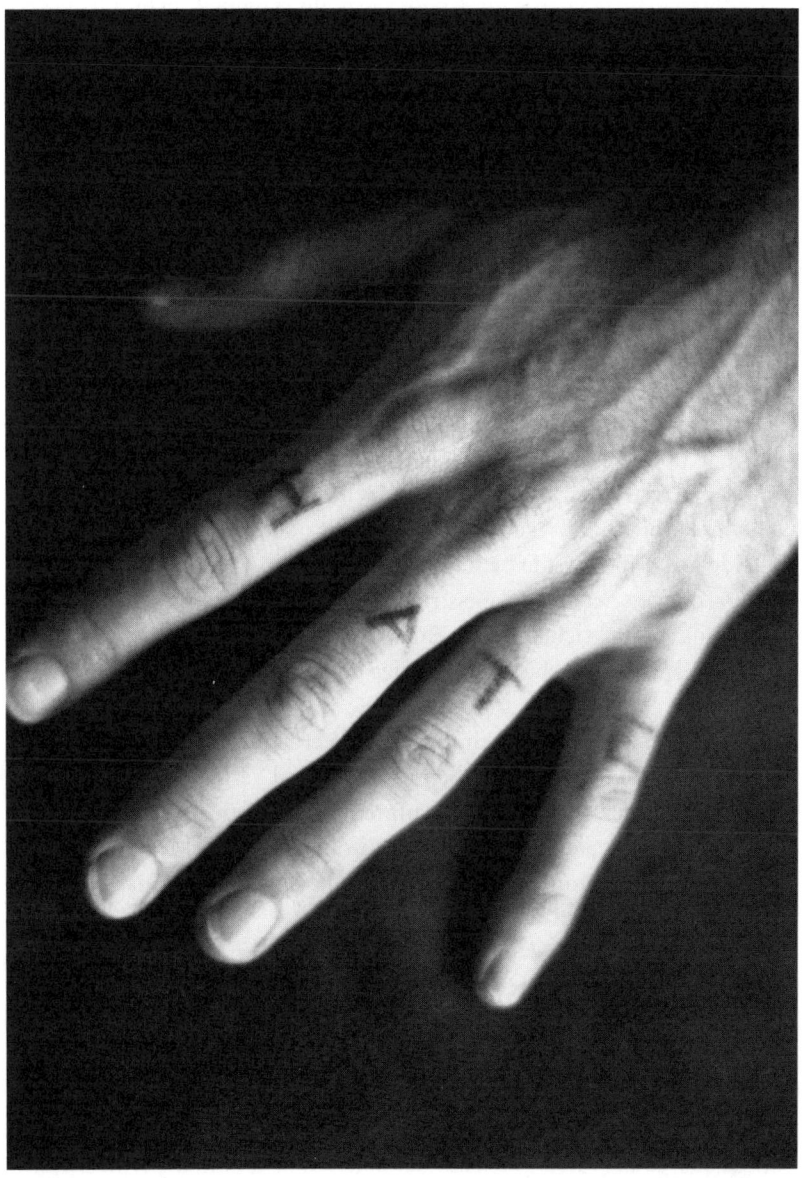

Lust zu töten

Was für Menschen sind die mörderischen Triebtäter, versessen aufs Quälen und Töten, die das Leiden ihrer Opfer lustvoll genießen? Schon frühzeitig entwickelten sich bei den nur sehr selten intelligenzgestörten Psychopathen abnorme, sadistische Fantasien, die in Misshandlungen anderer Kinder oder in Tierquälereien ausgelebt werden. Vernachlässigung, Demütigungen und Missbrauch während der Kindheit korrespondieren mit Gleichgültigkeit und Rücksichtslosigkeit im Jugend- und Erwachsenenalter bezüglich der Gefühle anderer Menschen. Etwa die Hälfte der Täter wurde in der Kindheit sexuell missbraucht. Bereits vor dem 30. Lebensjahr haben rund 70 Prozent der Serienmörder ihr erstes Verbrechen begangen. Überwiegend sind Frauen die Opfer, die mit äußerster Brutalität behandelt werden.

Der erste Mord ist meistens Auslöser für eine Reihe weiterer ähnlicher Straftaten in Form ritualisierter Quälereien und Tötungen zur Befriedigung der überwiegend pervers-sexuellen Fantasien oder Allmachtsfantasien von Stärke, Überlegenheit und Macht. Die Täter weiden sich daran, wenn ihre Opfer hilflos, gedemütigt, gefesselt oder verstümmelt sind, wenn sie leiden und um Gnade betteln. Sie verspüren – wie bereits zur psychosoziopathischen Persönlichkeitsstruktur ausgeführt – keinerlei Mitempfinden bei ihren rücksichtslosen, bestialischen Mordtaten. Auch später werden kaum je Gewissensbisse, geschweige denn Schamgefühl oder Bedauern empfunden.

Die einschlägigen Untersuchungen lassen erkennen, dass bei allen Triebtätern Abnormitäten des sexuellen Erlebens und Verhaltens vorliegen, die das gesamte Spektrum der sogenannten Paraphilien umfassen können. Über drei Viertel aller Täter sind nicht in der Lage, normale sexuelle Beziehungen aufzunehmen. Am häufigsten kommen Kombinationen von sexuellem Sadismus und Fetischismus vor.

Bindungsschwäche mit fehlenden Kontakten zum anderen Geschlecht, starke sexuelle Impulse bei gleichzeitigen Versagenserlebnissen, Impotenz, Frustration und Kränkung durch Zurückweisung schaffen offenbar die Voraussetzungen eines Gewaltpotenzials, das irgendwann nicht mehr unter Kontrolle gehalten werden kann. Hass auf Frauen – über 90 Prozent der Gewalttäter sind Männer – auf der einen Seite und lustvolles Genießen von Qualen und Todesängsten auf der anderen Seite sind die Wurzeln eines schließlich nicht mehr beherrschbaren Dranges zu den mal mehr plump-brutalen, mal mehr erfinderisch ausgeklügelten Grausamkeiten. Im Übrigen können die psychopathischen Täter kaum genauere Angaben über ihr Motiv machen, zumal dann, wenn sie sich in einen regelrechten Blutrausch hineingesteigert haben.

Davon abgesehen gibt es bei den meisten auch andere psychopathologische Auffälligkeiten und Merkmale sozialer Fehlentwicklungen. Viele stammen aus Familien mit aggressiv-feindseliger Atmosphäre, einem Nährboden für spätere eigene, tiefsitzende Wut- und Hassgefühle. Des Weiteren weisen sie die bereits erwähnten Symptome der antisozialen bzw. dissozialen Persönlichkeit auf: emotionale Labilität, Egoismus, Verweigerung von Autorität und Kontrolle, geringe Frustrationstoleranz und fehlendes Schuldgefühl. Wie den Auftragsmördern und Profikillern fehlt ihnen jegliches Mitleid und Mitempfinden für die Opfer, die lediglich als lebendige, stimulierende Gebrauchsobjekte betrachtet werden.

Nicht nur sexuell-perverse Obsessionen, Habgier oder Rache sind Motiv und Auslöser für wiederholte Mordtaten, auch auf andere Art und Weise kann das Quälen und Töten Befriedigung verschaffen. Allem Anschein nach ist allein das genüssliche Erleben des qualvollen Sterbens eines anderen, das nach Belieben verlängert oder abgekürzt werden kann, ein – wenn auch schwer verständliches und nicht nachvollziehbares – Motiv von Gelegenheitsmördern. Einige Beispiele extremer Tötungslust Heranwachsender aus neuerer Zeit:

Am 12. Juli 2002 erlitt ein 16-jähriger, sprechbehinderter Schüler in dem brandenburgischen Dorf Potzlow folgendermaßen den Tod: Unter Alkoholeinfluss wurde er von drei jugendlichen Bekannten, darunter einem Schulfreund, zunächst grundlos beschimpft und verprügelt, Stunden später in einen Schweinestall gezerrt, dort weiter misshandelt und schließlich durch Sprünge bzw. Steinschläge auf den Kopf ermordet. Einer der Täter gab vor Gericht an, er habe erleben wollen, wie sich eine solche Tat »anfühle«. Sowohl auf der Bühne wie in der Fernseh-Dokumentation *Zur falschen Zeit am falschen Ort* von 2006 wurde das Geschehen nach einer Bearbeitung durch den Autor und Regisseur Andres Veiel der Öffentlichkeit gezeigt.

Nachdem ein 19-jähriger Mann 2004 eine Schülerin aus der Nachbarschaft »aus Frust« erwürgt hatte, erschoss er zwei Jahre später in Wesselburen bei Itzehoe einen ihm unbekannten Autofahrer, den auf der Straße angehalten hatte. Als Grund hierfür gab er ebenfalls »schlechte Laune« an; das Opfer sei zufällig »zur falschen Zeit am falschen Ort« gewesen.

Drei vorbestrafte jugendliche Insassen – 18, 20 und 21 Jahre alt – des Jugendgefängnisses Siegburg beschlossen am 11. November 2006, ihren 20-jährigen Mithäftling zu töten: »Wir wollten mal einen Menschen sterben sehen«, gaben sie später als Motiv an. Bevor sie ihr Opfer schließlich durch »Weghängen« strangulierten, hatten sie ihren Zellengenossen zwölf Stunden lang mit unfassbarer Brutalität und Erbarmungslosigkeit gefoltert. Sie zwangen ihn, u. a. Salzwasser zu trinken, eine Tube Zahnpasta zu schlucken und sein Erbrochenes zu essen, ehe sie ihn vergewaltigten und schließlich aufforderten, sich selbst an der Zellentür aufzuhängen. Das Landgericht Bonn verurteilte sie im September 2007 wegen Mordes, gefährlicher Körperverletzung, Vergewaltigung und sexueller Nötigung zu Haftstrafen zwischen 10 und 15 Jahren, wobei allen eine ungewöhnlich »gefühllos-mitleidlose Gesinnung« bescheinigt wurde.

Im Januar 2007 erstachen in Tessin in Mecklenburg-Vorpommern zwei 17 Jahre alte Schüler ein Ehepaar und nahmen deren 16-jährige Tochter als Geisel. Sie hatten ihre Bluttat zuvor damit angekündigt, dass sie »einen Menschen umbringen« wollten, und sich hinterher dahingehend geäußert, dass es sich »ganz leicht angefühlt« habe, jemanden zu töten, etwa so, als wäre man in »eine Schlägerei verwickelt«.

Der bereits erwähnte US-amerikanische Serienmörder Ridgway gab bereits mit 16 Jahren einem ersten Tötungsimpuls nach: Er lockte einen zufällig in der Nähe spielenden Sechsjährigen in ein Gehölz und stach auf ihn ein, als dieser sich bückte. Den Angaben des Jungen zufolge soll er dabei gesagt haben: »Ich wollte schon immer mal wissen, wie es sich anfühlt, jemanden zu töten.«

Auf der Suche nach einer Erklärung für solche Brutalitäten samt völlig fehlendem Respekt vor dem Lebensrecht anderer greift der Verweis auf eine moralische Fehlentwicklung infolge schlechter Umgebung oder missglückter Erziehung ebenso zu kurz wie die Berufung auf genetisch seit Urzeiten einprogrammierte Tötungszwänge zum Zweck des Überlebens und der Arterhaltung. Gewaltausübung, Sadismus, Zerstörungsdrang haben vielfältige Wurzeln; sie entspringen dem evolutionsbiologisch belegten, von Sigmund Freud als Destruktionstrieb bezeichneten Potenzial angeborener Aggressivität, das durch äußere, zivilisatorische Prägungen mit spezifisch menschlichen Eigenschaften wie Grausamkeit und Tötungslust aufgefüllt und dynamisiert wird. Freud zufolge vermitteln Zerstörungsakte rauschhafte Befriedigung, weil sie narzisstische Größenfantasien und Allmachtswünsche bedienen.

Gibt es Warnsignale, Vorzeichen? In einer Zeitungsmeldung von Januar 2007 war zu lesen, dass zwei Jugendliche aus Burbach, 15 und 16 Jahre alt, eine 40-jährige Frau »just for fun« zwei Wochen lang verfolgten und drangsalierten. Das Täterduo hatte sich die ihnen unbekannte Frau bewusst als Opfer ausgesucht und sie bei ihrem täglichen Jogging mit ihren Motorrollern verfolgt, sie geschnitten und durch lautes Hupen erschreckt. Die Kennzeichen hatten sie abgedeckt. Der Polizei gegenüber begründeten sic ihr Handeln schlicht mit »Lust auf Psychoterror«. Zeigen sich an diesem Beispiel bereits Charaktermerkmale heranwachsender Rocker und Hooligans, nämlich das Ausleben von Aggressivität und Frustration durch Gewalt? Jedenfalls sind Gewalttätigkeiten und Vandalismus, einhergehend mit dem Hochgefühl von Überlegenheit und Selbstüberschätzung in Cliquen Gleichgesinnter, durchaus als Zeichen sozialer Verwahrlosung und emotionaler Verrohung zu bewerten, umso mehr, je früher Alkohol im Spiel ist.

Machohafte Klischees von Macht, Mut und Männlichkeit, charakterliche Defizite und andere persönliche Faktoren scheinen eine Neigung zu gewalttätigem Verhalten eher zu fördern als soziale Probleme wie Arbeitslosigkeit, Wohnungsnot oder materielle Mängel. Zudem leisten wahrscheinlich zu große Rücksichtnahme, Gewalttoleranz und Laisser-faire-Stil antisozialen Verhaltensweisen Vorschub: Das einzige, was zum Triumph des Bösen notwendig sei, bestehe darin, dass gute Menschen tatenlos zusähen, meinte der irische Politiker und Staatsphilosoph Edmund Burke (1729–1797).

Vor diesem Hintergrund wird der Anstieg der von Jugendlichen und jungen Männern während der letzten Jahrzehnte, d. h. im Gefolge der in den 1970er und 1980er Jahren propagierten antiautoritären Erziehung begangenen Gewalttaten durchaus plausibel.

203

Vermeintliche Herrscher über Leben und Tod

Befriedigung, Macht und Unbesiegbarkeit verspüren wahrscheinlich alle, die mit Überzeugung und Präzision das Handwerk des Tötens ausüben, Massenmörder und Marodeure ebenso wie Söldner und Soldaten. Das bewegende Gefühl, Leben nach Belieben in Tod verwandeln zu können, mit dem Bösen sozusagen auf Augenhöhe zu sein, verleiht dem narzisstischen Ich eine Aureole der Grandiosität und Großartigkeit.

Dem Todesurteil entronnen, aber wegen revolutionärer Umtriebe nach Sibirien verbannt, beschrieb Fjodor Dostojewskij in seinen 1860 bis 1862 abgefassten *Aufzeichnungen aus einem Totenhaus* dieses ebenso stimulierende wie betäubende Erleben von Macht. Selbst der beste Mensch könne aus bloßer Gewohnheit bis zum Tierischen verrohen und abstumpfen. Wer einmal die Macht und die Freiheit gehabt habe, ein anderes Wesen bis zur tiefsten Demütigung zu erniedrigen, werde unwillkürlich gleichsam machtlos in seinen eigenen Gefühlen.

Verspürt vielleicht nicht auch manch einer der Henker, die im Namen des Volkes verurteilte Verbrecher vom Leben zum Tode befördern, das Gefühl, wie ein göttlicher Richter das Tor zur Schwelle des Totenreiches aufzustoßen, wenn er dem Delinquenten den Strick über den Kopf streift oder das Fallbeil auslöst? Dieser Eindruck entsteht jedenfalls bei dem amerikanischen Henker Joseph Malte in dem Dokumentarfilm *Henker: Der Tod hat sein Gesicht*, der 2002 uraufgeführt wurde.

In diesem Film werden Porträts von sieben Henkern aus sieben europäischen Ländern vorgestellt. Malte, einer der beiden Vollstrecker der Todesurteile im Nürnberger Prozess 1946 zeigte eine tiefe, ja triumphale Genugtuung über seine Vollstreckertätigkeit. Er drangsalierte die Häftlinge vor der Hinrichtung mit sadistischen Sprüchen. Hermann Göring gegenüber ließ er seinen Fantasien freien Lauf, dass ihn eine schmerzhafte, langsamere Tötung mehr befriedigt hätte als der schnelle Genickbruch am Galgen.

Mord in Altenheimen und Krankenhäusern

Serientötungen in Altenheimen oder Krankenhäusern alarmieren immer wieder die Öffentlichkeit, zumal solche Taten hier am allerwenigsten erwartet werden. Mit gewisser Regelmäßigkeit werden – meistens per

Zufall entdeckte – Häufungen ungewöhnlicher Todesfälle bekannt, deren Urheber Pflegepersonen oder Ärzte sind. Bisweilen vergehen Jahre, ehe Tötungen durch äußerlich nicht erkennbare Methoden wie Ersticken oder Injektionen mit Luft oder bestimmte Medikamente überhaupt aufgedeckt werden.

Die Zahl der Opfer einer Mordserie variiert jeweils zwischen einigen wenigen und mehreren Dutzend Personen: Zwischen 1977 und 1980 verabreichte in Orkdal bei Trondheim der Leiter des dortigen Kranken- und Pflegehauses mindestens 22 Patienten Curare-Präparate, die infolge einer Lähmung der Atemmuskulatur zum qualvollen Ersticken führten. 1985 und 1986 spritzte eine 30-jährige Krankenschwester in einem Wuppertaler Krankenhaus Patienten Kaliumchlorid und Clonidin in Tötungsabsicht; sieben verstarben. In Wien-Lainz betäubten zwischen 1988 und 1989 vier Pflegehelferinnen mindestens 40 Patienten durch Injektionen von Beruhigungs- und Schlafmitteln bzw. erstickten sie durch Einflößen von größeren Wassermengen – »Mundpflege« genannt. Im Jahr 1990 ermordete Wolfgang Lange, Pfleger in der psychiatrischen Klinik Gütersloh, mindestens zehn Patienten, indem er ihnen Psychopharmaka oder Luft in die Venen spritzte; bei der ersten Vernehmung hatte er noch 16 Tötungen gestanden. Lange, der von seinen Kollegen »Todesengel« genannt wurde, weil während seiner Dienstzeit überdurchschnittlich viele Patienten starben, kündigte deren Tod bisweilen zuvor an. So auch der Krankenpfleger Robert Diaz, auf dessen Konto mindestens zwölf Patientenmorde durch Lidocain-Injektionen im Krankenhaus von Perris in Kalifornien kamen. Diaz sagte seinen Kollegen erstaunlich häufig den Tod von Patienten voraus, die noch in recht guter Verfassung waren. Er wurde 1984 in Los Angeles zum Tode verurteilt und in der Gaskammer von St. Quentin exekutiert. In Pennsylvania und New Jersey konnte ein Krankenpfleger zwischen 1988 und 2003 über 30 Patienten umbringen, obgleich immer wieder Verdachtsmomente gegen ihn aufgetaucht waren. Die lasche Aufsicht und das Nicht-wahrhaben-Wollen von Krankenhausleitungen und Behörden begünstigten auch hier das verhängnisvolle Treiben einer Pflegeperson, bis deren Verbrechen nicht mehr negiert werden konnten.

Zwischen 1994 und 1997 brachte eine 32-jährige Krankenschwester mindestens 22 Bewohner eines Kopenhagener Altenheims mit morphiumhaltigen Schmerzmitteln um; eine 28-jährige Krankenschwester im französischen Mantes-la-Jolie in der Nähe von Versailles tötete in den Jahren 1997 und 1998 rund 30 Heiminsassen. In der Zeit von 1996 bis 2001 tötete ein 32-jähriger Krankenpfleger in mehreren Krankenhäusern und Pflegeheimen in der Nähe von Luzern insgesamt mindestens 27 Patienten. Im Jahr 2006 verurteilte das Landgericht Kempten einen 26-jährigen Krankenpfleger aus dem Klinikum Sonthofen, der zwischen 2003 und 2005 mindestens 28 Patienten den Tod gebracht hatte, wegen zwölffachen Mordes und 15-fachen Totschlags zu lebenslänglicher Haftstrafe. Ebenfalls lebenslänglich erhielt eine 27-jährige Altenpflegerin mit Urteil des Landgerichts Bonn von 2006, der die Ermordung von mindestens acht Patientinnen eines Pflegeheimes nachgewiesen werden konnte. 2007 wurde eine 55-jährige Krankenschwester vom Landgericht Berlin zu lebenslanger Haft verurteilt, weil sie zwischen Juni 2005 und Oktober 2006 in der Kardiologie der Berliner Charité mindestens fünf Patienten durch Medikamentenüberdosierungen umgebracht hatte.

Hier wie in Wien-Lainz und Gütersloh wurden falsch verstandene Kollegialität und unprofessionelle fachliche Supervision mit der Folge einer Betriebsblindheit am Arbeitsplatz offenkundig, die wahrscheinlich vermeidbare weitere Tötungshandlungen ermöglicht hatten.

Eine neuere, besondere Variante stellen die Tötungen von Patienten im Rettungsdienst durch Verabreichung muskellähmender Substanzen an die Schwerverletzten oder durch unterlassene Wiederbelebung dar, wie dies von Sanitätern und Notärzten im polnischen Lodz im Jahr 2002 praktiziert wurde. Der Grund hierfür waren Schmiergelder und Prämien von Beerdigungsunternehmen. Schon früher brachte die Tatsache, dass anatomische Institute der Universitäten stets auf der Suche nach geeigneten Objekten für den Sektionskurs waren, einige geschäftstüchtige Verbrecher auf die Idee, Personen umzubringen und deren Leichen zu verkaufen. So ermordeten William Burke und William Hare, unterstützt von ihren Frauen, zwischen 1827 und 1828 in Edinburgh 16 Personen, deren Körper sie für je zehn Pfund dem Anatomen Dr. Knox überließen, bis der schauerliche Handel infolge Rivalitäten zwischen den beiden Lieferanten auffiel.

Ob es sich bei den Serientötungen in Pflegeeinrichtungen in Kliniken um seltene Vorkommnisse handelte oder ob – wie die Deutsche Hospizstiftung vermutet – das in Wirklichkeit viel größere Ausmaß der Tötungsdelikte unbekannt und damit ungesühnt bleibt, ist eine offene Frage; zweifellos ist die Dunkelziffer schwer einschätzbar. Vermutlich gibt es weltweit regionale

Unterschiede in Abhängigkeit von persönlicher Moral, Weltanschauung und familiären Strukturen. Sicherlich spielt auch die Haltung zu aktiver Sterbehilfe eine Rolle.

Die kriminalpolizeilichen Ermittlungen und richterlichen Vernehmungen ergeben in der Regel, dass von den Täterinnen und Tätern als hauptsächliches Motiv Mitleid mit den Patienten angegeben wurde; man habe diesen aus Barmherzigkeit die Schmerzen nehmen, sie von ihrem Leiden erlösen, ihren Todeskampf abkürzen wollen; keinesfalls hätten sie gemordet. Im Laufe umfassenderer Recherchen stellt sich jedoch durchgängig heraus, dass diese Begründungen vorgeschoben sind. Kaum eines der Opfer hatte – so die befragten Bezugspersonen – um eine Beendigung des Lebens gebeten; manche waren überhaupt nicht schwer krank. Im Gegenteil hatten die meisten zu erkennen gegeben, dass sie ihr Leben und Sterben einem natürlichen, schicksalhaften Verlauf überlassen wollten.

Psychologische Untersuchungen legten bei den Tätern, die im Kollegenkreis ahnungsvoll bisweilen mit Spitznamen wie »Todesengel«, »Vollstrecker«, »Hexe« oder »Todesschwester« bedacht wurden, in der Regel Charakterzüge wie Minderwertigkeitsgefühl und Selbstunsicherheit, latente Aggressivität, Selbstgefälligkeit und Machtgefühl, Mangel an Selbstkritik und Überheblichkeit, Dominanz und Allmachtsfantasien offen. Konkrete Auslöser waren häufig anstrengende Arbeit, Verärgerung, Frustration am Arbeitsplatz und persönliche Unzufriedenheit, aber kein echtes Burn-out-Syndrom, das einen Zustand von Erschöpfung und Depressivität infolge anhaltender beruflicher Überlastung bei gleichzeitigem Überengagement kennzeichnet. Davon abgesehen wäre auch nicht einleuchtend, weswegen Stresserleben ein Kapitalverbrechen legitimieren könnte.

Den bei Weitem vordersten Rang der Gnadentod-Protagonisten nehmen zweifellos die Akteure der Nazi-Euthanasie ein, Verwalter des Todes im Reich des Bösen, die auf zynisch-bürokratische Weise die Erlösungs- und Reinigungsidee des Nationalsozialismus in dem berauschenden Gefühl umsetzten, »minderwertiges« Leben wie schädliches Unkraut »auszumerzen«. Führende Politiker, hochrangige Verwaltungsbeamte, Universitätsprofessoren, Ärzte und Pflegepersonal waren an der Vorbereitung, Planung und Durchführung des Euthanasie-Programms zur Beseitigung der »unnützen Fresser«, einer Last für die Volksgemeinschaft, maßgeblich beteiligt.

Nazi-Euthanasie

Nachdem zunächst im Jahr 1933 das »Gesetz zur Verhütung erbkranken Nachwuchses« erlassen worden war und bis 1945 mindestens 360 000 Menschen mit angeblichen körperlichen oder psychischen Erbleiden durch Röntgenbestrahlung oder chirurgisch sterilisiert worden waren, begann – nach suggestiver propagandistischer Vorbereitung mit Werbung für den »Gnadentod« – unter dem Code-Namen »Aktion T 4« ab Januar 1940 die systematische Liquidierung vermeintlich oder tatsächlich psychisch Kranker in eigens dazu ausgewählten psychiatrischen Heil- und Pflegeanstalten. Nach Erfassung durch ein ausgeklügeltes Meldesystem wurden die ausgesonderten Todeskandidaten in spezielle Vernichtungseinrichtungen transportiert, dort mit Kohlenmonoxid vergast und verbrannt.

Die beteiligten Ärzte und Pfleger wurden 1940 im Innenministerium unter Verpflichtung zur strikter Verschwiegenheit auf ihre Selektionsaufgaben und Mordhandlungen eingestimmt. Anlässlich des Nürnberger Ärzteprozesses im Jahr 1946 berichtete die Krankenschwester Pauline Kneißler, die von 1940 bis 1945 in den Anstalten Grafeneck, Hadamar, Kaufbeuren und Irsee eingesetzt war, in einer eidesstattlichen Erklärung, die vom Internationalen Gerichtshof veröffentlicht wurde:

»Nach Ankunft der Patienten in Grafeneck wurden diese in den dortigen Baracken untergebracht, wo sie ... oberflächlich untersucht wurden ... In den meisten Fällen wurden die Patienten innerhalb 24 Stunden nach der Ankunft getötet. Ich weiß nur von wenigen Fällen, in denen die Patienten nicht vergast wurden. In den meisten Fällen bekamen die Patienten vor der Vergasung eine Einspritzung vom 2 ccm Morphium-Skopolamin ... In Hadamar wurde die gleiche Arbeit fortgesetzt mit dem Unterschied, daß man die Patienten durch Veronal, Luminal und Morphium-Skopolamin tötete, ungefähr täglich 75 Patienten. Von Hadamar wurde ich nach Irsee bei Kaufbeuren versetzt, wo ich meine Arbeit fortsetzte ... Dort wurden die Patienten sowohl durch Einspritzungen als auch durch Tabletten getötet. Dieses Programm wurde bis zum Zusammenbruch Deutschlands durchgeführt.«

Kneißler wurde 1947 (bzw. 1948 nach Revision) im sogenannten Schwesternprozess vom Frankfurter Landgericht zu vier Jahren Zuchthaus verurteilt. Das Gericht begründete die milde Strafe damit, dass Kneißler lediglich abhängige Gehilfin gewesen sei. Sie selbst war über das Urteil aufgebracht, da sie sich stets als aufopfernd und liebevoll den Kranken gegenüber betrachtete.

Bereits ab 1939 wurden im gesamten deutschen Reich mindestens 6000 körperlich oder geistig behinderte Kinder systematisch erfasst und in speziellen Fachabteilungen durch Überdosierungen von Schlaf- oder Beruhigungsmitteln umgebracht. Ab 1941 wurden auch anderweitig kranke und alte Personen im Rahmen der sogenannten »Aktion 14 f 13« liquidiert. Nach dem offiziellen Stopp der organisierten Euthanasie im August 1941 gingen die Tötungen in den Anstalten bis Kriegsende in großem Stil weiter. Statt durch Gas kamen sie durch Injektionen von Morphium und Skopolamin oder durch Verhungern zu Tode. Insgesamt sind zwischen 1939 und 1945 über 200 000 Menschen im damaligen Deutschen Reich und den besetzten Ostgebieten der organisierten Massenliquidation zum Opfer gefallen. Die dabei gewonnenen Erfahrungen wurden genutzt, um ab September 1941 mit der Ermordung aller Juden und »Fremdrassigen« in Deutschland und dem besetzten Europa die »Säuberung des Volkskörpers« in die Wege zu leiten – Veredeln durch Vernichtung.

Auf der untersten Stufe der Vernichtungshierarchie regierten in den Lagern die gewalttätigen Kapos mit dem Knüppel und die medizinischen Helfer mit der Phenolspritze, in den Vernichtungsanstalten der Euthanasie die Schwestern und Pfleger mit den Luminaltabletten und der Hungerkost. Sie waren die eigentlichen und unmittelbaren Vollstrecker des Bösen an vorderster Front. Berauscht vom Gefühl eigener Allmacht, suchten sie aus dem Bedürfnis nach Lob und Anerkennung die avisierten Tötungsquoten zu übertreffen.

Forschungsauftrag: Mord

Die Ausrottungsspezialisten waren auf verschiedenen Ebenen tätig: Vordenker und Ideologen – eine Elite hochausgebildeter Spezialisten mit dem Bestreben, im Dienste des Volkes einen neuen Menschen zu schaffen – erdachten und planten in den Zentralen und Stäben die Methoden, mittels derer ihre abartige Vision von der Gesundung des deutschen Volkes durch Ausmerzung der minderwertigen Elemente, d. h. der rassischen Verunreinigungen in die Tat umgesetzt werden sollte. Es ging darum, eine von Grund auf neue, starke und siegreiche »arische Herrenrasse« heranzuzüchten. Die Nazi-Diktatur bot endlich Gelegenheit, die aus dem 19. Jahrhundert stammenden sozialdarwinistisch-eugenischen Ideen einer radikalen Auslese zu realisieren, angefangen von der oben geschilderten gutachterlichen Selektion vermeintlich lebensunwerter Kranker bis hin zur Ermordung der jüdischen Bevölkerung. Diese Planer haben den Massenmord vom Schreibtisch aus betrieben und wahrscheinlich ebenso wenig persönlich Hand an jemanden gelegt wie die vielen beflissenen Mithelfer und Organisatoren im Verwaltungsapparat vom Typ eines Adolf Eichmann. Eine spürbare Ablehnung der nationalsozialistischen Rassen- und Eroberungspolitik gab es allerdings auch in breitesten Kreisen der Bevölkerung nicht, obgleich Adolf Hitler seine monströsen Ausrottungs- und Vernichtungspläne keineswegs verschwieg. Seinem diabolischen Agitator Joseph Goebbels jubelten bei Ankündigung des »totalen Krieges« Tausende zu.

Die mitwirkenden Ärztinnen und Ärzte verknüpften die Mordaktionen auch mit speziellen Forschungsinteressen wie beispielsweise Carl Schneider, Psychiatrie-Ordinarius aus Heidelberg. Andere – wie Werner Heyde, Psychiatrieprofessor in Würzburg, oder Herrmann-Paul Nitsche, Leiter der Heilanstalt Sonnenstein – trieb eine »Erlösungsidee«, in der sich die Fiktion von der »Gewährung des Gnadentodes« mit rassenideologischen Vorstellungen vermischte. Als besonders fanatische Täter sind sie hier stellvertretend für alle anderen genannt, die sich aus ähnlichen dubiosen gesundheitspolitischen Motiven wie auch speziellen persönlichen Interessen an der Euthanasie, dem Probelauf für den Holocaust, beteiligten. Zahlreiche willige Helfer hielten aus Strebertum, Opportunismus, Karrieredenken und Nützlichkeitserwägungen das Räderwerk der Vernichtung eilfertig in Bewegung.

Das gigantische Vernichtungsprogramm der Nazis war nur möglich aufgrund einer reibungslos funktionierenden, bürokratischen Maschinerie, in der nichts dem Zufall überlassen blieb. Ein Stab von fleißigen und folgsamen Organisatoren war mit Akribie und Pünktlichkeit darauf bedacht, zunächst das Euthanasievorhaben, sodann den Holocaust, d. h. die Vernichtung von rund sechs Millionen europäischen Juden planmäßig abzuwickeln. Hierzu gehörten die maximierte Erfassung, Entrechtung, Beraubung, Deportation und schließlich Liquidierung der Menschen in den Konzentrations- und Vernichtungslagern.

Die NS-Führungselite entstammte zumeist kleinbürgerlichen Verhältnissen. Beruflich oft gescheitert, suchten sie nach dem Ersten Weltkrieg eine neue Orientierung im deutschnationalen Lager, wurden Mitglieder der Freikorps und schlossen sich früh der Nazipartei Hitlers an. Aufgrund ihrer bedingungslosen Gefolgschaft machten sie rasch Karriere, wobei folgende Charaktereigenschaften von Vorteil waren: eine gehorsam-bürokratische Zwangsnatur, Suggestibilität und Manipulierbarkeit zum Zweck der problemlosen Instrumentalisierung, ein hohes Maß an Identifizierung mit einer starken Autorität, das Gefühl, einer Elite anzugehören, und die Fähigkeit zu emotionsloser Härte und Brutalität im »Dienst der Sache«, d. h. für den Führer und für ein neues deutsches Reich.

Nennenswerte Schuldgefühle zeigten die NS-Täter auch nach dem Zusammenbruch des Nazi-Regimes nicht. Dr. Valentin Faltlhauser beispielsweise, einer der Hauptverantwortlichen für die Kinderermordungen in den Fachabteilungen Kaufbeuren und Irsee, wo Hunderte durch Tabletten, Spritzen und Nahrungsentzug getötet wurden, bezog sich auf sein ärztliches Gewissen, demzufolge er aus Barmherzigkeit und Pflichtgefühl in der Absicht gehandelt habe, die Kinder von ihrem Leiden zu befreien. Das Gericht begründete das Urteil – drei Jahre Haft – u. a. mit dem Mitleidsmotiv. Die Strafe wurde nie vollstreckt; 1954 erfolgte die endgültige Begnadigung durch den bayrischen Justizminister wegen Haftunfähigkeit. Faltlhauser war im Übrigen Erfinder der »E-Kost«, einer fett- und kohlehydratfreien Steckrübensuppe, die innerhalb von drei Monaten zum Hungertod führte.

Alle späteren Bemühungen, die teuflische Verquickung von Person, Ideologie und Apparat psychologisch zu erklären – etwa als Ausdruck von Persönlichkeitsspaltung, Verblendung, Machtgier –, waren letzten Endes unbefriedigend. Es bleibt das verstörende Unbehagen daran, dass sich hinter der Fassade scheinbar normal-menschlichen Denkens und Verhaltens Abgründe einer Persönlichkeitspathologie verbergen können, die bei entsprechender Konstellation der äußeren Verhältnisse alle Konventionen von Mitmenschlichkeit, Anstand und Moral außer Kraft setzen.

Im Gegensatz zu den Planern, Organisatoren und Verwaltern haben die Akteure in den Anstalten und KZ-Lagern auch selbst Hand angelegt. Sie betrachteten ihre Opfer als pure Forschungsobjekte, als Nichtmenschen, mit denen wie mit bloßem Versuchsmaterial nach Belieben verfahren werden konnte. Begeistert von den durch keine Beschränkungen beeinträchtigten Experimentiermöglichkeiten, die normalerweise in keinem

Tierlabor erlaubt gewesen wären, waren den pseudowissenschaftlichen Fantasien keine Grenzen gesetzt, sofern sie gegenüber dem obersten SS-Führer Heinrich Himmler als für die Volksgemeinschaft nützlich deklariert wurden. So wurden die so gut wie immer tödlich verlaufenden Menschenversuche in den Konzentrationslagern und SS-Krankenhäusern ohne jedes Mitempfinden mit steriler, wissenschaftlicher Distanziertheit durchgeführt. Es wurde kaltblütig, quasi geschäftsmäßig gemordet, nachdem die ausgesonderten Häftlinge – Frauen und Männer – zuvor entsetzlichen Qualen ausgesetzt waren. Sie wurden ohne Betäubung bestrahlt, sterilisiert, amputiert, angebrannt, beschossen, verstümmelt und ausgekühlt oder mit Fleckfieber-, Malaria-, Gasbrand-, Gelbsucht-, Tuberkulose- und Eitererregern infiziert. Es gab letale Experimente mit Sauerstoffentzug, Kampfgiften, Drogen, Medikamenten oder durch Verabreichung von Meerwasser oder auszehrender Spezialkost. Mit der ungeduldig erwarteten Obduktion wurde bisweilen begonnen, bevor der Tod eingetreten war. Das Böse hatte mitten im humanistisch-christlichen Abendland in einem Ausmaß Platz genommen, das sich jeder angemessenen Beschreibung entzieht.

KZ-Ärzte wie Dr. Josef Mengele verrichteten im Hochgefühl eigener, gottähnlicher Stärke, Überlegenheit und Macht in Auschwitz, Buchenwald, Hohenlychen, Natzweiler und Ravensbrück als ehrgeizige, erbarmungslose »Wissenschaftler« unter Missachtung des Hippokratischen Eides ihr grausiges Handwerk – Priester am Altar der Menschenopfer. Jeder von ihnen hat in der Chronik kaltblütigen Mordens seinen eigenen, indivudellen Eintrag hinterlassen. Prof. Karl Gebhardt, oberster SS-Kliniker, Chefarzt des SS-Lazaretts Hohenlychen in der Uckermark und Leibarzt Himmlers, bedankte sich noch während des Nürnberger Prozesses 1947 »für die großen Chancen«, die ihm das Dritte Reich auf ärztlichem Gebiet gegeben und die er genutzt habe.

Der Straßburger Anatomieprofessor August Hirt, SS-Hauptsturmführer, beabsichtigte, eine jüdische Skelettsammlung anzulegen, und wandte sich, wie anlässlich des Nürnberger Prozesses öffentlich wurde, daher im Februar 1942 wie folgt an Heinrich Himmler:

»Von nahezu allen Rassen und Völkern sind umfangreiche Schädelsammlungen vorhanden. Nur von den Juden stehen der Wissenschaft so wenig Schädel zur Verfügung, dass ihre Bearbeitung keine gesicherten Ergebnisse zuläßt. Der Krieg im Osten bietet uns jetzt Gelegenheit, diesem Mangel abzuhelfen. In den jüdisch-bolschewistischen Kommissaren, die ein widerliches, aber charakteristisches Untermenschentum verkörpern, haben wir die Möglichkeit, ein greifbares wissenschaftliches Dokument zu erwerben, indem wir ihre Schädel sichern. Die praktische Durchführung der reibungslosen Beschaffung und Sicherstellung dieses Schädelmaterials geschieht am zweckmäßigsten in Form einer Anweisung an die Wehrmacht, sämtliche jüdisch-bolschewistischen Kommissare in Zukunft lebend sofort der Feldpolizei zu übergeben … Der zur Sicherstellung des Materials Beauftragte … hat eine vorher festgelegte Reihe fotografischer Aufnahmen und anthropologischer Messungen zu machen und Herkunft, Geburtsdaten und andere Personalangaben festzustellen. Nach dem danach herbeigeführten Tode des Juden, dessen Kopf nicht verletzt werden darf, trennt er den Kopf vom Rumpf und sendet ihn in einer Konservierungsflüssigkeit in eigens zu diesem Zweck geschaffenen Blechbehältern zum Bestimmungsort.«

In der Folgezeit wurden ca. 150 Gefangene in Auschwitz aussortiert, davon 86 Ende Juli 1943 in das elsässische Lager Natzweiler-Struthof transportiert, wo auch Menschenversuche mit Kampfgasen vorgenommen wurden. Sie wurden wenige Tage später mit Cyanidgas vergiftet und in der Anatomie der Reichsuniversität Straßburg in speziellen Becken konserviert. Die Ermordeten – der jüngste ein 17-jähriger Norweger – stammten aus acht europäischen Ländern. Beim Vormarsch der Alliierten wurden die Leichen größtenteils zerstückelt und verbrannt. Professor Hirt, nach Tübingen geflüchtet und dann untergetaucht, erschoss sich im Juni 1945 im Schwarzwald.

Manche der ärztlichen »Herrenmenschen« – zu Hause geduldige und fürsorgliche Familienväter – flanierten in gebügelter Uniform oder im weißen Kittel durch das entsetzliche KZ-Inferno, umgeben von einer Aura beinahe göttlicher Unnahbarkeit und Unerreichbarkeit. Josef Mengele, als absoluter Herr über unzählige Schicksale in Auschwitz eine fast mythische Gestalt zwischen der Welt der Lebenden und Toten, war eine solche elegante Erscheinung: gut aussehend und gepflegt, ein höflicher, wohlerzogener und kultivierter Mann, der nach Rasierwasser duftete. Mit souveräner Routine wies er den Ankömmlingen auf der Rampe mit seiner Reitgerte wie ein Orchesterdirigent schweigend, gelassen und ohne Hast nach links oder rechts den Weg – direkt ins Gas oder in die Warteschleife allmählicher Zermürbung durch Fronarbeit, Krankheit und Hunger. Wenn er die Häftlinge zwecks Begutachtung an sich vorbeidefilieren ließ, machte er bisweilen scherzhafte Bemerkungen oder pfiff gutgelaunt eine Operettenmelodie vor sich hin, während er den Daumen nach unten senkte. Seinen stets in tödlicher Bedrohung lebenden Sklaven im Labor zeigte er neben kühler Arroganz oder ärztlicher Neugier bisweilen gänzlich überraschende, winzige Anwandlungen einer gönnerhaften Attitüde.

Mengele war in Auschwitz, wo er nach seiner Rückkehr aus dem Russlandfeldzug seit 1943 tätig war, die Verkörperung des Bösen schlechthin. Seine diesbezügliche Legende untermauerte er durch die Inszenierung eines Wissenschaftsbetriebs und durch gleichzeitige Mystifizierung seines mörderischen Handelns. Aus seiner pseudowissenschaftlichen Arbeit zog er seinen Äußerungen zufolge große Befriedigung. Er war ein leidenschaftlicher Forscher, wobei ihn besonders kleinwüchsige Menschen und Zwillingsgeschwister interessierten, die er nach Eintreffen der Transporte sorgfältig separierte. Nach den Untersuchungen, die Mengele mit Konzentration und Hingabe selbst durchführte, wurden die Kinder und Jugendlichen meistens direkt getötet und seziert; Organteile und Gewebeproben wurden an das Kaiser-Wilhelm-Institut für Anthropologie, menschliche Erblehre und Eugenik nach Berlin-Dahlem geschickt.

Mengele wurde wie viele andere Nazi-Täter nicht zur Rechenschaft gezogen. Nach Kriegsende arbeitete und lebte er zunächst unter falschem Namen vier Jahre lang auf einem bayerischen Bauernhof. 1949 floh er nach Argentinien, von seiner Familie aus Günzburg weiterhin unterstützt. 1959 wechselte er über Uruguay und Paraguay nach Brasilien, wo er 1960 an den Stadtrand von Sáo Paulo zog. 1979 ertrank er – wohl infolge eines Schlaganfalls – 67-jährig beim Baden im Meer. Er blieb zeitlebens überzeugter Nationalsozialist; seine Taten hat er nie bedauert.

Verherrlichung von Gewalt

An die alltäglichen Präsentationen von Mord und Totschlag im Fernsehen haben sich die meisten Menschen gewöhnt, und es ist dadurch wohl zu einer gewissen Abstumpfung gegenüber den gezeigten Gräueltaten gekommen – in der psychologischen Wissenschaft als Vorgang der Habituation bekannt. Dies kann jedoch kein Grund für eine Verharmlosung der visuellen Negativeinflüsse sein, vor allem im Hinblick auf psychisch labilere, vielleicht ohnehin zu Grenzüberschreitungen neigende Personen. Untersuchungen haben nämlich gezeigt, dass aggressiv gestimmte Heranwachsende bzw. solche mit größerem Aggressionspotenzial im Vergleich zu friedlicheren Gleichaltrigen Sendungen mit Gewaltdarstellungen bevorzugen. Zusätzlich problematisch ist, dass Kinder bis zum Schulalter Fiktion und Realität noch nicht eindeutig unterscheiden können, umso weniger, je realistischer die abgebildeten Situationen wirken. Außerdem wird Gewalt gerade von Jüngeren durchaus als berechtigtes Mittel zum Zweck angesehen, wenn es letzten Endes um den »Sieg des Guten« geht. Abgesehen davon scheinen sich Kinder, die reichlich und ohne Beaufsichtigung mit Gewalt im Fernsehen konfrontiert werden, aggressiver zu verhalten als solche, die nur kontrolliert bzw. unter elterlicher oder pädagogischer Aufsicht fernsehen dürfen. Fazit: Je positiver die Vorbilder, stabiler die Wertvorstellungen, gelungener die Sozialisation und ausgeglichener die persönliche Disposition, desto geringer die Gefahr einer Überschreitung der Schwelle zu realer Gewalt bei regelmäßigem Fernsehkonsum.

Psychologische Tests ergaben Hinweise darauf, dass Gewaltvideos bzw. Computerspiele im Gegensatz zu friedlichen Darstellungen stärkere Stressreaktionen mit vermehrter Ausschüttung der Botenstoffe Kortisol und Dopamin hervorrufen, die eine wichtige Rolle bei der Konsolidierung von Gedächtnisinhalten im Gehirn spielen. Dies hat zur Folge, dass zuvor erworbenes Wissen weniger stabil und nachhaltig im Gedächtnis abgespeichert werden kann. Abgesehen davon gilt für Kinder und Jugendliche, dass regelmäßiges, stundenlanges Sitzen vor dem Bildschirm zwangsläufig zu mentaler Verödung führt, weil wichtige Entwicklungspotenziale für sensorische, motorische, musische und soziale Fähigkeiten und Fertigkeiten mangels Training verkümmern. Obendrein begünstigen die kurzen, rasch aufeinanderfolgenden Bildsequenzen und Szenenwechsel Konzentrations- und Aufmerksamkeitsmängel sowie Schlafstörungen.

In Deutschland ist die Verherrlichung von Gewalt via Printmedien, Rundfunk, Fernsehen und Internet verboten. Laut § 131 des Strafgesetzbuches macht sich strafbar, wer grausame oder sonst unmenschliche Gewalttätigkeiten gegen Menschen oder menschenähnliche Wesen in einer Art schildert, die eine Verharmlosung oder gar Glorifizierung solcher Gewalttätigkeiten ausdrückt oder die das Grausame oder Unmenschliche des Vorgangs in einer die Menschenwürde verletzenden Weise darstellt. Zudem können gewaltverherrlichende und gewaltverharmlosende Beiträge von der Bundesprüfstelle für jugendgefährdende Medien auf den Verbotsindex gesetzt werden. Inzwischen gibt es auch europaweit Initiativen der Justiz- und Innenminister, Produktion und Vertrieb von Gewaltvideos strenger zu überwachen und den Rahmen gesetzlicher Sanktionen zu harmonisieren. Auf jeden Fall geht man davon aus, dass es eine Korrelation zwischen Gewaltbereitschaft und Gewaltdarstellungen gibt.

Inwieweit die neuen Medien Einfluss auf Denken, Erleben und Verhalten künftiger Generationen, vor allem deren psychosoziale Kompetenzen haben, wird sich zeigen. Derzeit sind wir Zeugen der Folgeerscheinungen eines freiwilligen Massenexperimentes unter dem Einfluss einer antipädagogischen Ideologie der 1970er und 1980er Jahre, von der oben bereits die Rede war. Immer wieder wurden solche edukativ-soziologischen Feldversuche in großem Stil gestartet, insbesondere in totalitären Systemen, wo die Erziehung und Prägung der Untertanen möglichst früh in eine gesellschaftspolitisch erwünschte Richtung gelenkt werden sollte. Beispiele hierfür sind die parteipolitisch konzipierte und kontrollierte Jugendorganisation »Hitler-Jugend« (HJ) während der Nazi-Diktatur und die »Freie Deutsche Jugend« (FDJ) im SED-Staat, in denen jeweils versucht wurde, die Unterscheidung zwischen dem guten (Volks-)Genossen und dem bösen (Klassen-)Feind frühzeitig zu implementieren, einschließlich der notwendigerweise damit verbundenen Kampfbereitschaft. Als wohl bislang umfangreichste Indoktrination aller Zeiten ist die gigantische chinesische Kulturrevolution mit Millionen Studenten und Schülern in der Volksrepublik China anzusehen, die als »Rote Garden« von Mao Zedong bzw. dessen Frau zwischen 1966 bis 1976 dazu instrumentalisiert wurden, Maos bröckelnde Macht durch Terrorisierung und Ausschaltung kritischer Intellektueller zu stabilisieren.

Die in Kapitel 4 beschriebenen Amokläufe an den Schulen in Erfurt und Emsdetten und andere Verbrechen wie die Ermordung eines zwölfjährigen Mädchens durch einen als Skelett verkleideten Jugendlichen – »Maskenmörder« genannt – im bayerischen Gersthofen 2002 waren Anlass zu heftigen Debatten über den Einfluss und die Rolle gewaltverherrlichender Videofilme und Computerspiele, nachdem bekannt geworden war, dass die Täter regelmäßige Konsumenten solcher Gewaltdarstellungen waren. Bei Umfragen sprachen sich zwei Drittel der Deutschen für ein Verbot von elektronischen Killerspielen aus.

Dieses Thema war in den 1980er Jahren erstmals in das öffentliche Blickfeld geraten, nachdem das Computerspiel *Kommando* (später umbenannt in *Invasion*) auf den Markt gekommen war. Es ging darum, mit einer vom Spieler gesteuerten Figur eine möglichst große Zahl feindlicher Soldaten zu töten. In die Kritik gerieten auch Videos wie *Fight Club*, *Predator* oder *Desperado* und sogenannte Ego-Shooter-Spiele wie *Final Fantasy*, *Counter Strike*, *Return to Castle Wolfenstein*, *Half-Life*, *Quake* oder *Hitman*. Bei letzteren handelt es sich um Spiele, in denen die Angriffe auf monströse Gegner mit Hilfe wirkungsvoller, futuristischer Kampfwaffen aus der Ich-Perspektive wahrgenommen und gesteuert werden, wodurch die Rolle des Aggressors eingenommen wird.

Dank wachsender Rechnerleistungen und verbesserter Bildschirmauflösung können die Kampf- und Kriegsszenarien immer realistischer dargestellt werden, so dass der Spieler mental in der Lage ist, sich auf dem virtuellen Kampfplatz mehr und mehr mit dem Zerstörer zu identifizieren. Besondere Verbreitung fand das 1990 in Japan für die Playstation Nintendo konstruierte Spiel *Final Fantasy*, von dem bislang 13 Fortsetzungen aufgelegt wurden. Hier sollen vier Krieger, »Kämpfer des Lichts«, die Erde vor dem Untergang retten, indem sie das Licht der Kristalle erneuern. 1996 erschien die erste der bisher vier Folgen von *Quake*, in dem der Ego-Shooter eine dämonische Macht mit übernatürlichen Kräften besiegen soll. *Hitman* ist ein Computerspiel, in dem Nr. 47, ein im Genlabor erschaffener Glatzkopf, als Auftragskiller für Geld emotionslos und gezielt tötet. Das Spiel wurde ebenso wie dessen Nachfolger im Jahr 2000 auf den Index gesetzt. In *Half-Life* wird der Spieler zur Figur des Physikers Friedman, dessen geheime Forschungsarbeit in einem Testlabor gewalttätige Kreaturen schafft, die nunmehr durch Spezialkommandos liquidiert werden müssen. In *Manhunt* geht es um einen zum Tode verurteilten Gewalttäter, der die Chance bekommt, durch immer brutalere Verbrechen in die Freiheit zu gelangen. Dieses Thema wurde bereits in dem 1993 erstmals veröffentlichten Spiel *Doom* behandelt, in dem der Spieler mit allerlei Waffen von der Kettensäge bis zum Raketenwerfer auf einer Mondstation Kreaturen der Hölle ausschalten soll. Auch von *Doom* gibt es inzwischen Fortsetzungen bis *Doom 3* aus dem Jahr 2004. Ebenfalls 2004 erschienen *Unreal Tournament* mit Schaukämpfen in einer Art Arena und *Far Cry* mit gewalttätigen Exzessen eines ehemaligen US-Mariners und Mutanten auf einer Insel.

Als vorerst letzter Teil eines sehr erfolgreichen Rollenspiels, das via

Internet von Zehntausenden gleichzeitig gespielt wird, kam im Jahr 2007 die jüngste Fortsetzung der *War-craft*-Reihe unter dem Namen *Burning Crusade* in den Handel. In der Fantasiewelt *Atzeroth* befindet sich die »gute Allianz« in unentwegtem Kampf gegen die »böse Horde« – letztere verkörpert durch die üblichen modernen Stereotypen der bösen Mächte: Untote, Orks, Monster in Tiergestalt, Trolle und Blutfeen. Ebenfalls 2007 erschien der dritte Teil von *Halo*, einer seit 2001 weltweit millionenfach verkauften Ego-Shooter-Reihe, in dem der Held (»Master Chief«) zurückkehrt, um in einer Entscheidungsschlacht im Weltraum die Erde gegen die bösen »Brutes« und den hinterhältigen »Propheten der Wahrheit« zu verteidigen und die Menschheit vor der endgültigen Vernichtung durch die »Covenants« zu bewahren. In den 1990er Jahren erschien mit *Laserdrom* eine neue Generation von elektronischen Spielen, in denen bewaffnete Auseinandersetzungen zwischen einzelnen, realen Spielern oder Teams stattfinden. In speziellen Räumen oder gesicherten Freizeitanlagen wird ein Schusswechsel mit Infrarot-Pistolen ausgetragen, bei dem die Beteiligten Ganzkörperanzüge mit Sensoren tragen, mittels derer die jeweiligen Treffer registriert werden. Sieg oder Niederlage werden aus der Gesamt-Trefferzahl von Freund und Feind errechnet. In der harmloseren Variante *Paint Ball* wird lediglich mit Farbmunition auf Gegner geschossen.

Gegner und Befürworter der Computer- und Videospiele streiten darüber, ob und wieweit diese Animationen, für die in Deutschland bislang schätzungsweise über eine Milliarde Euro ausgegeben wurden, Auslöserfunktionen für tatsächliche Gewalttaten haben können. Auf der einen Seite wird auf eine mögliche präventive Wirkung des Spielens hingewiesen, das ein Gewaltpotenzial auf harmlose Weise abbauen könne. Demgegenüber befürchten die Gegner nicht nur eine Abstumpfung und Desensibilisierung gegenüber Gewalt, sondern sogar eine Stimulation von Aggressionsimpulsen. Selbst die Bundesärztekammer sah sich auf dem 102. Deutschen Ärztetag im Jahr 1999 in Cottbus zu einer Stellungnahme mit der eindringlichen Mahnung an Politik und Medien veranlasst, die ausufernde Darstellung und Verherrlichung von Gewalt zu unterbinden; die exzessive Präsentation von Gewalt in den Medien führe in der Bevölkerung zunehmend zu einer Senkung der Hemmschwelle gegenüber körperlicher und seelischer Gewaltanwendung. Als besonders verheerend wurde der Einfluss auf gruppendynamische Prozesse bei Kindern und Jugendlichen angesehen, der bevorzugten Zielgruppe entsprechender Filme, Fernsehsendungen und Videospiele – ein Viertel bis ein Drittel aller Spieler sind unter 18 Jahre alt.

Bisherige Recherchen ergaben zwar kein einheitliches Bild, es scheint jedoch festzustehen, dass – wie oben bereits angedeutet – Menschen mit von Natur aus höherem Aggressionspotenzial eher zu Gewalttaten animiert werden. Demnach wären unzufriedene, vereinsamte, isolierte Spieler mit destruktiven Phantasien, die ohnehin an Streit und Zerstörung Gefallen finden und sich mit Aggressoren identifizieren, als Risikopersonen einzuschätzen. Nach psychopathologischen Kategorien wären dies am ehesten Menschen, die zu Persönlichkeitsstörungen vom dissozialen oder Borderline-Typ neigen. Fatal wirkt sich in diesem Zusammenhang eine wechselseitige Rückkopplung aus: Aggressive Spiele erhöhen die Aggressivität der Spieler, die wiederum an solchen Spielen Gefallen finden.

Testpsychologische und kernspintomografische Untersuchungen an jungen Videospielern, die teils an ein gewaltfreies Spiel gesetzt wurden, teils an einen Ego-Shooter, zeigten, dass nach dem Gewaltvideo die Regionen für Selbstkontrolle und Hemmung im Vorderhirn deutlich weniger effektiv arbeiteten, während entwicklungsgeschichtlich ältere Zentren in den Mandelkernen hochaktiv waren. Letztere dienen der emotionalen Verarbeitung von Eindrücken und Erlebnissen. Bei dem gewaltfreien Spiel verhielt es sich umgekehrt; hier dominierte die kognitive Steuerung, d. h. das Frontalhirn war sozusagen »Herr der Situation«. Diese Ergebnisse ähneln denen, die – wie dargestellt – von der Hirnforschung auch bei Untersuchungen an Gewalttätern gefunden wurden.

Präventionsmaßnahmen sollten allerdings berücksichtigen, dass jugendliche Spieler sich meistens nicht grundlos in die virtuelle Welt von Gewalt und Zerstörung zurückziehen. Sie kehren häufig der realen Welt frustriert und entmutigt den Rücken, weil sie sich zum einen den Anforderungen der Leistungsgesellschaft an Cleverness, Durchsetzungsvermögen und Profilierungsfähigkeit nicht gewachsen fühlen, zum anderen Anerkennung und Lob vermissen, vielleicht sogar als blass-unscheinbare Person gar nicht richtig wahrgenommen werden. Im Spiel hingegen sind sie die glorreichen, unbesiegbaren und bewunderten Helden – Groll, Wut und Hoffnungslosigkeit des grauen Alltags lassen sich dadurch in den Hintergrund schieben. Doch geraten die Spieler dadurch noch mehr ins Abseits.

Tierquälerei

Menschen quälen und töten nicht nur ihresgleichen aus purer Lust, sondern auch hilflose Tiere. Während die Tötung von Tieren bei der Jagd, im Schlachthaus oder bei Tierversuchen wenigstens unter Vermeidung eines längeren Todeskampfes vollzogen wird – zwar mit bisweilen zweifelhaften Argumenten, so doch mehr oder weniger »professionell« –, dienen Tierkämpfe der Unterhaltung wie ein Sportereignis. Ein besonders trauriges Beispiel ist das organisierte Spektakel des Stierkampfes in Spanien und Südfrankreich. Dass ein derart archaisch-primitiver Kult sich im modernen Europa erhalten konnte, bleibt unbegreiflich, zumal bereits Papst Pius V. im Jahr 1567 die Teilnahme an einem Stierkampf mit dem Kirchenausschluss sanktioniert hatte. Seit Napoleons Bruder Joseph Bonaparte während seiner Amtszeit als König von Spanien 1801–1813 wieder dieses grausame Zeremoniell erlaubte, gilt die »Corrida de toros« bzw. »Course des taureaux« als besondere gesellschaftliche Attraktion, die sogar von Ernest Hemingway in seinem 1926 erschienenen Roman *The Sun also Rises* (deutsch:»Fiesta«) als Ausdruck von Männlichkeit, Mut und Macht literarisch aufgearbeitet wurde.

Besonders abstoßend erscheinen bereits die Vorbereitungen des grausamen Schauspiels: Den eigens für den »Kampf« herangezüchteten und ausgewählten Tieren werden vor dem Kampf die Hörner gekürzt, die Augen mit Vaseline bestrichen, der Geruchssinn durch ein Spray ausgeschaltet, die Nüstern mit Watte verstopft, Holzstücke zwischen die Klauen geklemmt und die Hoden mit Nadeln gestochen. Während der viertel- bis halbstündigen Darbietung werden die Stiere mit Lanzenstichen traktiert. Der Matador, der dem völlig erschöpften Tier schließlich mit ringsum bewunderter Eleganz den ritualisierten Todesstich in das Genick versetzt, wird wie ein Held umjubelt; seine Profession genießt hohes Ansehen.

Trotz der hohen Beliebtheit des Stierkampfes – jährlich finden in Spanien rund 2000 dieser Veranstaltungen mit ca. 40 000 Stieren vor Millionen Zuschauern in den Arenen und vor dem Fernseher statt – gibt es allerdings zunehmend Widerstand gegen diese unrühmliche kulturelle Tradition. Im Jahr 2004 bezeichnete der Stadtrat von Barcelona den Stierkampf in einer Resolution als »grausame Praxis«, und die katalanische Provinzregierung wurde aufgefordert, ihn zu verbieten. Nach wie vor finden jedoch weiterhin Kämpfe statt.

Diese Tierquälerei belegt nicht etwa einen besonders grausamen Charakter der spanischen Nation, zumal sich alljährlich mehr Touristen als Einheimische in der Arena einfinden. Die Corrida ist vielmehr ein Indiz für eine dem Menschen eigene und anscheinend nur schwer zu korrigierende moralische Deformation, die unter dem Dach einer hundertjährigen Tradition gepflegt wurde. Dem begeisterten Zuschauer ist wahrscheinlich gar nicht bewusst, einer als kulturelles Ritual ausgegebenen, aufwendig inszenierten Vernichtung von Leben beizuwohnen, die als Nervenkitzel nichts anderem als einem erregenden Zeitvertreib dient.

Weitere Beispiele sind die mit Wetten verbundenen Hunde- und Hahnenkämpfe in Südeuropa, Asien und Lateinamerika, bei denen die Tiere darauf abgerichtet werden, sich unter anfeuernden Rufen selbst zu zerfleischen; in Pakistan werden zur Begeisterung der Zuschauer mehrere Hunde auf einen Bären gehetzt, und alljährlich werden in einem Massenabschlachten in Kanada und Japan, zwei hochzivilisierten Ländern, Robben und Delphine erschlagen und abgestochen. Ritualisiertes Töten von Tieren gibt es auch zu magischen Zwecken, etwa in Italien, wo alljährlich Tausende schwarzer Katzen als vermeintliche Unglücksbringer erschlagen oder ertränkt werden. Ein Lichtblick ist die Befreiung der letzten drei Tanzbären aus dem Besitz einer bulgarischen Roma-Sippe im Juni 2007 durch engagierte bulgarische und österreichische Tierschützer. Die Bären waren seit ihrer Kindheit durch qualvolle Dressuren auf Tanzbewegungen abgerichtet und in keiner Weise artgerecht gehalten bzw. gefüttert worden.

Von blutrünstigen Pferde-Rippern auf den Weiden ist gelegentlich in den Zeitungen zu lesen. Im Februar 2007 wurden in Atlanta zwei Jugendliche zu mehrjährigen Haftstrafen verurteilt, weil sie einem Welpen zunächst die Schnauze zugeklebt, ihn dann angezündet und schließlich in einen glühenden Ofen gesteckt hatten.

Tiere werden – trotz der Predigten des Hl. Franziskus von Assisi – mehr oder weniger wie Gebrauchsgegenstände behandelt. Als Sinnbild des Kampfes gegen das Böse wurden und werden sie sogar nach altem Brauchtum verbrannt, erschlagen, zu Tode gehetzt. Ist das Ergötzen der Zuschauer am Todeskampf – offensichtlich unter völliger Ausblendung von Mitleid mit der geschundenen Kreatur – Ausdruck von Abgebrühtheit oder Gleichgültigkeit? Oder entspringt der unwürdige Umgang mit den Tieren der falschen Vorstellung, diese hätten kein Empfinden für Angst und Schmerz? Ohne Zweifel ist davon auszugehen, dass Lebewesen mit einem

Nervensystem, das auch sensorische Reize leitet, nicht nur Berührungen, Wärme und Kälte empfinden, sondern auch komplexere Wahrnehmungen wie Behagen oder Angespanntheit, erst recht Angst und Schmerz verspüren können. Vielleicht verbirgt sich hinter dieser Lust an Tierquälerei die abenteuerliche Einstellung, der Mensch besitze als »Krone der Schöpfung« qua Bestimmung absolute Verfügungsgewalt über alle anderen Lebewesen?

Sensationslust

Das Böse übt eine magische Anziehungskraft aus. Schlagzeilen von Verbrechen und Katastrophen, von Mord und Tragödien erregen stets große Aufmerksamkeit; Boulevardreporter sind mit Schreibzeug, Mikrofon und Kamera als erste am Unglücksort zur Stelle, um – angezogen vom aufregenden Fluidum des Unheils – Material zur Bedienung voyeuristischer Bedürfnisse zu sammeln. Die Hiobsbotschaften sollen in aufgeblasenen Horrorstories unter dem Motto »Sex and Crime« mit größtmöglicher Resonanz unters Volk gebracht werden. Gefragt sind Panikmache statt Pietät, Distanzlosigkeit statt Dezenz.

Grell aufgemachte Geschichten von richtigen Killern, »Mordbestien«, sind gefordert, stets angereichert mit der notwendigen moralischen Entrüstung. Dem bereits referierten, kannibalistischen »Kinderschlächter aus dem Ruhrpott«, dem »Monster vom Rhein« Kroll, widmete die Bild-Zeitung seinerzeit elf Folgen unter der griffigen Überschrift: »Joachim Kroll – wie er lebte und mordete«. Als im März 1997 der »Heidemörder« Thomas Holst, Pazifist und Kriegsdienstverweigerer, Tierschützer und Mitglied im CVJM, eine 40-jährige Beschäftigungstherapeutin aus der Psychiatrischen Klinik Hamburg-Ochsenzoll heiratete, wurde die Hochzeit vom Privatfernsehen und von der Bild-Zeitung in allen Details mit der Frage präsentiert: Was bringt eine Frau dazu, ein Monster zu ehelichen, und warum will umgekehrt dieser Mann gerade jetzt seine Therapeutin heiraten? Holst hatte die Therapeutin – eine studierte Psychologin – während seiner Unterbringung im psychiatrischen Maßregelvollzug kennengelernt, zu dem er 1992 bzw. 1994 verurteilt worden war. Die Frau hatte ihm 1995 zur Flucht verholfen und erhielt dafür eine Freiheitsstrafe auf Bewährung. Holst hatte in seinen Wohnungen 1987 und 1988 drei Frauen vergewaltigt, gequält, erdrosselt und verstümmelt und sich Ende Dezember 1995 freiwillig in Hamburg der Polizei gestellt. Seinen späteren Antrag auf »Vollzug der Ehe« in der Hamburger forensischen Klinik lehnte das Gericht ab.

Die spektakuläre Darstellung von Gewalttaten in den Medien erzeugt beim Leser, Hörer oder Zuschauer eine morbide Mischung aus Abscheu und Neugier, Verstörung und Faszination. Trotz einer gewissen Gewöhnung an die alltäglichen Darstellungen von Gewalt und Zerstörung im Fernsehen erwecken Morde und andere Verbrechen nicht nur immer wieder die öffentliche Aufmerksamkeit, sondern scheinen darüber hinaus auf befremdliche Weise das Interesse bestimmter Menschen – jenseits tatsächlichen oder behaupteten »therapeutischen Engagements« – auf sich zu ziehen.

Bisweilen umgibt die Bösewichter eine mysteriöse, geheimnisumwitterte Aura, eine Widerspiegelung des zutiefst Abgründigen im Menschen, das gleichzeitig anlockt und schaudern lässt. Zu allen Zeiten drängte sich wie bei einem Volksfest neugieriges Publikum um Galgen, Schafott und Scheiterhaufen. Hinrichtungen wurden früher oftmals begeistert kommentiert, die Henker, mit denen sich gewiss manche Zuschauer identifizierten, angefeuert, manchmal auch beschimpft, wenn eine Enthauptung nicht mit dem ersten Streich »sauber« gelang. In Deutschland war im Übrigen die Enthauptung mit dem Richtbeil bis 1935 in Gebrauch, ehe die Nazi-Richter zur Ausschaltung politischer Gegner etwa 10 000 Oppositionelle per Guillotine exekutieren ließen.

Der Autor Eric Ambler (1090–1998) schrieb, dass in London bei einer öffentlichen Hinrichtung bis zu deren Abschaffung 1868 bis zu 20 000 Menschen zusammenströmten. Nachdem der Schriftsteller und Sprachforscher Samuel Johnson (1709–1784) sich in England gegen das Vorhaben ausgesprochen hatte, die Fahrten zur Richtstätte abzuschaffen und die Exekutionen im Gefängnis zu vollziehen, blieb es vorerst bei dem Schauspiel. Er argumentierte, dass deren hauptsächlicher Zweck sei, Zuschauer anzulocken und gleichzeitig abzuschrecken. Die anonymen Gaffer kamen weiterhin auf ihre Kosten, konnten sie doch Selbstgerechtigkeit, Befriedigung, vielleicht auch Schadenfreude genießen – das erhebende Gefühl, ein besserer Mensch zu sein als die Elendsgestalt dort auf dem Schinderkarren.

Massenmörder, Serienkiller und Terroristen werden nicht selten zu Kultfiguren, zu Negativhelden, die sich allem Anschein nach aus den Fesseln gutbürgerlicher Sitten und Gewohnheiten – Spießertugenden – befreit haben. In den Gefängnissen einsitzende »prominente« Täter genießen eine

Art Bewunderung; sie werden mehr als jeder andere Delinquent mit Post oder Geschenken bedacht, um Autogramme gebeten, und es wird ihnen bisweilen sogar die Heirat angeboten. Es gibt regelrechte Fangemeinden, erpicht auf Neuigkeiten über ihre Promis, die miteinander per Internet kommunizieren und mit Devotionalien – »Murderabilia« – handeln.

So hat sich beispielsweise während der letzten Jahrzehnte ein regelrechter Kult um den Mordanstifter Charles Manson entwickelt, dessen scheußliche Inspirationen im vorigen Kapitel referiert wurden. Es gibt Bilder und Poster, Anstecker und Aufnäher, Tonbänder und Filme zu seiner Person, seinem Umfeld und seinen Verbrechen. Cover und Titelgeschichte des Magazins *Life* von Dezember 1969 erreichten besondere Bekanntheit. Der abartige Serienkiller Jeffrey Dahmer regte zu Clips und Songs an: Die englische Horror-Deathmetal-Band »Gorerotted« singt *I like what Jeffrey Dahmer did*.

Auch terroristische Täter scheinen eine charismatische Anziehungskraft auszuüben, umso mehr, je verheerender ihre Anschläge sind. Sie kalkulieren diese für sie wichtige öffentliche Resonanz ein, wenn sie durch möglichst spektakuläre Angriffe ihr politisches Anliegen mit der Botschaft zu verbinden suchen, dass sie über kurz oder lang ihre Ziele erreichen werden.

So werden beispielsweise dem derzeit wohl bekanntesten noch lebenden RAF-Mitglied Christian Klar in seinem Bruchsaler Gefängnis nach wie vor Beachtung, Anerkennung und Bewunderung zuteil, gewiss nicht nur wegen seiner politischen Überzeugungen, sondern vielleicht mehr noch wegen seiner Bekanntheit. Klar erhält reichlich Post und regelmäßig Besuch, gab 2001 ein aufsehenerregendes Fernsehinterview und pflegt Kontakte zur Sympathisantenszene. Am »Aktionstag 18. März« wird regelmäßig seine Freilassung wegen der zu befürchtenden schweren körperlichen und seelischen Schäden gefordert, die Isolationshaft und staatliche Repressionen bei ihm und der ebenfalls mit verurteilten Terroristin Brigitte Mohnhaupt verursacht hätten. Während Mohnhaupt im März 2007 nach 22-jähriger Haft aus der JVA Aichach auf Bewährung entlassen wurde, blieben die Gnadengesuche Klars bislang erfolglos.

Christian Klar, geboren 1952 in Freiburg, studierte 1972 bis 1973 Philosophie und Geschichte an der Universität Heidelberg. Um diese Zeit wurde er politisch aktiv im »Komitee gegen Folter« und mit Protestaktionen für »politische Gefangene«, d.h. für inhaftierte RAF-Mitglieder der ersten

Generation. 1976 schloss er sich selbst der RAF an und ging in den Untergrund. Von da an war Klar an Banküberfällen und Ermordungen prominenter Personen wie des damaligen Generalbundesanwaltes Siegfried Buback, des Arbeitgeberpräsidenten Hanns-Martin Schleyer und Jürgen Pontos, des Chefs der Deutschen Bank, beteiligt. Er wurde 1982 beim Aufsuchen eines Waffendepots im Sachsenwald bei Hamburg festgenommen und 1985 bzw. 1997 wegen neun Morden und elf Mordversuchen zu fünfmal lebenslanger Haftstrafe bzw. wegen besonderer Schwere der Schuld zu 26-jähriger Haft verurteilt, die er derzeit im Gefängnis Bruchsal absitzt. Adelheid Schulz, als Mittäterin ebenfalls im selben Prozess 1985 verurteilt, wurde bereits 1998 wegen Krankheit aus der Haft entlassen.

Im Jahr 1997 erschien der Spielfilm *The Asignment* (»Der Auftrag«) des kanadischen Regisseurs Christian Dugay, ein Spionagethriller. Die Hauptfigur namens Annibal Ramirez verkörpert darin den Terroristen Ilich Ramirez Sánchez, der sich später Carlos nannte. Geboren 1949 in Caracas, studierte er in London und Moskau Physik, Chemie und Marxismus-Leninismus und schloss sich 1970 in Jordanien der 1968 von den Ärzten George Habash und Wadi Haddad gegründeten »Volksfront für die Befreiung Palästinas« (PFLP) an, deren terroristische Auslandsaktivitäten von Haddad gesteuert wurden. Anschließend tötete Carlos im Juni 1975 zwei Polizisten in Paris und organisierte im Dezember 1975 eine spektakuläre Geiselnahme von über 70 Personen in Wien, die drei Menschenleben forderte. Danach machte er erst 1982 wieder von sich reden als Initiator einer Serie von Mordanschlägen in Frankreich. Vermutlich war er auch als Auftragsmörder für den rumänischen Geheimdienst zur Ausschaltung von Regimegegnern tätig. Zu jener Zeit bestanden auch informelle und operative Kontakte zur RAF bzw. zu den Revolutionären Zellen und zur Ost-Berliner Staatssicherheit, wo er unter dem Codenamen »Separat« geführt wurde.

1994 wurde Carlos in Khartum vom Geheimdienst gefasst und nach Frankreich gebracht. Hier wurde er 1997 zu lebenslänglicher Haftstrafe verurteilt. Im Hochsicherheitsgefängnis Clairvaux schrieb er das Buch *Revolutionärer Islam*, in dem er den Terrorismus verteidigt und seine Sympathie für Usama Bin Laden und die Terroranschläge des 11. September 2001 in New York bekundet. Seit 2005 verfasst Carlos, inzwischen mit seiner Anwältin Isabelle Coutaut-Peyre verlobt, unter dem Pseudonym Salim Muhammed Kolumnen für islamistische Medien. Vom Vorwurf einer Verherrlichung des Terrorismus wurde er im März 2007 vom Pariser Berufungsgericht freigesprochen.

Ein historisches Beispiel für Legenden, die sich um besonders mordgierige, brutale Ungeheuer entwickeln, ist der Vampirmythos, der sich um das blutrünstige Treiben der ungarischen Gräfin Erzsébet Báthory (1560–1614) auf Schloss Csejthe im damaligen Nordwesten Ungarns (heute Ruine Cachtice in der Slowakei) rankt. Auch Báthorys Taten wurden später medial aufbereitet. Der Überlieferung zufolge traktierte die der Magie und Hexerei zugewandte Gräfin schon als junge Frau auf sadistische Weise ihre Bediensteten. Nach dem Tod ihres Mannes wurde sie zur bestialischen Serienmörderin. Zwischen 1585 und 1610 verschwanden zahlreiche Mädchen aus der Umgebung, die von der Dienerschaft Báthorys verschleppt und im Schloss gefangengehalten wurden. Dort wurden sie an Ketten aufgehängt, gefoltert, verstümmelt und abgeschlachtet. Nach der Flucht eines Opfers befahl der ungarische König Mathias seinem Provinzstatthalter Graf Thurzo im Jahr 1610 die Erstürmung des herrschaftlichen Anwesens. Seine Truppen fanden zahlreiche Leichen und Leichenteile. Im Keller stießen die Soldaten auf halb verhungerte Mädchen.

Gräfin Báthory war besessen von der fixen Idee, durch Bäder in Mädchenblut ihre jugendliche Schönheit erhalten zu können. Nach einem Prozess im Jahr 1611, bei denen ihr und ihren Helfershelfern über 80 Morde angelastet wurden, wurde sie zur Strafe in einem Turmzimmer ihres Schlosses eingemauert, wo sie dreieinhalb Jahre später starb. Ihre Helfer hingegen wurden teils bei lebendigem Leib begraben, teils verbrannt.

In dem Album *Die blutige Gräfin* ist der vermutete Vampirismus der Frau Báthory von der Gothic-Gruppe »Untote« veröffentlicht worden. Die schwedische Band »Báthory«, Vertreterin der Gothic Black- und Viking-Metal-Richtung, widmete der Gräfin das Lied *Woman of Dark Desires*. Leopold Ritter von Sacher-Masoch (1836–1895), Verfasser zahlreicher pervers-erotischer Schriften, wurde durch die Vampirlegende zu seiner Novelle *Ewige Jugend* in den Erzählungen *Grausame Frauen* inspiriert. Nach ihm ist die sexuell-perverse Variante des Masochismus benannt.

Transportiert und multipliziert wird diese bizarre Mixtur aus Interesse, Nervenkitzel, Sensationsgier, Schaulust und Abwehr – die jeweiligen Anteile der Beweggründe für die Beschäftigung mit dem Horror sind kaum voneinander abgrenzbar – durch geschickte Darstellungen in den Unterhaltungsmedien. Ein Beispiel hierfür ist der Psychothriller *Das*

Schweigen der Lämmer, dessen Drehbuch dem zweiten Teil der Romantrilogie *Hannibal the Cannibal* des amerikanischen Thriller-Autors Thomas Harris folgt. Die Serie, veröffentlicht zwischen 1981 und 1999, besteht aus den Büchern *The Red Dragon* (deutsch: »Der Rote Drache«), *Silence of the Lambs* (deutsch: »Das Schweigen der Lämmer«) und *Hannibal*. Buch und Film *Das Schweigen der Lämmer* handeln von der FBI-Agentin Clarice Starling, die einen psychopathischen Häftling, den Psychiater Dr. Hannibal Lecter, um Hilfe bittet, um den Serienkiller »Buffalo Bill« ausfindig zu machen. Dr. Lecter, dargestellt von Anthony Hopkins, zeigt das zynische Verhalten eines durch und durch abartigen Mörders in einer Weise, die unter die Haut geht. In die Verfilmung wurden Besonderheiten aus dem Aufsehen erregenden Fall des psychopathischen Serienmörders Ed McGein aus Wisconsin eingearbeitet, dessen pathologisches Verhalten gegen Ende seines dritten Lebensjahrzehnts etwa ab 1945 begann – nach dem Tod seiner puritanisch-bigotten, tyrannischen Mutter. Zunächst sammelte er die Häute von weiblichen Leichen, die er auf dem Friedhof ausgrub, um sie zu Dekorationszwecken zu präparieren bzw. als Kleidungsstücke zu tragen. Nachdem ab 1954 mehrere Personen in McGeins Umgebung verschwunden waren, förderte eine Hausdurchsuchung zahlreiche menschliche Organe und Körperteile einschließlich weiblicher Genitalien in seiner Wohnung zutage, darunter zehn zersägte Frauenköpfe und mit Menschenhaut überzogene Lampen und Möbelstücke. Ed McGein starb 1984 nach fünfundzwanzigjährigem Aufenthalt in der Gefängnispsychiatrie. Im Vergleich zu der organisierten Massenverarbeitung von Häuten ermordeter Häftlinge im KZ Dachau zu Geschenkartikeln, Handschuhen, Hosen, Taschen, Lampenschirmen und Bucheinbänden waren seine Produkte allerdings die eines geistesgestörten Dilettanten, die der Filmfigur Buffalo Bill Werke eines perfektionistischen Psychopathen.

Hauptfigur des makabren Films ist der hochintelligente Dr. Lecter, von Beruf forensischer Psychiater. Er wurde infolge traumatisierender Erlebnisse in den Kriegswirren in seiner litauischen Heimat während des Zweiten Weltkrieges zum Mörder mit kannibalistischen Neigungen, nachdem er mit ansehen musste, wie seine Schwester Mischa von marodierenden Milizen getötet und verspeist wurde. Über Frankreich kommt Hannibal Lecter nach Abschluss seines Medizinstudiums an das Krankenhaus der Johns Hopkins Universität Baltimore. Seinen opulenten Lebensstil bestreitet er aus dem Vermögen von Patienten, die er zuvor getötet und von denen er gegessen hat. Nach seiner Festnahme erhält er den Spitznamen »Hannibal der Kannibale«. Psychologische Testuntersuchungen in der psychiatrischen Klinik belegen die Diagnose einer Soziopathie. Später kann Lecter – obgleich an Händen und Füßen gefesselt und mit einer Ledermaske vor dem Gesicht – aus dem Gefängnis fliehen, nachdem er während einer medizinischen Untersuchung nach vorgetäuschter Herzattacke eine Krankenschwester angegriffen hat. Weitere filmische Bearbeitungen befassen sich mit dem Leben Lecters in Florenz, wo er schließlich aufgespürt wird, jedoch wieder in die USA zurückkehren kann. Der letzte Teil der insgesamt vierteiligen Verfilmung erschien unter dem Titel *Hannibal Rising* im Jahr 2007 mit Gaspard Ulliel in der Hauptrolle.

In dem deutschen Film *Das Böse* von Christian Görlitz, einem Psychothriller von 1998, wird weniger unkonventionell, aber umso beklemmender die dramatische Verkettung von Inzest, Kindsmord, Beichtgeheimnis und Selbstmord dargestellt, die unter der Oberfläche kleinstädtischer bürgerlicher Ordnung Abgründe menschlicher Untaten und Konflikte sichtbar werden lässt.

An schwarzer Magie und modernem Satanskult fasziniert der Nimbus des Bösen Jugendliche, die in Teufelsmessen mit obszönen, sexualmagischen rituellen Praktiken christliche Symbole missbrauchen und Luzifer anbeten. Im Dunstkreis des Satanismus hat sich die düstere Gothic-Subkultur etabliert – äußere Kennzeichen: schwarze Kleidung, Metallschmuck mit Emblemen des Todes, Piercing und grell-weiße Schminke. Ihr haftet ein finster-okkultes Flair an. Namen von Heavy-Metal-Gruppen der Szene wie *Bloodbath, Morbid Angels, Death*, oder *Dying Fetus* sprechen für sich. Die Grufti-Szene mit ihrem morbiden Interesse an Friedhöfen macht bisweilen durch Grabschändungen bzw. Diebstählen von Grabschmuck von sich reden, der als Wohnungsdekoration zweckentfremdet wird. Der gemeinsame Nenner all dieser Gruppen in Gefolgschaft von Esoterikern und Satanologen wie Aleister Crowley (1875–1947) ist eine anarchistisch-nihilistische Philosophie und elitär-trotzige Verklärung des Bösen aus einer bewussten Ablehnung allgemein-bürgerlicher Konventionen.

Handelt es sich bei ihren Anhängern um mehr oder weniger verstiegene und skurrile, aber eher harmlose Personen, wird aus den Fantasien von Triebtätern und Lustmördern tödlicher Ernst. Die bizarren sexuellen und/oder gewaltbezogenen Obsessionen übersteigen das menschliche Vorstellungsvermögen. Die Täter berauschen sich an den Leiden der Opfer, an deren Todesangst und Schmerzensschreien, und bisweilen ergötzen sie sich sogar an nekrophilem Missbrauch der Getöteten.

Da der perverse Drang zum Handeln durch die einzelne Tat nur vorübergehend befriedigt wird, werden die meist nach ähnlichem Schema ablaufenden Verbrechen nach gewisser Zeit in der stereotypen Abfolge von Bedrohung, Vergewaltigung, Folter und Tötung wiederholt. Nach kurzfristiger Spannungsabfuhr baut sich nämlich der innere Druck in mehr oder weniger regelmäßigen Abständen bis zur nächsten Entladung wieder auf, sodass es zu einer Kette von Gewalttaten kommt, die erst mit dem Tod oder der Festnahme des Täters endet. Bisweilen werden nach Bekanntwerden der grausigen Untaten latente Mordfantasien anderer potenzieller Täter derart aktiviert, dass Nachahmungstaten mit eigener, individueller fetischistischer, nekrophiler oder kannibalistischer Ausprägung zustande kommen.

Massives öffentliches Interesse erregte seinerzeit der weltweit bekannt gewordene Fritz Haarmann, genannt »Schlächter von Hannover«. Er tötete zwischen 1918 und 1924 mindestens 24 junge Männer, meistens Ausreißer und Strichjungen, die er auf dem Bahnhof ansprach und nach Hause lockte. Er zerstückelte die Leichen mit einem Küchenmesser und einem Beil, nachdem er sich an den Opfern zuvor sexuell vergangen und ihnen dabei die Halsschlagader durchgebissen hatte. Nach seinem Prozess vor dem Landgericht in Hannover wurde er zum Tode verurteilt und am 15. April 1925 mit der Guillotine enthauptet. Seine Geschichte wurde im Jahr 1995 unter dem Titel *Der Totmacher* von Romuald Karmakar mit Götz George in der Hauptrolle verfilmt, wobei den nachgestellten Gesprächen mit dem damaligen psychiatrischen Sachverständigen Prof. Ernst Schultze aus Göttingen in der Zelle Haarmanns ein besonders breiter Raum gegeben wurde. Der jüdische Publizist Theodor Lessing, 1933 von Nazi-Attentätern in Marienbad ermordet, hatte 1925 seine Beobachtungen als Gerichtsreporter im Fall des »Werwolfs« Haarmann veröffentlicht.

Haarmann war bewundertes Vorbild des sadistisch-kannibalistischen Serienmörders Albert Fish, der 1936 im Alter von 66 Jahren auf dem elektrischen Stuhl im Gefängnis Sing-Sing im Staat New York hingerichtet wurde, obgleich er nach psychiatrischer Beurteilung aufgrund extremer psychopathischer Abartigkeit unzurechnungsfähig war. Fish, fasziniert von Haarmann, sammelte alles Mögliche aus dessen Nachlass; auch seine Opfer – mindestens 16 – waren überwiegend jüngere Männer.

Ebenfalls großes Aufsehen erregte der Fall des sadistischen Serienmörders Peter Kürten, dem »Vampir von Düsseldorf«. Bereits als Neunjähriger tötete er zwei Spielkameraden, indem er sie in den Rhein schubste. Im Jahr 1913 begann die Mordserie des inzwischen Dreißigjährigen – nach zwischenzeitlichen Raubüberfällen und Brandstiftungen – damit, dass er einer 13-jährigen Schülerin mit einem Taschenmesser die Kehle durchschnitt. Von da an gab es laut späterem Geständnis kein Halten mehr. Er berichtete von mindestens 13 blutrünstigen Morden und 30 Mordversuchen sowie 36 Brandstiftungen in Düsseldorf und Umgebung. Kürten mordete aus purer Lust wahllos mit dem Messer oder Beil, oft trank er das Blut seiner Opfer. Er wurde 1931 im Kölner Gefängnis Klingelpütz wie Haarmann per Fallbeil exekutiert.

Im Jahr 1994 erhängte sich der damals 44-jährige Wiener Jack Unterweger in seiner Gefängniszelle. Obgleich er bereits 20 Jahre zuvor eine 18-jährige Frau erdrosselt hatte, genoss er nach vorzeitiger Entlassung aus 16-jähriger Haft die wohlwollende Unterstützung der Wiener Literatur- und Kunstschickeria, nachdem er im Zuchthaus seine allseits gelobte Autobiografie *Fegefeuer – eine Reise ins Zuchthaus* geschrieben hatte. Wenige Monate nach seiner Freilassung wurden mehrere Prostituierte in der Umgebung Wiens erdrosselt aufgefunden. Unterweger berichtete als Reporter persönlich über diese Fälle und kritisierte sogar die Polizei wegen deren erfolglosen Ermittlungen. Im Sommer 1991 hielt Unterweger sich in Los Angeles und in der Tschechei auf, wo zeitgleich ebenfalls ermordete Prostituierte aufgefunden wurden. Nach einem Haftbefehl flüchtete er über die Schweiz nach Miami, wo er festgenommen und nach Österreich ausgeliefert wurde. Ihm konnten lediglich neun Morde nachgewiesen werden, was zu einer Verurteilung zu lebenslänglicher Unterbringung in einer geschlossenen Anstalt für kriminelle Triebtäter führte.

Eine Besonderheit stellt gewiss auch der Fall der 35-jährigen lesbischen Prostituierten Aileen C. Wournos aus Florida dar – 1992 in Deland wegen sechs nachgewiesener Ermordungen von Männern zwischen 1889 und 1991 zum Tode verurteilt und am 2. Oktober 2002 per Giftspritze hingerichtet. Ihren Angaben zufolge habe sie sich an den Freiern, die sie vergewaltigt hätten, rächen wollen; sie habe etwas Gutes getan, weil sie die Welt von »diesen Dreckschweinen« befreit habe. Ihr Leben wurde Gegenstand mehrerer Verfilmungen, zuletzt im 2003 uraufgeführten Film *Monster* unter der Regie der US-amerikanischen Filmemacherin Patty Jenkins.

Gruselliteratur und Gruselfime

Auch Horrorgeschichten, Schauerromane und Gruselfilme sind weithin beliebt; sie bereiten Spannung, lassen eine Gänsehaut den Rücken herunterlaufen. Kindliche Ängste können sogar durch düstere Märchen wie die von Wilhelm Hauff (1802–1827) oder Ludwig Bechstein (1801–1868) angefacht werden.

Begründer der Gruselliteratur in Deutschland war Christian Heinrich Spieß (1755–1799), der in seinem Fortsetzungsroman *Das Petermännchen* von der Ermordung von 70 Menschen erzählte. Etwa zeitgleich verfasste E.T.A. Hoffmann (1776–1822) die wohl bekannteste deutsche Schauergeschichte *Elixiere des Teufels,* in der es um einen Mönch geht, der durch einen Trank zu sexueller Gewalttätigkeit und Mord getrieben wird. In England entstand – ebenfalls zu Ende des 18. Jahrhunderts – eine Reihe von Horrorerzählungen durch Schriftsteller wie Horace Walpole (1717–1797) mit der Gespensternovelle *The Castle of Otranto* (deutsch: »Das Schloss von Otranto«) und Mathew G. Lewis (1775–1818) mit dem Buch *The Monk* (deutsch: »Der Mönch«). Gruselgeschichten des amerikanischen Schriftstellers Edgar Allan Poe (1809–1849) wie z. B. *Der Untergang des Hauses Usher* oder Kriminalerzählungen à la *Der Doppelmord in der Rue Morgue* gehören ebenfalls zu den Klassikern der Kriminal- und Schauerbelletristik.

Schriftsteller wie Sacher-Masoch und der in Kapitel 3 porträtierte Marquis de Sade machten die Darstellung des Bösen zu ihrem Lebenswerk. Bei de Sade, der sich selbst als Wüstling bezeichnete, wird zudem die Grenze zwischen dem eigenen perversen Handeln und seinen unerschöpflichen gewalttätig-pornografischen Fantasien nicht erkennbar. De Sade beließ es nicht bei der ausschweifenden Darstellung sexueller Exzesse, sondern reicherte – geradezu besessen von der Suche nach dem abscheulichsten und widerwärtigsten Verbrechen – seine Erzählungen mit Schilderungen von perfiden Quälereien und grausamen Tötungen an. Er war Vorreiter einer sich als Avantgarde verstehenden Literatengeneration, die – wie die Franzosen Théophile Gautier (1811–1872), Gustav Flaubert (1821–1880) und Charles Baudelaire (1821–1867) – ihren Lebensekel und ihre Faszination am Bösen in morbiden Texten und bizarren Stücken ausdrückten. In Baudelaires 1857 erschienenen Gedichten *Die Blumen des Bösen* (»Les fleurs du mal«) wird beispielsweise das Laster als Ausweg aus einem langweiligen Leben angeboten.

In der Tradition des literarischen Horrorgenres stehen ansonsten Schriftsteller wie die US-Amerikaner Stephan King oder Thomas Harris. Ersterer, ein Meister der gegenwärtigen Horrorliteratur, Verfasser von über 40 Büchern, lässt das Böse allmählich, Schritt für Schritt, aus alltäglichen, banalen Alltagssituationen, aus scheinbar harmlosen Ereignissen hervortreten. Die anfängliche neugierige Unbekümmertheit weicht allmählich Gefühlen von Beklommenheit und Unbehagen, bis sich schließlich blankes Entsetzen breitmacht und das Blut in den Adern stockt. Ein Happy End gibt es für die Figuren in Kings Erzählungen nicht, allenfalls ein zutiefst verstörtes Entkommen als traumatisierte, zerbrochene Existenzen.

Ein Beispiel ist etwa die – auch verfilmte – Geschichte im Roman *The Shining*. Darin quartiert sich der Schriftsteller Jack Torrance – eine verkrachte Existenz – mit seiner Frau Wendy und seinem kleinen Sohn Danny in einem eingeschneiten, abgelegenen und menschenleeren Berghotel in Colorado ein, um es als Hausmeister über den Winter zu versorgen und dabei sein geplantes Theaterstück fertig zu stellen. Sein übersinnlich begabter Sohn Danny sieht in den öden, verlassenen Räumlichkeiten des Hotels bald seltsame Spukbilder von Geistern und Gespenstern. Allmählich scheint sich das Hotel Jacks auf verhängnisvolle Weise zu bemächtigen. Er verfällt dem Wahnsinn und wird zunehmend aggressiver, zumal er sich von seiner Frau getäuscht fühlt, die mit Danny ihrer unheimlichen Bleibe so schnell wie möglich entfliehen will. Nachdem Jack seine Familie mit einer Axt zu erschlagen sucht, lockt Danny ihn in das Gartenlabyrinth, aus dem er nicht mehr herausfindet und erfriert.

Weltweit berühmt wurde der Horrorroman der Schriftstellerin Mary L. Shelley (1797–1851) *Frankenstein or The Modern Prometheus*, der im Jahr 1818 erschien. In ihm wird erzählt, wie Dr. Viktor Frankenstein von der Universität Ingolstadt Ende des 19. Jahrhunderts versucht, Leben zu schaffen. Er setzt aus Leichenteilen eine menschliche Figur zusammen, die er mit Hilfe eines Blitzes zum Leben erweckt. Der Roman diente als Vorlage für die erstmals im Jahr 1910 als Stummfilm, sodann 1931 als Tonfilm geschaffenen Klassiker des Horrorfilms, in denen Frankenstein als gottähnlicher Schöpfer eines außer Kontrolle geratenen Monsters Entsetzen und Schrecken verbreitet.

Spätere Schwarz-Weiß-Filme wie *Dracula*, *Die Mumie* und *Der Unsichtbare* fanden ebenfalls große Resonanz. Heutzutage werden Gruseln und Schauder durch Fernsehserien wie *Akte X* verbreitet. Die Themen sind meistens Satanismus, Spuk, Vampirismus, psychologischer Horror und raffinierte Serienmorde.

Der 1922 gedrehte Stummfilm *Nosferatu. Eine Symphonie des Grauens* von Friedrich Murnau, in dem erstmals Dracula, ein Geschöpf des irischen Schriftstellers Bram S. Stoker (1847–1912) auftaucht, erreichte als filmisches Meisterwerk des Stummfilmexpressionismus mit seinen überwältigenden, angsteinflößenden Schwarz-Weiß-Darstellungen des namenlosen Grauens geradezu Kultstatus. Stoker hatte in seiner Vampirsaga *Dracula* von 1897 die historischen Legenden um den grausamen Fürsten Vlad Dracul bzw. dessen Sohn Vlad III. Tepes auf Schloss Bran in der Walachei aus dem 15. Jahrhundert verarbeitet.

Murnau gab Dracula aus urheberrechtlichen Gründen den Namen Orlok. Der Film spielt hauptsächlich während einer Pestepidemie 1838 in der fiktiven mittelalterlichen Hafenstadt Wisborg. Graf Orlok will dort ein Haus erwerben und beauftragt den Immobilienmakler Knock mit einem Kauf. Knocks Mitarbeiter Thomas Hutter reist mit einem Angebot zu dem Karpatenschloss, wo er bald das unheilvolle Treiben des vampiristischen Grafen bemerkt. Dieser macht sich per Schiff von Varna auf nach Wisborg. Während der Fahrt stirbt nach und nach die gesamte Mannschaft an der Pest. Mit Ankunft des steuerlosen Schiffes kommt auch die Pest in die Stadt. Hutters Frau Ellen beschließt, dem Treiben Orloks ein Ende zu setzen und lockt ihn in ihr Haus, wo er sich im ersten Licht des Sonnenaufgangs auflöst. Die Stadt ist nun von der Seuche befreit.

Ebenfalls ein Klassiker wurde der im Jahr 1960 von Alfred Hitchcock (1899–1980) gedrehte Spielfilm *Psycho* nach einem Roman des amerikanischen Schriftstellers Robert Bloch (1917–1994). Dieser Schwarz-Weiß-Film fand sowohl wegen seiner dramatisch raffiniert aufgebauten Handlung als auch wegen der kameratechnisch brillant umgesetzten Effekte große Beachtung. Die Sekretärin Marion Gran aus Phoenix flüchtet mit 40 000 Dollar, die sie einem Kunden ihres Chefs gestohlen hat, in ein abgelegenes Motel, das von dem jungen Norman Bates geführt wird. Marion wird unter der Dusche brutal von einer vermummten Gestalt in Frauenkleidern erstochen. Norman täuscht vor, dass seine oben im Haus lebende, von ihm versorgte alte Mutter die Tat begangen hat, beseitigt alle Spuren und schafft die Leiche beiseite. Er ist einerseits ein schüchterner, scheuer junger Mann, andererseits hatte er zehn Jahre zuvor seine tyrannische Mutter zusammen mit ihrem Freund aus Neid getötet und ihren Körper konserviert. Von Zeit zu Zeit schlüpft er in ihre Rolle; er zieht ihre Kleidung an, imitiert ihre Stimme und ermordet als eifersüchtige Mutter junge Frauen.

Kürzlich kamen in der Tradition des Gruselfilms 2005 bzw. 2006 die brutalen amerikanischen Splatter-Movies *Saw* von James Wan und *Hostel* von Eli Roth in die deutschen Kinos. In *Saw* agiert ein Serienmörder mit dem bezeichnenden Namen *Jigsaw* – die »Stichsäge«. *Hostel* handelt von zwei amerikanischen und einem isländischer Touristen, die in der Slowakei von zwei verführerischen Frauen in die Fänge einer Organisation gelockt werden, die Touristen in den Kellern einer Fabrik gefangen hält. Dort werden sie von reichen Geschäftsleuten gegen Entgelt gefoltert und umgebracht.

Eine andere Variante des Gruselfilms wird durch die schauerlich-bösen Zombie-Gestalten repräsentiert, umherirrende, untote Leichen auf der Suche nach Menschenfleisch. Als Vorläufer ist der deutsche Stummfilm *Das Cabinet des Dr. Caligari* von 1929 (1933 verboten) anzusehen, ein Meilenstein in der Filmgeschichte unter der Regie von Robert Wienes. Ihm folgten bislang zahlreiche weitere Filme, darunter Kassenschlager wie *Night of the Living Dead* (deutsch: »Die Nacht der lebenden Toten«) von 1968 und dessen Fortsetzung *Dawn of the Dead* (deutsch: »Zombies im Kaufhaus«) von 1978, in denen die sich schleppend-roboterartig bewegenden Monster, Panik und Chaos verbreiten, den Menschen nachstellen.

Gefahr und Nervenkitzel

Katastrophenmeldungen erzeugen eine Mischung aus Ängstlichkeit, Besorgnis, Mitgefühl und Neugier. Ist diese Angstlust ebenfalls ein Relikt der Evolution wie der Aggressionstrieb? Tiere üben durch harmlose Balgereien untereinander das Jagd- und Verteidigungsverhalten; sie erkunden ihren Risikoradius, einen wichtigen Parameter der Fähigkeit zur Selbst- und Arterhaltung. In ähnlicher Weise lernen Kinder im Spiel, unübersichtliche, gefährlich erscheinende Situationen realistisch einzuschätzen, wobei sie oft zwischen Vorsicht und Verlockung, zwischen Ausweichen und Angezogenwerden hin und her schwanken.

Angefangen vom kindlichen Versteckspiel bis zu den Geisterbahnfahrten auf der Kirmes und den animatorischen Gefahrensimulationen im Freizeitpark begleiten den Heranwachsenden die kleinen und großen Mutproben, die vielleicht später von dann wirklich waghalsigen Unternehmungen abgelöst werden, wenn sich das Bedürfnis nach dem Reiz des Abenteuers unüberhörbar meldet. Heutzutage haben Risikosportarten wie Felsklettern (»Free Climbing«), Bungeespringen, Fallschirmgleiten, Tiefseetauchen oder Wildwasserfahrten die Funktion der früheren Ritterturniere oder Löwenjagden übernommen. Extrembelastungen wie Gewaltmärsche durch die Wildnis oder riskante Autorennen sollen den lustvollen »Thrill« eines Flirts mit dem Tod liefern. Sogar der hohe Zulauf zu der makabren Wanderausstellung *Körperwelten*, in der konservierte Leichen und Leichenteile – teils wie auf einer Theaterbühne posierend – präsentiert werden, lässt als Beweggründe zumindest eine Ambivalenz von Scheu und der Neugier vermuten, dem Tod ins Gesicht zu sehen.

Vieles spricht dafür, dass die Verschränkung von Furcht und Wonne, dieses Gewebe aus Wagnis, Neugier, Lockung, Nervenkitzel und Abenteuerlust ein kollektives Erbe aus der Frühzeit der Menschheitsgeschichte ist. Angstlust und Spannung, Unsicherheit und Dramatik unberechenbarer Risikosituationen fordern auch den modernen Menschen, der sich im Alltag der abgesicherten Gewohnheiten nicht genügend beansprucht fühlt, heraus und faszinieren ihn.

Aktivitäten von Körper und/oder Geist sollen der Langeweile und inneren Leere die Waage halten. Vor allem Menschen mit einem sehr hohen Erregungsniveau – »Sensation Seekers« – haben ein unerschöpfliches Verlangen nach Stimulierung ihrer Sinne. Sie suchen ungewöhnliche Empfindungen in exzessiven Betätigungen. Sie neigen zu Maßlosigkeit und Enthemmung auf der Suche nach dem »ultimativen Kick«, wie er sich beispielsweise auch im »Flash« des Drogenrausches oder als Euphorie nach einer persönlichen Höchstleistung – oder vielleicht auch bei einer Gewalttat – einstellen kann. Immer geht es um die Suche nach dem »Kick«, dem Erfülltwerden von starken Gefühlen unter besonderen, nicht nur gefahrvollen Herausforderungen.

Diese intensive Gefühlsverdichtung unter höchster Konzentration und Aufmerksamkeit kann sich auch im Angst-Glücks-Erlebnis einer Grenzüberschreitung zum Verbrechen einstellen. Meursault, die Hauptfigur des französischen Schriftstellers Albert Camus (1913–1960) in seinem 1942 veröffentlichten Roman *L'Etranger* (deutsch: »Der Fremde«), tötete den Araber am algerischen Strand nicht aus Versehen oder gar grundlos. In

Wirklichkeit verspürte er »eine Art Erleuchtung, wie eine innere Hitze«, als er schoss.

Die scheinbar zweckfreien Krawalle und Gewalttaten Jugendlicher, der Skinheads und Hooligans, Rowdies und Rambos, sind Ausdruck solchen lustvoll-rauschhaften Ausagierens; es macht einfach Spaß, die »Sau rauszulassen« – Anlässe lassen sich stets finden. Verknüpfen sich innerer Emotionsstau, der im Sinne der Verhaltensbiologie zwecks Entladung nach einem Auslöser sucht, mit Unzufriedenheit, Geltungsbedürfnis und radikalen politischen Anschauungen, sind gemeinschaftliche Aggressionen entsprechender Gruppierungen gegenüber anderen Personen an der Tagesordnung – Beispiele sind Randale, Fremdenhass und Ausländerfeindlichkeit Rechtsradikaler.

Angstlust, Thrill, Sensationsgier, Nervenkitzel, Reizhunger, Schauder – all diese menschlichen Reaktionen angesichts unberechenbarer Bedrohungen haben die psychische Funktion, sich gegen die stets latente Urangst vor dem unbekannten Unheil, der entsetzlichen Katastrophe, dem unsagbaren Grauen und Horror, dem namen- und gesichtslosen Bösen, letztlich dem Schrecken des Todes durch einen dosierten oder dramatisierten Konsum von realen oder virtuellen Gefährdungen zu immunisieren.

In der Kultur des Homo sapiens finden sich dafür auf Schritt und Tritt Belege, die in künstlerischen Darstellungen ihre höchste Sublimation erfahren haben – Arbeit und Kunst als Opfer zur Besänftigung der Götter, als Abwehrzauber gegen das Böse und als Verdrängung des Todes. Der rheinische Akteur Wolf Vostell (1932–1998), Mitbegründer der Fluxus-Bewegung in den 1960er Jahren, verstand seine auf zahllosen Happenings und Festivals präsentierten Darbietungen als »ewigen Widerstand gegen den Tod«. Seit den antiken Tragödien führen die Stränge der aufwühlenden Handlungen in den Dramen Shakespeares und den verstörenden Bühnenstücken von August Strindberg oder Henrik Ibsen in die Abgründe der menschlichen Seele. Erblicken wir dort in der Tiefe die Physiognomie des Bösen – oder sehen wir nur in einen Spiegel?

Schlusswort

Wie wir sahen, ist das ominöse, allgemein-unbestimmte Böse eine Sammelbezeichnung für unvorhersehbares Unheil, für Unglück und Katastrophen aller Art. Die vom Menschen begangenen bösen Taten – Verbrechen und Frevel – entspringen demgegenüber seiner Natur, d.h. sie sind ein Integral von anlagebedingten und durch misslungene Sozialisation entstandenen Persönlichkeitsdefekten bzw. psychischen Anomalien. Böses menschliches Verhalten ist allerdings komplex, da es meist aus vielen unterschiedlichen, sogar gegensätzlichen Motiven gespeist wird; auch gute Intentionen können böse Auswirkungen haben, wie umgekehrt zuweilen versehentlich Gutes aus böser Absicht geschieht. Aus juristischer Sicht ist die Tat von Interesse. Das Gericht beurteilt strafbare Handlungen, allenfalls deren konkrete Vorbereitungen, nicht finstere Gedanken oder böse Absichten. In der Religion wiederum geht es um den Geist. Die Kirche richtet ihr Augenmerk auf falsche, gefährliche Ideen und mangelnden Gehorsam.

Wilhelm Busch (1832–1908), Erfinder des satirischen Comics, sprach dem Menschen eine eigenständige Motivation zum Guten um seiner selbst willen ab: »Das Gute – dieser Satz steht fest – ist stets das Böse, das man läßt«, vermerkte er lakonisch. Dieses Fazit beinhaltet, dass der Mensch zu einem anständigen Benehmen und sozialverträglichen Verhalten im Interesse der Kommunität angehalten werden muss.

In der Tat zeigen die tagtäglichen kleinen Boshaftigkeiten ebenso wie die spektakulären großen Verbrechen, die lässlichen Sünden wie die schweren Laster, dass der Mensch weit von einem Leben in Sanftmut, Brüderlichkeit und Toleranz entfernt ist. Zwar scheint das Raubtier in ihm gezähmt, aber es hat nur die Krallen eingezogen, solange es satt wird. Sollten die zum Überleben notwendigen Ressourcen – Wasser, Nahrung, Wärme – knapp werden, wäre ein Kampf aller gegen alle zu erwarten.

Je irrationaler eine Ideologie, je radikaler ihre Verfechter und je größer deren Einfluss und Machtmittel in einem sozialen System, desto gefährlicher die Situation für alle, die andere Anschauungen vertreten, nicht mitmachen oder gar opponieren; bestenfalls werden sie geächtet und kaltgestellt, bei Renitenz »neutralisiert«, d.h. beseitigt.

Aus purer Lust an Gewalt und Zerstörung werden nur wenige Menschen zu Sadisten und Mördern. Vor dem letzten Schritt einer gezielten Auslöschung mitmenschlichen Lebens steht die hohe Hürde einer inneren Tötungshemmung, einem Erbe der Evolution, die zusätzlich durch den Stacheldraht zivilisatorischer Sanktionen gesichert ist. Der bereits erwähnte englische Thriller-Autor Eric Ambler, ein exzellenter Kenner der kriminologischen Psychopathologie, bemerkte hierzu, dass sich zwar die meisten für fähig hielten, einen Mord zu verüben; Goethe zufolge gäbe es keine Untat, die er nicht auch selbst begehen könne. Es sei allerdings ein weit verbreiteter Irrtum, dass Mordfantasien – von seltenen Ausnahmen abgesehen – auch umgesetzt würden. Der Wunsch, einen anderen umzubringen, sei nichts Ungewöhnliches, jeder könne eine solche Tat planen. Die Fähigkeit, einen solchen Plan auch umzusetzen, ohne durch Krieg oder Gesetz dazu legitimiert zu sein, besäßen jedoch nur erstaunlich wenige. Die Ergebnisse der Hirnforschung bestätigen diese Annahme insofern, als die Regulierungen von Nachempfinden und Mitleid im Gehirn kaltblütiger Mörder sich von denen normaler Personen unterscheiden bzw. nur mangelhaft zu funktionieren scheinen.

Das Böse in uns ist also ein seit Jahrtausenden domestiziertes Raubtier, das in guten Zeiten an der Kette spazieren geführt werden kann. Harmlos ist es deswegen noch lange nicht geworden. Dies entspräche auch nicht seiner Natur, die sich nach Phasen langer Friedfertigkeit unvermittelt in aller Heftigkeit bemerkbar machen kann, zum Erschrecken derer, die auf eine dauerhaft verändernde Wirkung von Unterweisung und Lenkung, von Zuckerbrot und Peitsche gesetzt haben.

Anmerkungen

1 S. Zweig, Castellio gegen Calvin, S. 130–134.
2 E. Klee, »Schöne Zeiten«, S. 66–69.
3 Dieses und die vorangegangenen Zitate stammen aus A. London, Ich gestehe, S. 287, 292, 321.
4 Ebd., S. 47 f., 64 f., 73.
5 J. Fuchs, Gedächtnisprotokolle. Vernehmungsprotokolle, S. 105 f., 111, 129 f., 179 und 218.

Text- und Bildnachweis

Texte:

75 Stefan Zweig, Castellio gegen Calvin oder Ein Gewissen gegen die Gewalt. © S. Fischer Verlag GmbH, Frankfurt am Main 1987.

90 Ernst Klee, Willi Dreßen u. Volker Rieß. Schöne Zeiten. Judenmord aus der Sicht der Täter und Gaffer. © 1988 S. Fischer Verlag GmbH, Frankfurt am Main.

109, 120 Artur London, L'Aveu. © Editions Gallimard, Paris. Aus: ders., Ich gestehe. Der Prozess um Rudolf Slánský. © der deutschen Übersetzung von Wilhelm Taler: 1970 Hoffmann und Campe Verlag, Hamburg.

121 Jürgen Fuchs, Gedächtnisprotokolle. Vernehmungsprotokolle. Reinbek bei Hamburg: Rowohlt 1990. © Rechtsnachfolge Jürgen Fuchs.

Bilder:

11 © Ryszard Horowitz/Corbis.

45 © Images.com/Corbis.

81, 133, 199 © www.fontshop.de.

167 © Patmos Verlag.

Literatur

Adler, L.: Amok. München 2000.

Aly, G.: »Endlösung«. Völkerverschiebung und der Mord an den europäischen Juden. Frankfurt 1995.

Ambler, E.: Die Begabung zu töten. Zürich 2004.

Anders, G.: Besuch im Hades. Auschwitz und Breslau 1966. München 1997.

Arendt, H.: Eichmann in Jerusalem. Ein Bericht von der Banalität des Bösen. München 2007.

Arendt, H.: Über das Böse. Eine Vorlesung zu Fragen der Ethik. München 2006.

Arendt, H.: Macht und Gewalt. München 2006.

Assmann, J.: Monotheismus und die Sprache der Gewalt. Wien 2007.

Aust, S.: Der Baader-Meinhof-Komplex. Hamburg 2005.

Baberowski, J.: Der rote Terror. Die Geschichte des Stalinismus. Frankfurt 2007.

Baldauf, D.: Die Folter. Eine deutsche Rechtsgeschichte. Köln 2004.

Bandler, G.: Gewalt in den Weltreligionen. Darmstadt 2005.

Bandura, A.: Aggression. Eine sozial-lerntheoretische Analyse. Stuttgart 1979.

Barber, M.: Die Katharer. Ketzer des Mittelalters. Düsseldorf 2003.

Benz, W.: Der Holocaust. München 2005.

Berger, K. (Hrsg.): Das Böse und die Sprachlosigkeit der Theologie. Regensburg 2007.

Bergmann, W. u. Hüther, G.: Computersüchtig. Kinder im Sog der modernen Medien. Düsseldorf 2006.

Berkowitz, L.: Aggression: Its Causes, Consequences and Control. New York 1993.

Bloch, S. u. Reddaway, P.: Dissident oder geisteskrank? Missbrauch der Psychiatrie in der Sowjetunion. München 1982.

Bodin, J.: De la démonomanie des sorciers. Paris 1580 (Nachdruck: Hildesheim 1988).

Bodin, J.: De Magorum Daemonomania. Straßburg 1581.

Böhme, J.: Beschreibung der drey Principien Göttlichen Wesens. Amsterdam 1682.

Bohrer, K.H.: Imaginationen des Bösen. Zur Begründung einer ästhetischen Kategorie. München 2004.

Bourke, J.: An Intimate History of Killing. London 2000.

Bullock, A.: Hitler. Biographie 1889–1945. Augsburg 2000.

Bullock, A.: Hitler und Stalin. Parallele Leben. München 1999.

Burke, E.: A Letter from the Right Honourable Edmund Burke to a Noble Lord. Dublin 1796.

Burke, J.: Al-Qaida. Wurzeln, Geschichte, Organisation. Düsseldorf 2005.

Buss, D. M.: Der Mörder in uns. Warum wir zum Töten programmiert sind. Heidelberg 2007.

Camus, A.: L'Etranger. Paris 1942.

Chang, J. u. Halliday, J.: Mao. Das Leben eines Mannes. Das Schicksal eines Volkes. München 2005.

Claret, B. J.: Theodizee – Das Böse in der Welt. Darmstadt 2007.

Clausewitz, C. v.: Vom Kriege. Bd. 1–3. Berlin 1832–1833. (Nachdruck: Friedberg 2007).

Csikszentmihalyi, M.: Das flow-Erlebnis. Jenseits von Lust und Langeweile: im Tun aufgehen. Stuttgart 2005.

Daecke, S. M. u. Bresch, C. (Hrsg.): Gut und Böse in der Evolution. Naturwissenschaftler, Philosophen und Theologen im Disput. Stuttgart 1995.

Damasio, A.: Der Spinoza-Effekt. Wie Gefühle unser Leben bestimmen. Berlin 2003.

Danto, B. L. u. a. (Hrsg.): The Human Side of Homicide. New York 1982.

Dardenne, S. u. Cuny, M.-Th.: Ihm in die Augen sehen. München 2006.

Dietrich, O.: 12 Jahre mit Hitler. München 1955.

Dollard, J. u. a.: Frustration and Aggression. New Haven 1939.

Dostojewskij, F. M.: Die Dämonen. Düsseldorf 1995.

Dostojewskij, F. M.: Schuld und Sühne. Düsseldorf 2006.

Dostojewskij; F. W.: Aufzeichnungen aus einem Totenhaus. München 1996.

Douglas, J. u. Rieger, A.: Anatomie des Mörders. München 2001.

Eibl-Eibesfeldt, I.: Liebe und Hass. Zur Naturgeschichte elementarer Verhaltensweise. München 1998.

Eisenberg, G.: Gewalt, die aus der Kälte kommt. Amok. Pogrom. Populismus. Gießen 2002.

Enzensberger, H. M.: Schreckens Männer. Versuch über den radikalen Verlierer. Frankfurt 2006.

Fest, J.: Hitler. Eine Biographie. Berlin 1998.

Förster-Nietzsche, E. u. Gast, P. (Hrsg.): Aus dem Nachlass 1884–1888 von Friedrich Nietzsche: Der Wille zur Macht. Leipzig 1906.

Fox, J. A. u. Levin, J.: The Will to Kill. Boston 2003.

Frank, D.: Menschen töten. Düsseldorf 2006.

Freud, S.: Der Mann Moses und die monotheistische Religion. Amsterdam 1939.

Freud, S.: Jenseits des Lustprinzips. Ges. Werke Bd. XIII. London 1920.

Friedländer, S.: Das Dritte Reich und die Juden. Bd. 1 u. 2. München 1998/2006.

Fromm, E.: Anatomie der menschlichen Destruktivität. Reinbek 1996.

Fuchs, J.: Gedächtnisprotokolle. Vernehmungsprotokolle. Reinbek 1990.

Gestrich, Ch. (Hrsg.): Moral und Weltreligionen. Berlin 2000.

Girard, R.: Das Heilige und die Gewalt. Düsseldorf 2006.

Gallo, M.: Robespierre. Stuttgart 2007.

Goebbels, J.: Tagebücher 1924–1945. Hamburg 1977.

Goethe, J. W. v.: Aus meinem Leben: Dichtung und Wahrheit. Tübingen 1811–1814.

Görres, A. u. Rahner, K.: Das Böse. Wege zu seiner Bewältigung in Psychotherapie und Christentum. Freiburg 1984.

Goldmann, D. J.: Hitlers willige Vollstrecker. München 2000.

Grigulevic, J. R. u. Hoevels, F. E.: Ketzer, Hexen. Inquisitoren. Freiburg 2000.

Guillou, J.: Evil – das Böse. München 2007.

Hacker, F.: Aggression. Die Brutalisierung unserer Welt. Düsseldorf 1993.

Haller, R.: Die Seele des Verbrechers. St. Pölten 2002.

Harbort, S.: »Ich musste sie kaputtmachen«. Anatomie eines Jahrhundert-Mörders. Düsseldorf 2004.

Harbort, S.: Das Serienmörder-Prinzip. Was zwingt Menschen zum Bösen? Düsseldorf 2006.

Hare, R. D. u. Petersen, K.: Gewissenlos. Die Psychopathen unter uns. Wien/New York 2005.

Hartmann, N.: Ethik. Berlin/Leipzig 1925.

Hauser, M.: Moral Minds. New York 2006.

Hegel, G.W. F.: Vorlesungen über die Philosophie der Religion. Hamburg 1925.

Heine, P.: Der Islam. Düsseldorf 2007.

Heitmeyer, W. u. Soeffner, H.-G. (Hrsg.): Gewalt. Entwicklungen, Strukturen, Analyseprobleme. Frankfurt 2004.

Herpertz, S.: Impulsivität und Persönlichkeit. Stuttgart 2001.

Hitler, A.: Mein Kampf. München 1930.

Hobbes, Th.: Leviathan. London 1651.

Hoffmann, J. u. Wondrak, I.: Amok und zielgerichtete Gewalt an Schulen. Frankfurt 2007.

Horster, D. (Hrsg.): Das Böse neu denken. Weilerswist 2006.

Horstmann, B.: Hitler in Pasewalk. Die Hypnose und ihre Folgen. Düsseldorf 2004.

Housley, N. (Hrsg.): Documents on the Later Crusades 1274–1580. Basingstoke 1996.

Hubert, M.: Ist der Mensch noch frei? Düsseldorf 2006.

Ideler, K. W.: Die Erscheinungen des religiösen Wahnsinns. Halle 1848.

Institoris, H. (alias H. Kramer) u. Sprenger, J.: Malleus maleficarum. Frankfurt 1487. (Der Hexenhammer. Übers. v. J. W. R. Schmidt. Erftstadt 2006).

Internationaler Gerichtshof: Der Nürnberger Prozess gegen die Hauptkriegsverbrecher. Vom 14. November – 1. Oktober 1946. Bd. 1–12. Köln 2002.

Jaspers, K.: Allgemeine Psychopathologie. Heidelberg/New York/Tokio 1973.

Junker, Th.: Die Evolution des Menschen. München 2006.

Kant, I.: Die Religion innerhalb der Grenzen der bloßen Vernunft. Königsberg 1793.

Kant, I.: Grundlegung zur Metaphysik der Sitten. Leipzig 1785.

King, S.: Danse Macabre – Die Welt des Horrors. Berlin 2001.

Klee, E.: Auschwitz, die NS-Medizin und ihre Opfer. Frankfurt 2001.

Klee, E. u. Mitarb.: »Schöne Zeiten«. Judenmord aus der Sicht der Töter und Gaffer. Frankfurt 1988.

Knopp, G.: Holokaust. München 2001.

Koenen, G.: Utopie der Säuberung. Was war der Kommunismus? Berlin 1998.

Koenen, G.: Vesper, Ensslin, Baader. Ursachen des deutschen Terrorismus. Köln 2003.

Kompisch, K.: Furchtbar feminin. Berüchtigte Mörderinnen des 20. Jahrhunderts. Leipzig 2006.

Kompisch, K.: Die Erben Jack the Rippers. Leipzig 2007.

Krey, A. C. (Hrsg.): The First Crusade: The Accounts of Eyewitnesses and Participiants. Princeton 1921.

Kröber, H.-L. u. a. (Hrsg.): Handbuch der forensischen Psychiatrie. Bd. 3. Heidelberg 2006.

Kurth, G. u. Eibl-Eibesfeldt, I. (Hrsg.): Hominisation und Verhalten. München 1975.

de Las Casas, B.: Brevissima Relación de la destruyctión de las Indias. Sevilla 1552 (dt. Kurz gefasster Bericht von der Verwüstung der westindischen Länder. Frankfurt 2006).

Laquer, W.: The new Terrorism: Fanaticism and the Arms of Destruction. Oxford 1999.

Laube, J. (Hrsg.): Das Böse in den Weltreligionen. Darmstadt 2003.

LeBon, G.: Psychologie der Massen. Stuttgart 1982.

Leibniz, G.W.: Essais de Théodicée sur la Douté de Dieu, la Liberté de l'Homme et l'Origine du Mal. Amsterdam 1710.

Lessing, Th.: Haarmann. Berlin 1925.

Lester, D. u. Lester, G.: Crime and Passion. Murder and the Murderer. Chicago 1975.

Lifton, R.J.: Ärzte im Dritten Reich. Stuttgart 1998.

London, A.: Ich gestehe. Der Prozess um Rudolf Slánský. Hamburg 1970.

Lorenz, K.: Das sogenannte Böse. Zur Naturgeschichte der Aggression. München 1998.

Lück, M. u. Mitarb. (Hrsg.): Psychobiologische Grundlagen aggressiven Verhaltens. Oldenburg 2005.

Kleist, H. v.: Michael Kohlhaas. Erzählungen. Bd. 1. Dresden 1810.

Malcolm, L.: Häresie im Mittelalter. Von den Katharern bis zu den Hussiten. Darmstadt 2001.

Maisch, H.: Patiententötungen. Dem Sterben nachgeholfen. München 1997.

Marks, S.: Warum folgten sie Hitler? Die Psychologie des Nationalsozialismus. Düsseldorf 2007.

Marneros, A.: Sexualmorde. Sexualtäter. Sexualopfer. Eine erklärende Erzählung. Bonn 2007.

Masters, B.: Todeskult. Reinbek 1995.

Mayr, E.: Das ist Evolution. München 2005.

Michel, L. u. Herbeck, D.: American Terrorists. New York 2002.

Milgram, S.: Obedience to Authority. New York 1974.

Mitscherlich, A. u. Mielke, F.: Medizin ohne Menschlichkeit. Dokumente der Nürnberger Ärzteprozesse. Heidelberg 1949.

Münkler, H.: Die neuen Kriege. Reinbek 2004.

Musharbash, Y.: Die neue al-Qaida. Innenansichten eines lernenden Terrornetzwerkes. Köln 2006.

Neimann, S.: Das Böse denken. Eine andere Geschichte der Philosophie. Frankfurt 2006.

Neumayr, A.: Krankheiten großer Diktatoren. Diktatoren im Spiegel der Medizin. Wiesbaden 2007.

Niehues, B.: Zur Geschichte des Hexenglaubens und der Hexenprozesse vornehmlich im damaligen Fürstbistum Münster. Münster 1875.

Nietzsche, F.: Also sprach Zarathustra. Leipzig 1891.

Paul, L.: Kants Lehre vom radicalen Bösen. Halle 1865.

Payk, Th. R.: Psychiater. Forscher im Labyrinth der Seele. Stuttgart 2000.

Payk, Th. R.: Töten aus Mitleid? Von dem Recht und der Pflicht zu sterben. Leipzig 2003.

Peter, B.: Das Herz der Stadt stand still. Das Flammenwerfer-Attentat von Köln-Volkhoven. Köln 2004.

Peters, B.: Tödlicher Irrtum. Die Geschichte der RAF. Berlin 2004.

Petersen, U.: Das Böse in uns. Phänomenologie und Genealogie des Bösen. Horitschon 2005.

Picard, M.: Hitler in uns selbst. 4. Aufl. Erlenbach-Zürich 1969.

Picht, G.: Hier und jetzt: Philosophieren nach Auschwitz und Hiroshima. Stuttgart 1981.

Platon: Der Staat. Düsseldorf 2003.

Popitz, H.: Phänomene der Macht. Tübingen 1992.

Qutb, S.: Zeichen auf dem Weg. Köln 2007.

Ressler, R. K. u. a.: Sexual Homicide. Patterns and Motives. New York 1992.

Rhodes, R.: Why They Kill. New York 1999.

Ricœur, P.: Das Böse – eine Herausforderung für Philosophie und Theologie. Zürich 2006.

Ritter, W. H.: Okkulte Faszination. Neukirchen-Vluyn 1997.

Ritter, W. H. u. Schlumberger, J. A. (Hrsg.): Das Böse in der Geschichte. Dettelbach 2003.

Ritzel, W.: Jean-Jacques Rousseau. Stuttgart 1971.

Rötzer, F. (Hrsg.): Virtuelle Welten – reale Gewalt. Hannover 2003.

Roth, G. u. Grün, K.-J. (Hrsg.): Das Gehirn und seine Freiheit. Beiträge zur neurowissenschaftlichen Grundlage der Philosophie. Göttingen 2006.

Sacher-Masoch, L. v.: Grausame Frauen. Leipzig 1907.

Safranski, R.: Das Böse oder das Drama der Freiheit. Frankfurt 2004.

Sanders, E.: The Family. Die Geschichte von Charles Manson. Reinbek 1995.

Scheler, M.: Der Formalismus in der Ethik und die materiale Werteethik. Halle 1916.

Schelling, F. W. J. v.: Philosophische Untersuchungen über das Wesen der menschlichen Freiheit. Reutlingen 1834.

Schneckener, U.: Transnationaler Terrorismus. Charakter und Hintergründe des »neuen« Terrorismus. Frankfurt 2006.

Schneider, H.-J.: Kriminologie der Gewalt. Stuttgart 1994.

Schneider, K.: Zur Einführung in die Religionspsychopathologie. Tübingen 1928.

Schopenhauer, A.: Die Welt als Wille und Vorstellung. Leipzig 1819.

Schüler, W. u. a. (Hrsg.): Serienmörder in Deutschland. Leipzig 2005.

Schulte, Ch.: Radikal böse. Die Karriere des Bösen von Kant bis Nietzsche. München 1991.

Selg, H. u. Mitarb.: Psychologie der Aggressivität. Göttingen 1997.

Service, R.: Stalin. London 2005.

Short, P.: Pol Pot – The History of a Nightmare. London 2005.

Solschenyzin, A.: Der Archipel Gulag. Bern/München 1974.

Spitzer, M.: Vorsicht Bildschirm! Elektronische Medien, Gehirnentwicklung, Gesundheit und Gesellschaft. Stuttgart 2005.

Stout, M. u. Petersen, K.: Der Soziopath von nebenan. Die Skrupellosen: ihre Lügen, Taktiken und Tricks. Wien/New York 2006.

Suedfeld, P. (Hrsg.): Psychology and Torture. New York/London 1990.

Süß, S.: Politisch missbraucht? Psychiatrie und Staatssicherheit in der DDR. Berlin 2000.

Todorov, T.: Die Eroberung Amerikas. Das Problem des Anderen. Frankfurt 2002.

Townshend, C.: Terrorismus. Eine kurze Einführung. Stuttgart 2005.

Wabbel, T. D. (Hrsg.): Das Heilige Nichts. Gott nach dem Holocaust. Düsseldorf 2007.

Weischedel, W. (Hrsg.): Immanuel Kant. Frankfurt 2002.

Welzer, H. u. Christ, M.: Täter. Wie aus ganz normalen Menschen Massenmörder werden. Frankfurt 2005.

Wolff, U.: Der Teufel ist in mir. München 2006.

Wrangham, R. u. Peterson, D.: Demonic Males. Boston 1996.

Wright, L.: Der Tod wird euch finden. Al-Qaida und der Weg zum 11. September. München 2007.

Wright, R.: Diesseits von Gut und Böse. Die biologischen Grundlagen unserer Ethik. München 1996.

Wuketits, F.: Warum uns das Böse fasziniert. Die Natur des Bösen und die Illusionen der Moral. Stuttgart 1999.

Wuketits, F.: Der freie Wille. Stuttgart 2007.

Wyss, D.: Kain. Eine Phänomenologie und Psychopathologie des Bösen. Würzburg 1997.

Zweig, S.: Castellio gegen Calvin oder Ein Gewissen gegen die Gewalt. Frankfurt 2003.